지도 위의
세계사

EBS 클래스ⓔ 역사

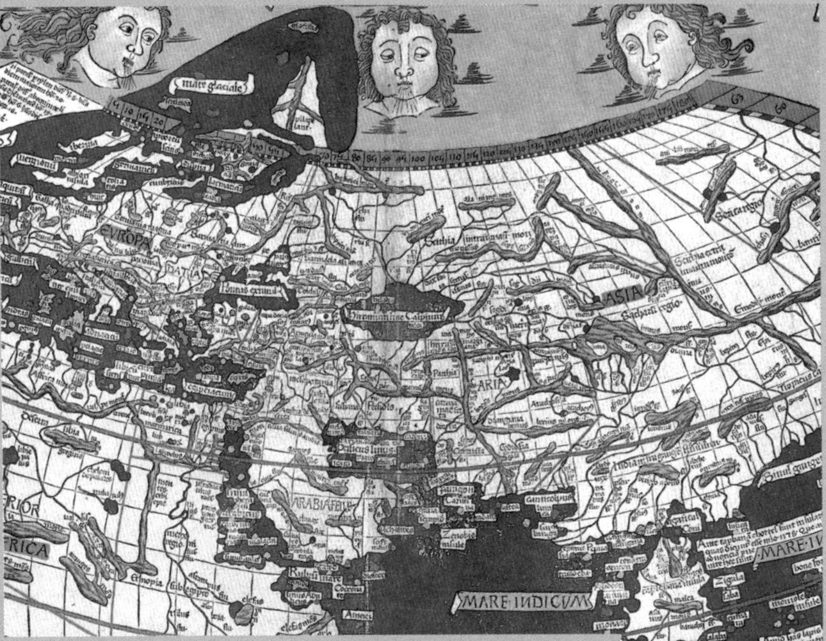

지도 위의 세계사

한 장으로 압축된 인류의 역사

김종근 지음

EBS BOOKS

들어가며

우리는 지도를 얼마나 자주 접하고 있을까요? 아마 많은 사람이 대중교통이나 자동차를 이용해 움직이려면 제일 먼저 스마트폰에서 지도 앱을 열어 길을 찾거나 내비게이션을 켤 것입니다. GPS의 발달과 함께 우리 생활에서 더욱 유용하게 쓰이고 있는 지도. 지도는 지리를 손쉽게 파악하는 도구일 뿐만 아니라 인류의 기술력이 응집되고 발전되어 온 놀라운 매체이기도 합니다.

이 책에서 다루는 고지도 10장에는 지도상에 묘사된 지리 정보와 함께 지도가 제작된 당시의 상황, 그리고 지도를 작성한 목적이 생생히 담겨 있습니다. 나아가 과거 사람들의 세계관까지 들여다볼 수 있습니다. 이는 지리와 역사가 만나는 지점이며 세계를 바라보는 철학과 당시 사람들의 일상사가 만나는 지점이기도 합니다. 더불어 지도가 작성되던 시기의 학문 및 과학의 수준이 드러나며, 지도를 작성한 회화 및 인쇄술의 발달 정도도 확인할 수 있습니다. 따라서 독자들은 이 책을 읽으며 마치 타임캡슐을 타고 고지도가 만들어진 과거로 돌아간 느낌을 받을 수 있을 것입니다. 저는 그 타임캡슐의 안내자로 독자와 동승하여 여러분이 궁금해하실 내용을 쉽게 설명하고자 합니다.

저는 어릴 적부터 지도를 무척 좋아했습니다. 학교에서 받은 『사회과 부도』를 매일 열심히 보았고 나라 이름, 수도 이름 등을 많이 외웠던 기억이 납니다. 지도에 관심을 가지게 된 건 대학에 들어가서였는데, 특히 답사 사진부라는 소모임에서 선배들이 1:5만 지형도를 보면서 길을 찾아가는 모습을 보고 존경심이 들 정도로 신기했습니다. 실생활에서 지도를 활용해 도보 답사를 하며 지도를 더욱 즐겁게 배울 수 있었습니다.

고지도를 본격적으로 접하게 된 건 서울대학교 규장각한국학연구원에 소장된 고지도들의 지명 색인 작업을 하면서부터입니다. 조선 후기의 다양한 고지도를 고해상도로 접하고 지도에 적힌 수십 개에서 수백 개의 한자 지명을 모두 파악하다 보니 수십 장의 고지도를 치밀하게 볼 수 있었습니다. 당시 작업의 책임자였던 이기봉 박사님(현재 국립중앙도서관 고문헌과 고지도 담당 학예연구관) 덕분에 저는 조선의 고지도에 눈을 떴습니다.

서양의 고지도는 영국 유학 시절 케임브리지대학교 지리학과 도서관, 중앙도서관, 영국 국립도서관(British Library) 등에서 접할 수 있었고, 동북아역사재단에서 일하면서는 동해 및 독도 표기 관련 업무를 하며 서양 고지도를 분석하기 시작했습니다. 회사에서 이 업무를 처음 시작하던 시절에는 동서양의 고지도에서 '조선해'나 'Eastern Sea', 'Sea of Korea' 등의 명칭이 기재된 지도들을 주로 찾았지만, 시간이 점차 흐르면서 동서양의 고지도 자체에 더 많은 관심이 가더군요. 그러다 보니 고지도의 제작자나 제작 배경에 흥미를 가지고 살피게 되었고, 여러 논문도 쓸 수 있었습니다. 아울러 2021년 『서양 고지도 속의 한반도, 동해 그리고 독도』라는 지도책을 펴내는 과정에서 고지도 전문가인 부산대학교 정인철 교수님과 제주대학교 오상학 교수님에게 고지도에 대한 많은 가르침을 받을 수 있었습니다. 현재 준비 중인 책 『한일 고지도 속의 한반도, 동해 그리고 독도』를 쓰면서도 오상학 교수님과 서원대학교 심정보 교수님에게 한국과 일본의 고지도에 대한 폭넓은 지식을 얻을 수 있었습니다.

이 책에는 이런 저의 오랜 관심과 경험을 바탕으로 탐구한 고지도 10장이 담겨 있습니다. '지구는 편평하다'고 생각한 고대인의 의식이 고스란히 담긴 인류 최초의 지도 '바빌로니아의 세계지도'부터 '지구는 정말 편평할까?'라며 처음으로 문제 제기를 한 그리스인들의 '프톨레마이오스의 세계지도', 중세 기독교의 세계관을 듬뿍 담은 '헤리퍼드 마파문디'와 콜레라의 원인을 밝힌 존 스노의 '콜레라 지도'를 통해 고지도의 다양한 발전상을 살펴볼 수 있습니다.

또한 새 나라 조선의 기틀을 세운 '혼일강리역대국도지도'와 서방에 조선을 알리고자 했던 김대건 신부의 '조선전도'를 통해 우리 역사를 알고, 그 시대 사람들의 파란만장했던 거친 삶을 느낄 수 있을 겁니다.

세계에는 이 책에서 제가 안내하는 고지도들 외에도 수많은 중요한 고지도들이 존재합니다. 그런데 제가 고지도 10장을 선택하여 설명하는 것은 이들 지도 10장만 중요하다고 강조하는 것이 아니라, 이러한 설명을 시작으로 궁극적으로 고지도를 어떻게 읽어야 하는지를 알리고자 함입니다. 고지도를 제대로 읽으려면 지도에 기재된 내용을 파악함과 동시에 지도제작자, 제작 목적, 제작 기술, 지도가 제작된 시기의 역사적 상황 그리고 지도에 담긴 세계관 등을 함께 파악해야 합니다. 이 책을 통한다면 이와 같은 고지도 읽는 법을 독자들도 자연스럽게 습득할 수 있으리라 생각합니다.

자, 그럼 이제 고지도 10장에 담긴 과거로 우리 함께 가 볼까요?

차례

1장

바빌로니아의 세계지도

신의 눈으로 천지를 보다

현대를 사는 우리는 지구가 둥글다는 사실을 학교에서 배웠을 뿐 아니라 우주에서 촬영한 지구의 모습을 각종 책자와 영상으로 자주 접한 까닭에 잘 알고 있습니다. 인류가 고대 그리스 시대부터 알고 있던 이 사실은 20세기에 들어 우주로 여행을 할 수 있게 되면서 인간의 눈으로 확인된 바 있고요.

우주에서 본 한국과 일본

자료: shutterstock

그런데 흥미롭게도 지구가 구체(球體)라는 상식에 반기를 들고, 지구가 편평하다고 생각하는 사람들이 오늘날에도 존재합니다. 이 사람들은 우리말로는 지평설 혹은 지구평면설, 영어로는 플랫 어스(Flat Earth)라고 하는 주장을 합니다. 일반적인 상식으로는 이해하기 힘들지요. 그러나 이러한 인식을 지닌 사람들은 자신의 눈으로 직접 보지 못했기 때문에 지구가 타원체임을 인정할 수 없다고 주장합니다. 그들의 주장에 우리가 동의하지는 못하더라도 주목할 필요는 있습니다. 왜냐하면 우주 공간으로 나가지 않는 이상 우리의 눈으로 지구가 둥글다는 점을 직접 확인하기가 매우 힘들기 때문이지요.

이 점은 이번 장에서 살펴볼 메소포타미아의 세계지도와 자연스럽게 연결됩니다. 고대 메소포타미아인부터 인도, 중국, 나아가 우리 조상들도 직접 눈으로 확인해 보지 못했기에 지구가 편평하다고 생각했어요. 지도의 역사를 이해하는 데 있어 지구의 형태는 가장 기본이 되는 인식론인 까닭에 고대인들이 지구의 형태를 어떻게 인식하고 있었는지를 알아보는 일은 중요합니다.

특히 바빌로니아의 세계지도에는 고대인들의 지구평면설이 잘 드러나 있습니다. 따라서 이번 장에서는 의사과학(psudoscience, 거짓과학)인데도 불구하고 여

진히 살아남아 있는 현재의 지구평면설을 간단히 알아보고, 이후 고대 문명들의 우주론과 바빌로니아의 세계지도를 살펴보겠습니다.

지구는 편평하다

2018년에 제작된 넷플릭스의 다큐멘터리 〈그래도 지구는 편평하다(Behind the Curve)〉는 지구가 둥글지 않고 평면체라고 믿는 사람들에 관한 이야기입니다. 이 다큐멘터리에 나오는 지구평면론자(Flat Earther)들은 지구가 북극을 중심으로 원반 형태로 생겼고, 그 가장자리는 45*m*가량 얼음벽으로 막혀 있으며, 지구 위로는 돔 형태로 일종의 유리막이 존재하고, 이곳에 태양과 달 그리고 별들이 있다고 주장합니다.

아울러 이들은 지구에 중력이 없다고 믿으며 인간의 달 탐사와 우주여행 자체를 부정하고, 그들이 주장하는 지구평면설에 배치되는 증거들은 조작된 것이라며 묵살하고 있습니다. 이러한 주장을 입증하겠다면서 마이크 휴스라는 인물은 사제 로켓을 제작해 직접 탑승한 채 발사했고, 안타깝게도 2020년 2월 22일 미국 캘리포니아주 샌 버나디노 카운티의 사막에서 추락사했습니다.

지구평면론자들이 생각하는 지구
자료: shutterstock

오늘날 지구평면론자들이 주장하는 평면설은 영국의 발명가 겸 작가 새뮤얼 벌리 로버텀(Samuel Birley Rowbotham, 1816~1884년)이 쓴 책자가 직접적인 기원입니다. 그는 영국 케임브리지 베드포드의 수로에서 지구가 편평하다는 것을 확인하는 실험을 한 후 『회의론자의 천체학(Zetetic Astronomy)』이라는 짧은 책을 썼고, 이후 이를 발전시켜 『지구는 구가 아니다(Earth Not a Globe)』를 썼습니다.

로버텀은 이 책에서 지구가 편평한 원반 형태이고, 북극이 중심부에 위치하며, 원반의 가장자리는 얼음벽으로 막혀 있다고 주장했습니다. 나아가 지구에서 대양까지의 거리는 4,800km이며, 우주는 지구 표면에서 5,000km 거리에 있다고 했습니다. 아울러 그는 "우리의 감각뿐만 아니라 성경은 지구가 편평하고 움직이지 않음을 입증해 준다"라고 주장했습니다. 이후 로버텀은 영국과 미국 등지에서 '회의론자들의 모임(Zetetic Society)'을 만들어 자신의 책자 수천 권을 배포했습니다. 또 미국에 살던 올랜도 퍼거슨(Orlando Ferguson)은 1893년에 편평한 지구 모형을 직접 지도로 그려서 배포하기도 했습니다.

로버텀이 죽은 후 엘리자베스 블런트(Elizabeth Blount, 1850~1935년)[1]는 세계 회의론자 모임(Universal Zetetic Society)을 구성했고, 〈The Earth Not a Globe(구가 아닌 지구)〉라는 잡지를 펴냈으며, 20세기 초까지 모임이 활발하게 유지됐습니다.

한편 1956년 새뮤얼 셴턴(Samuel Shenton)은 이러한 지구평면론자들의 주장을 잇는 '국제지구편평연구

---

1 엘리자베스 블런트는 영국의 사회운동가로서 '편평한 지구' 소사이어트를 이끌었다. 런던에서 생활하며 왕립문학회와 골동품학회에서 회원으로 활동했다. 그는 평소 지지하던 '편평지구론' 학회를 1884년부터 이끌었고, 1904년에는 지구가 편평하다는 증거를 찾기 위해 영국 케임브리지셔의 베드포드 운하에서 실험을 했다. 이 실험에서 지구가 구체라면 6마일(약 9.7km) 떨어진 물체가 사진에 찍히지 않아야 하지만, 사진으로 물체를 찍을 수 있었다. 그러나 그 실험은 대기 굴절을 감안하지 않은 실험이었기에 과학계에서는 인정받지 못했다.

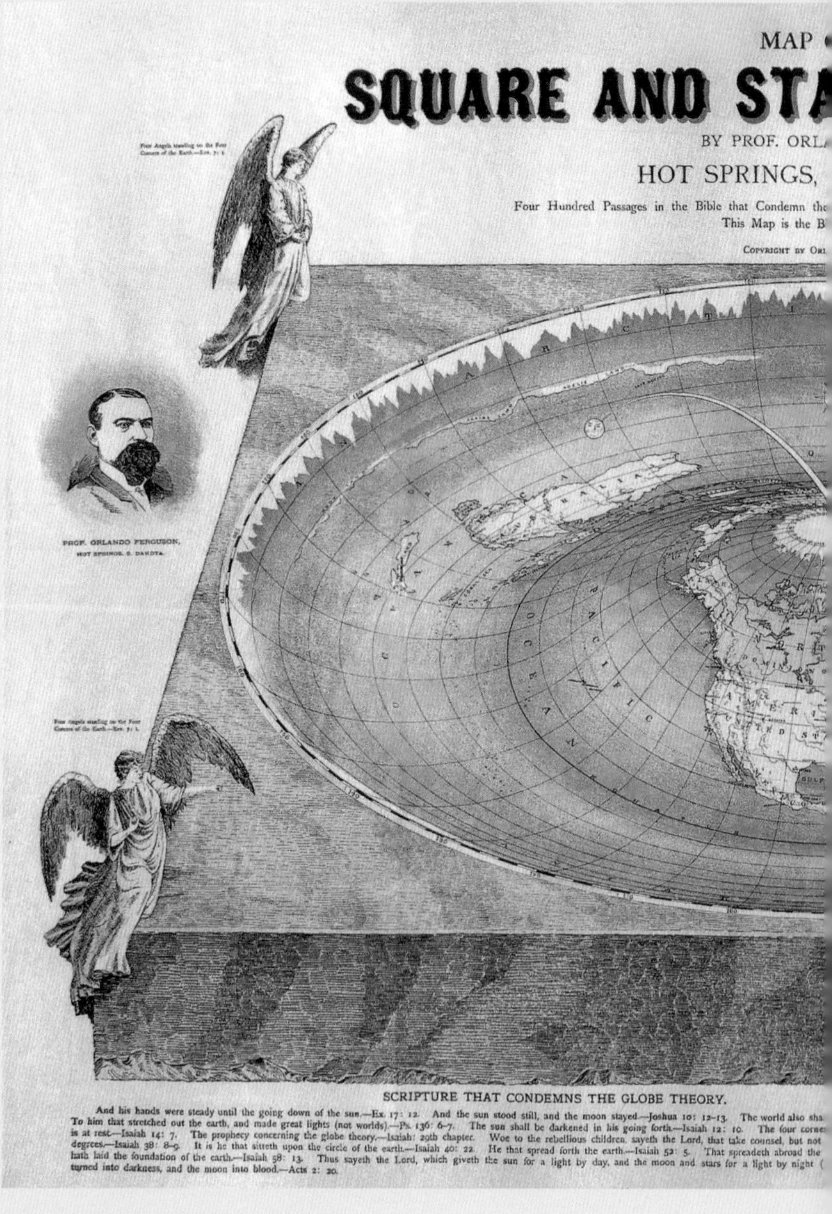

MAP
SQUARE AND STA
BY PROF. ORL
HOT SPRINGS,
Four Hundred Passages in the Bible that Condemn the
This Map is the B
PROF. ORLANDO FERGUSON,
HOT SPRINGS, S. DAKOTA.
PACIFIC
OCEAN
SCRIPTURE THAT CONDEMNS THE GLOBE THEORY.
And his hands were steady until the going down of the sun.—Ex. 17: 12. And the sun stood still, and the moon stayed.—Joshua 10: 12–13. The world also sha
To him that stretched out the earth, and made great lights (not worlds).—Ps. 136: 6–7. The sun shall be darkened in his going forth.—Isaiah 12: 10. The four corne
is at rest.—Isaiah 14: 7. The prophecy concerning the globe theory.—Isaiah: 29th chapter. Woe to the rebellious children, sayeth the Lord, that take counsel, but not
degrees.—Isaiah 38: 8–9. It is he that sitteth upon the circle of the earth.—Isaiah 40: 22. He that spread forth the earth.—Isaiah 52: 5. That spreadeth abroad the
hath laid the foundation of the earth.—Isaiah 58: 13. Thus sayeth the Lord, which giveth the sun for a light by day, and the moon and stars for a light by night (
turned into darkness, and the moon into blood.—Acts 2: 20.

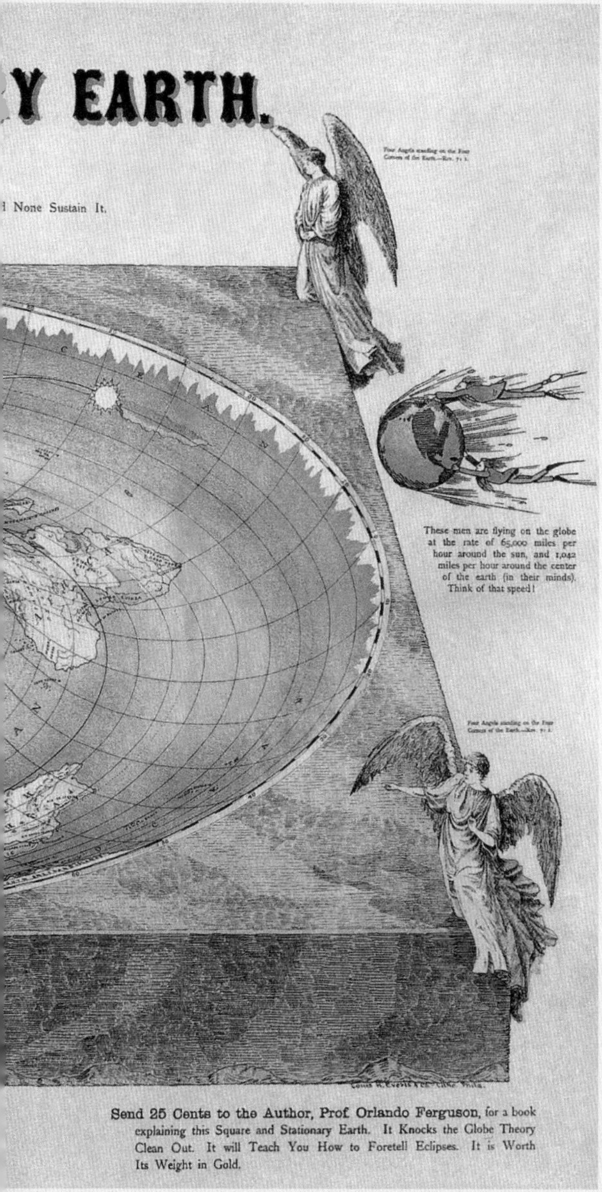

올랜도 퍼거슨이
제작한 편평하고
움직이지 않는
지구 지도

1893년,
자료: 미국 의회도서관

학회(International Flat Earth Research Society)'를 영국에서 만들었습니다. 공교롭게도 이때는 미국과 소련이 우주 개발을 두고 경쟁을 벌이고 있었습니다. 1957년 소련에서 세계 최초로 인공위성 스푸트니크 1호를 발사했고, 1961년에는 최초의 우주비행사 유리 가가린(Yurii Gagarin)이 탑승한 보스토크 1호가 우주여행에 성공했습니다. 이에 자극받은 미국은 인류 최초로 달에 착륙하고자 노력했고, 결국 1969년 7월 21일 닐 암스트롱이 달 표면에 첫발을 디뎠습니다.

한편 이러한 사실들에도 불구하고 새뮤얼 셴턴은 인공위성이 보내온 지구의 사진이 모두 거짓이라고 주장했습니다. 1971년 셴턴이 사망한 뒤 찰스 존슨(1924~2001년)이 국제지구편평연구학회를 2001년까지 유지했고, 2004년 대니얼 셴턴(Daniel Shenton)이 인터넷을 기반으로 '국제지구편평학회'를 재건해 현재까지 활동하고 있습니다. 이들은 유튜브, 트위터, 페이스북 같은 인터넷 기반 플랫폼에서 여전히 지구가 편평하다고 주장하는 메시지를 전달하고 있습니다.

고대의 우주론과 지구평면설

사실 지구가 편평하다는 생각은 인류 문명의 탄생

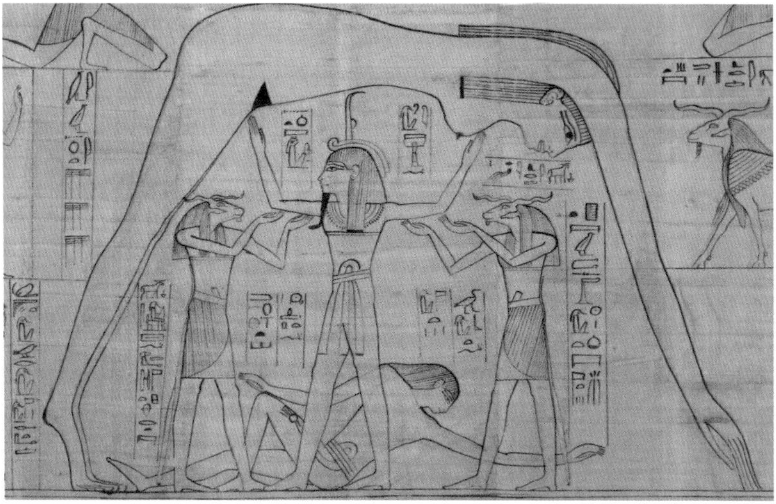

이집트의 우주관을 드러내는 그린필드 파피루스 내 네스타네베티셰루의 사자의 서

자료: 영국 국립박물관

과 함께 나타났다고 해도 과언이 아닙니다. 왜냐하면 인간의 감각기관으로는 지구가 편평하다고 인식하기 쉬우며, 지구가 둥글다는 사실을 파악하기가 매우 힘들기 때문이지요.

우리가 잘 아는 고대 문명 발상지 네 곳, 즉 메소포타미아, 이집트, 인도, 중국 모두에서 지구편평설은 지구의 형태에 대한 최초의 모델이었습니다. 지구가 구체라는 인식이 자리 잡은 것은 기원전 4세기경 그리스가 최초였지만, 메소포타미아 지역에서는 기원전 1세기 이후, 인도에서는 3~4세기 이후, 중국에서는 17세기 이후에나 일어난 일입니다.

고대 이집트와 메소포타미아 지역에서는 지구가

이집트 웨레쉬네퍼의 석관 표면에 새겨진 우주도

자료: 미국 뉴욕 메트로폴리탄박물관

바다 위에 떠 있다고 생각했어요. 우선 이집트의 경우 네스타네베티셰루(Nestanebetisheru)의 사자의 서(The book of the dead)에 그들의 우주관이 등장합니다. 그림을 보면 공기의 신 슈(Shu)가 하늘의 신 누트(Nut)를 받쳐 들고 있고, 땅의 신 게브(Geb)는 바닥에 누워 있습니다. 웨레쉬네퍼의 석관(Sarcophagus of Wereshnefer)에 등장하는 이집트의 우주도에는 원반 모양 땅이 물에 둘러싸여 있는 모습으로 나타납니다.

한편 메소포타미아의 우주관은 이집트 웨레쉬네

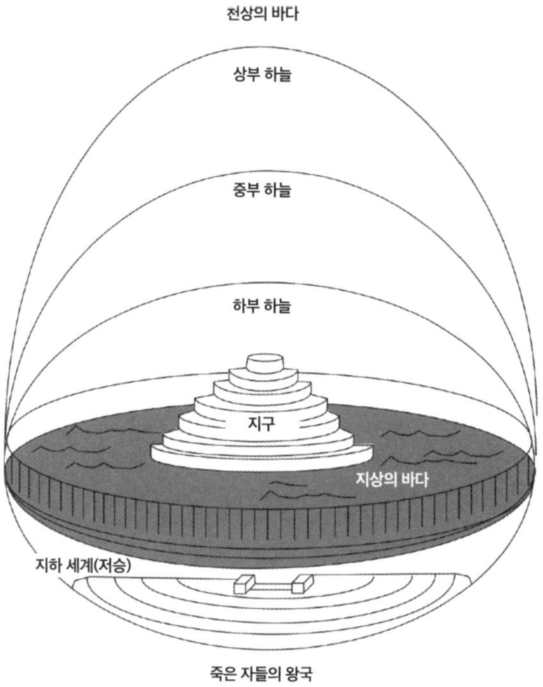

메소포타미아의
우주관 모식도

자료: J. Javeir Alvaro, 2019, The Ages of the Earth, 16쪽

퍼의 석관 표면에 새겨진 우주도에 나타난 바와 같이 세 하늘과 지구 표면, 물(Apsu, 아프수), 그 아래 지하 세계로 구성되어 있습니다. 세 하늘은 다시 하늘의 신 아누(Anu)가 사는 상부 하늘, 젊은 신 이기기(Igigi)가 사는 중부 하늘 그리고 태양과 달, 별 등이 있는 하부 하늘로 나뉘지요. 메소포타미아인들은 지구가 물 위에 떠 있으며 그 아래에 지하 세계 혹은 우리가 저승이라고 부르는 공간이 있다고 생각했습니다.

고대의 이러한 인식은 그리스로 이어졌는데요, 기

世紀日自斗十一度
至婺女七度斗建
在子呉越分野自婺
女八度至危十六度
斗建在丑齊分野
自危十七度至奎四
度斗建在寅衛分野
自奎五度至胃六度
斗建在卯魯分野自
胃七度至畢十一度斗
建在辰趙分野自畢
十二度至東井十五度
斗建在巳晉魏分野自
井十六度至柳八度斗建
在午秦分野自柳九度
至張十七度斗建在未
周分野自張十八度至軫
十一度斗建在申楚分野
自軫十二度至氐四度斗
建在酉韓分野自氐五度
至尾九度斗建在戌宋分
野自尾十度至斗十度
斗建在亥燕分野凡天
有十二次日月之所躔也地有
十二分王侯之所國也[illegible]
宿合一百[illegible]
[illegible]

天地圖

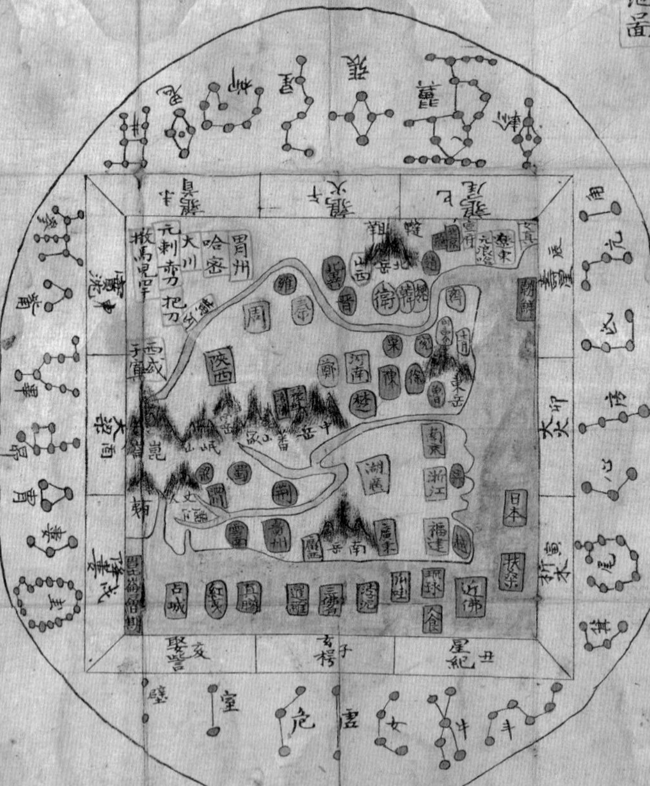

천지도
하늘은 둥글고 땅은 네모 모양(천원지방)이라는 사고방식이 반영된 지도
자료: 서울역사박물관

원전 8세기에 살았던 고대 그리스의 역사학자 호메로스는 "바다(Oceanos, 오케아노스)는 지구의 표면을 원형으로 둘러싼다"라고 기록하기도 했습니다. 기원전 7세기 말부터 기원전 6세기 초까지 살았던 그리스의 철학자 탈레스(Thales)는 지구를 바다 위에 떠 있는, 가운데가 부풀어 오른 원반이라고 추정했어요. 그리고 그의 제자 아낙시만더(Anaximander)는 이 추정을 더욱 구체화해 짧은 원기둥 형태인 지구가 우주 한가운데 있다고 주장했습니다.

한편 중국에서는 천원지방(天圓地方), 즉 하늘은 둥글고 땅은 네모 형태라고 여겼습니다. 이러한 사고방식은 17세기 서양의 천문학이 도입되기 전까지 중국에서 보편적이었어요. 아울러 천원지방론은 조선에서도 견지하던 우주론이었으며, 19세기 개항 이전까지 주된 의견이었습니다. '천지도'에서 그러한 사고의 흔적을 확인할 수 있습니다.

바빌로니아의 세계지도

고대 메소포타미아인들은 우주가 세 하늘과 지표면 그리고 이를 떠받치고 있는 물과 그 아래 지하 세계로 구성되어 있다고 생각했습니다. 그렇다면 그들은

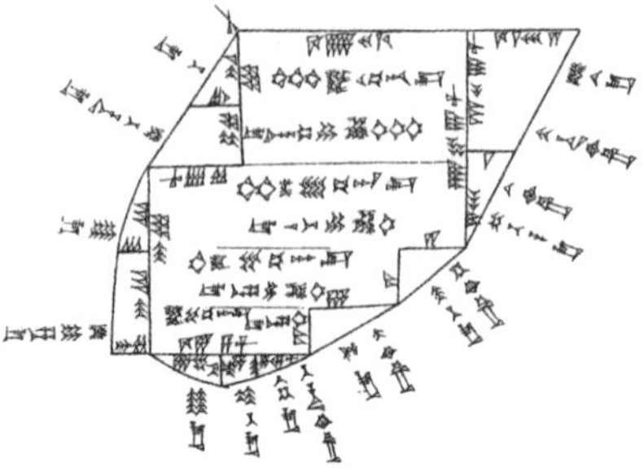

농토 지도
술기시파칼람마(Šulgi-sipa-kalam-ma) 지역 농토 지도

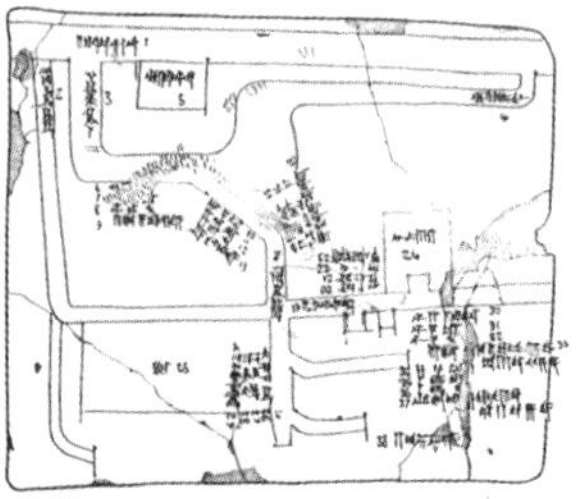

운하 지도
쉐옌 운하 지도(Schøyen Canal Map)

도시 지도
니푸르 시가도

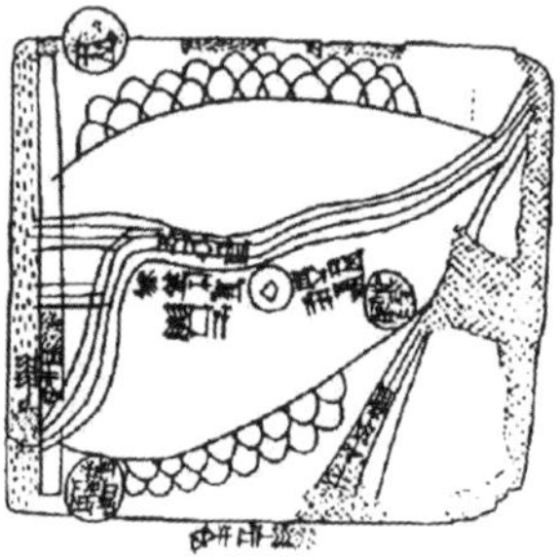

지역 지도
가수르 지역을 나타낸 지도

지구 표면에 대해서는 어떻게 인식했을까요? 지구 표면에 대한 메소포타미아인의 인식을 가장 잘 엿볼 수 있는 것은 바빌로니아의 세계지도(Babylonian Map of the World)입니다.

이 지도는 기원전 6세기경 제작되었는데, 바빌로

니아를 포함하는 메소포타미아 지역에서는 이미 기원전 2000년경인 아카드 왕조 시기부터 다양한 지도를 제작하고 있었어요. 메소포타미아에서는 지도를 점토판에 새겨 만들었는데 170개가 넘으며, 농토나 운하, 도시 및 지역에 대한 구체적인 지도들이었지요. 대표적으로 기원전 1250년에 만들어진 니푸르 도시 지도는 메소포타미아 지역의 지도 제작술이 일정 수준에 올랐음을 보여 줍니다.

기원전 6세기경 만들어진 바빌로니아의 세계지도는 점토판에 새겨진 것인데, 현존하는 세계지도 가운데 최초입니다. 1881년 이라크 남부 아부하바(Abu Habba 혹은 Sippar)에서 이라크 출신 고고학자 호르무즈

점토판에 새겨진 니푸르 도시 지도(우)와 이를 디지털로 다시 그린 지도(좌)

자료: Paul Sinclair, Irmgard Hein, 2010, "Cities and Urban Landscapes in the Ancient Near East and Egypt with Special Focus on the City of Babylon" *in The Urban Mind*

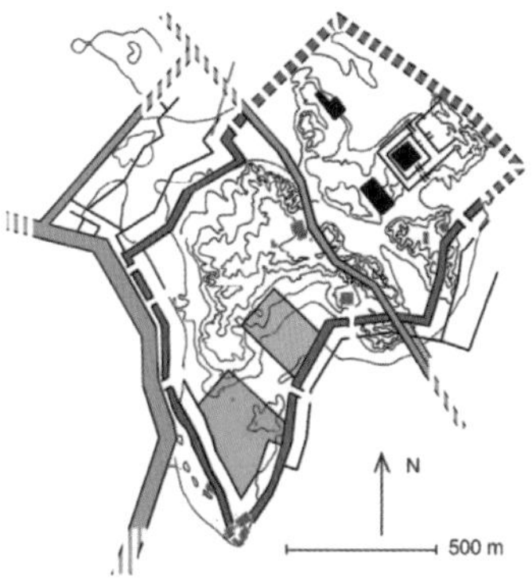

호르무즈 라삼
자료: 위키피디아

라삼(Hormuzd Rassam, 1826~1910년)이 이 지도를 발굴했어요. 라삼은 아부하바 지역에서 약 18개월 동안 7만 점이 넘는 점토판을 발굴해 모두 영국 국립박물관으로 보냈습니다.

애초에 라삼은 구약성서에 나오는 노아의 홍수에 대한 역사적 기록을 찾으려는 목적으로 발굴 작업을 하고 있어서 점토판이 발굴된 시점에 이 세계지도는 크게 주목받지 못했지요. 더불어 라삼은 쐐기문자를 읽지 못했기에 그 중요성을 인식하지도 못했습니다. 19세기 말, 이 지도에 쓰인 쐐기문자가 해독되고 나서야 현존하는 최초의 세계지도임이 확인되었습니다.

기원전 6세기경 제작된 것으로 추정되는 이 지도는 기원전 7~8세기경에 제작된 지도를 모사한 지도입니다. 크기는 가로 8.2㎝, 세로 12.2㎝로 비교적 작으며, 가장자리 일부가 훼손되었고, 쐐기문자 형태의 아카드어가 기록되어 있습니다.

한편 이 지도는 마치 새가 멀리 날아 지표면을 바라보는 듯한 조감(鳥瞰)도 형식으로 그려져 있습니다. 조감도 형식 지도는 메소포타미아의 신화 중 에타나 서사시(Etana Epic)와 깊은 연관성이 있습니다. 이 서사시는 고대 수메르의 나라인 키슈(Kish)의 왕 에타나(Etana)가 독수리의 날개에 업혀 하늘을 날며 다양한 고도에서 본 땅과 바다에 대한 내용입니다. 바다는 대해가 아닌 강의 형태이고, 우주에서 가장 높은 에쿠르(Ekur) 산의 주변을 흐른다고 기록되어 있는데, 바빌로니아 지도에 나오는 바다(marratu)가 땅을 둘러싸고 있는 모습과 유사합니다. 결국 이 지도는 당시 바빌로니아 사람들이 신화 형태로 상상하던 세상의 모습을 재현한 것입니다.

지도를 좀 더 구체적으로 살펴보겠습니다(32쪽 그림). 우선 둥근 원이 2개 있습니다. 이 두 원 사이는 바다이며, 작은 원의 안쪽은 바빌로니아 사람들이 잘 아는 지역이고, 큰 원 밖의 삼각형들은 바빌로니아 사람들이 잘 모르는 지역입니다. 즉 바다를 경계로 두 지역을 구분해 놓았습니다.

우선 작은 원의 안쪽부터 살펴보면, 원 가운데에

바빌로니아 세계지도

자료: 영국 국립박물관

홈이 하나 있는데, 이는 두 원을 그리면서 만들어진 홈으로 추정됩니다. 오늘날 우리가 사용하는 컴퍼스와 유사한 기구로 원을 그린 흔적으로 보이는데, 당시에 사용한 기구는 현존하지 않습니다. 그리고 홈 바로 위에 있는 직사각형은 바빌론을 나타냅니다. 비록 지도의 정중앙은 아니지만, 가운데에 가장 인접하므로 사실상 이 지도의 중심으로 이해해도 좋을 것입니다. 그리고 이는 이 지도가 바빌론에서 만들어졌음을 나타내기도 합니다. 신바빌로니아 시대에 제작된 것으로 추정되는 이 지도는 신바빌로니아의 수도 바빌론에서 만들어진 것입니다.

한편 바빌론을 가로지르는 두 선이 위에서 아래로 그려져 있습니다. 메소포타미아 지역에서 만들어진 다수의 점토판 지도에서는 하천을 두 선으로 나타내므로, 이 하천은 바빌론을 실제로 가로질러 흐르는 유프라테스강으로 보입니다. 그리고 이 강의 위쪽에는 반원이 그려져 있으며, 쐐기문자로 "산"이라고 쓰여 있습니다. 이 반원 형태의 산은 유프라테스강의 발원지인 튀르키예 남부 산지를 나타내는 것으로 보입니다.

유프라테스강의 아래쪽에는 좌우로 그려진 두 줄이 보이며, 그 안에 "수로"와 "늪"이라는 글자가 쓰여 있습니다. 이 지역은 유프라테스강 하류인데 정기적으로 홍수가 발생하는 충적평야 지대이며, 바다와 만나

지도의 중심부 가까이에 그려진
직사각형은 바빌론을 나타낸다.

둥근 원 2개의 사이는 바다이며,
작은 원의 안쪽은 바빌로니아 사람들이
잘 아는 지역, 큰 원 밖의 삼각형들은
바빌로니아 사람들이 잘 모르는 지역을
뜻한다.

이등변 삼각형 모양은 '나구'라고
하는데 다른 지역을 뜻한다.
"큰 성벽"이라고 적힌 지역은
북극권을 의미한다고 추정된다.

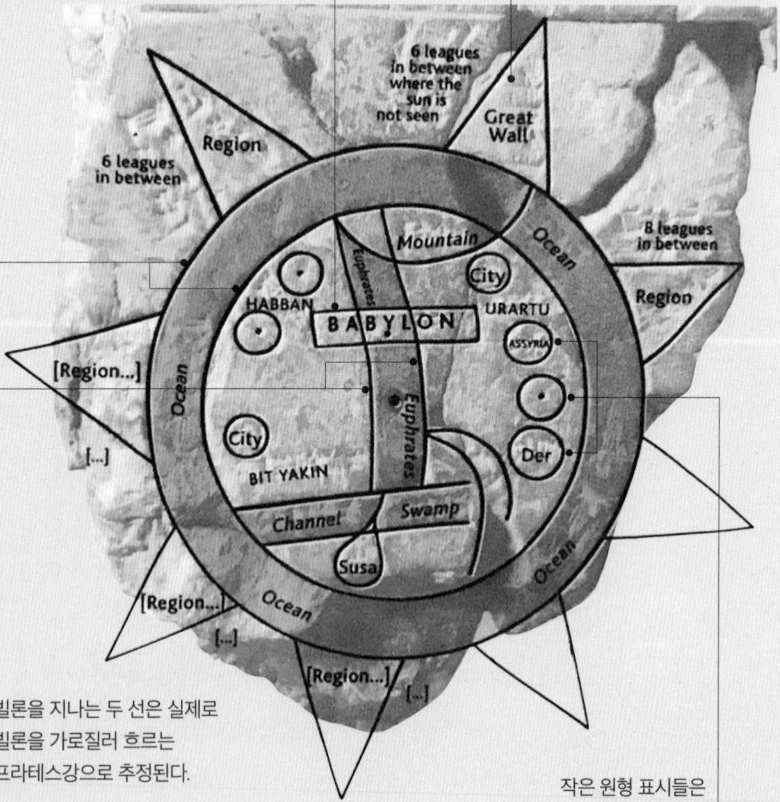

바빌론을 지나는 두 선은 실제로
바빌론을 가로질러 흐르는
유프라테스강으로 추정된다.

작은 원형 표시들은
당시의 도시 등을
의미한다.

바빌로니아 세계지도에 새겨진 지명들

자료: 영국 국립박물관

는 하류부에 넓게 늪지가 발달해 있습니다. 아울러 이 지역에서는 도시국가가 등장하기 시작한 시절부터 인공 수로가 다수 만들어졌습니다. 이러한 내용들이 이 지도상에 반영되어 있습니다.

작은 원 안에는 원형 표시가 총 8개 있는데 지도가 만들어진 당시의 도시 혹은 지역을 의미합니다. 8개 원 가운데 2개에는 단순히 도시라는 의미인 우루(Uru, 영어로 City)라는 글자가 쓰여 있고, 3개에는 각각 아시리아(Assyria), 데르(Der), 수사(Susa) 등이 쓰여 있습니다. 그리고 나머지 3개에는 점만 찍혀 있습니다. 우선 아시리아는 티그리스강의 중상류 지역을 의미하고, 데르는 티그리스강의 동쪽 도시를, 수사는 엘람 왕국의 도시를 의미합니다. 그리고 원 인근에 지역 명칭이 3개 새겨져 있으며 우라르투(Urartu, 현재의 아르메니아 지역), 비트야킨(Bit-yakin, 바빌로니아 남부 일대 칼데아의 한 지역), 하반(Habban, 카시트 부족의 발상지) 등이 쐐기문자로 쓰여 있습니다.

작은 원의 밖을 살펴보면, 가장 먼저 나타나는 두 원 사이의 공간에 마라툼(marratum, 영어로 Ocean)이라고 쓰여 있습니다. 이 명칭은 쓴물 혹은 짠물이라는 뜻이며, 바다를 나타냅니다. 바다가 땅을 둥글게 둘러싸고 있다고 믿는 바빌로니아 사람들의 공간 인식이 명확하게 드러나는 부분입니다.

한편 이 바다 밖에는 '나구(nagu)'라는 이름으로 불리는 이등변 삼각형이 총 5개 있습니다. 나구는 지역(region)을 뜻하는 용어입니다. 지도가 온전하게 남아 있지 않고 아랫부분이 파손되어 삼각형 형태를 5개만 확인할 수 있는데, 처음 이 지도를 작성할 때는 삼각형이 총 8개였을 것이라고 학자들은 추정합니다. 왜냐하면 이 지도가 새겨진 점토판의 뒷면에 나구가 8개 있다고 쓰여 있기 때문입니다. 삼각형 형태로 새겨진 나구 가운데 "큰 성벽"이라고 새겨진 삼각형 옆에는 "태양이 보이지 않는 곳"이라고 쓰여 있는데, 이를 두고 겨울 동안 해가 뜨지 않는 북극권에 대한 설명이라는 주장과 '영원히 어두운 지역'이라는 해석이 존재합니다.

이러한 내용 외에도 점토의 상부와 뒷면에 쐐기문자 형태로 아카드어 설명이 있습니다. 점토 지도 위에는 총 11줄이 기록되어 있는데, 학자들의 연구에 따르면 '마르두크(Marduk)'라는 이름을 가진 신과 신기한 생물[2]들에 대한 기록입니다. 이 기록은 마르두크 신이 세상을 창조한다는 내용을 다룬 에누마 엘리스(Enûma Eliš)라는 창조 서사시의 내용과 관련됩니다. 이처럼 점토 지도 위에 있는 11줄짜리 설명은 바빌로니아 사람

2 문장상에 언급된 신기한 생물에는 독사, 바다뱀, 용, 안주새, 전갈, 염소, 가젤, 혹등소, 표범, 황소, 사자, 늑대, 붉은사슴, 하이에나, 원숭이, 아이벡스, 타조, 고양이, 카멜레온 등이 있다.

들이 알고 있던 작은 원 안의 세상에 관한 내용입니다.

반면에 점토 지도의 뒷면에 새겨진 글은 바다 바깥쪽 지역들에 대한 내용입니다. 많은 부분이 훼손되어 그 내용을 완벽하게 파악하기는 어렵지만, 남아 있는 부분에서 총 8개 나구까지의 거리와 각 나구에 존재하는 다양한 동물의 존재나 특징적인 자연현상 등의 내용을 확인할 수 있습니다. 예를 들어 셋째 나구에 쓰여 있는 "날개 달린 새가 도달할 수 없는 지역"은 멀리 떨어진 사막이나 산간지대로 해석됩니다. 그리고 일곱째 나구는 뿔이 난 가축이 사는 곳이며, 여덟째 나구는 가장 동쪽에 있는 태양이 뜨는 곳입니다.

그리고 지도 뒷면에 새겨진 글의 제일 마지막 부분에는 이 지도가 이전에 만들어진 지도의 사본임을 알려 주는 내용이 나오는데, 28째 줄에 "…과거에 만들어진 지도를 복제한 후 대조하였음(copied from its old exemplar and colla(ted))"이라고 쓰여 있습니다. 그다음 문장에는 이 지도의 제작자로 추정되는 인물이 언급되는데 "에아벨일(Ea-bel-il)의 자손인 이수루(Issuru)의 아들"이라고 나와 있습니다.

이처럼 바빌로니아 세계지도의 앞면과 뒷면에 쐐기문자로 기록된 문장들에서 이 지도가 단순히 지표면만 나타낸 지도가 아님을 알 수 있습니다. 즉 이 지도는 바빌로니아 사람들의 우주관이 폭넓게 반영된 모식도인 것이지요. 바빌로니아 신화에 나오는 마르두크의 창조를 언급함으로써 바빌론이 하늘과 땅, 인간, 언어 등 모든 것이 창조된 중심지임을 상징적으로 드러내는 부분이 그렇습니다.

인류 최초 세계지도로서의 의미

앞서 살펴본 바와 같이 메소포타미아 지역에서는 다양한 지도가 만들어졌습니다. 즉 건물을 건축하고 도시를 개발하며, 농경지를 관리하고 수로와 운하를 건설하며 군대를 배치하는 등 실용적인 목적으로 지도를 만든 것입니다. 이러한 실용적인 목적을 지닌 지도와 세계지도는 어떤 차이점이 있을까요? 나아가 바빌로니아 세계지도는 어떠한 의미를 지닐까요?

지도와 문장에 새겨진 내용이 훼손되어 비록 불완전하기는 하지만, 우리는 바빌로니아 사람들이 이 지도를 만든 이유를 미루어 짐작할 수 있습니다. 지도를 제작함으로써 바빌로니아 사람들은 세계 최초로 거대하고 한계가 정해지지 않은 세상에 대해 질서와 구조를 부여했습니다. 아울러 지도를 제작해 세상의 기원에 대한 상징적이고 신화적인 내용을 묘사했을 뿐 아니라 현실 세계 추상화를 시도했습니다. 즉 지구 표면에 존재한 도시나 지역 등을 원이나 삼각형, 점, 글자로 표현했습니다. 그리고 자신들이 살았던 바빌로니아를 지도 가운데에 위치시켜 그들의 수도를 세상의 중심으로 바라보았습니다.

이 지도에서는 이처럼 바빌론을 인간 세상의 중심으로 묘사했습니다. 나아가 이 지도는 보는 사람으로 하여금 마치 천지를 창조한 신의 눈으로 세상을 바라볼 수 있게 해 줍니다. 즉 바빌로니아인들을 천지를 창조한 신의 위치까지 넘보도록 만들고 있습니다. 마치 신의 권위에 도전한 바벨탑과 유사한 시각이라는 점을 확인할 수 있습니다.

이러한 바빌로니아 사람들의 자신감은 그들이 건설했던 제국과 문명의 높은 수준에서 비롯되었다고 할 수 있습니다. 수메르학의 권위자인 새뮤얼 노아 크레이머(Samuel Noah Kramer)는 그의 책에서 "수메르에서 역사가 시작되었다"라고 주장한 바 있습니다. 이 지역에서 세계 최초로 도시가 만들어지고 제국이 건설되면서 문명이 시작된 점을 감안하면, 바빌로니아 사람들은 그들이 세계 최고라는 생각을 당연히 가졌을 것입니다. 그러한 바빌로니아에서 최초로 세계지도가 만들어진 것은 우연이라기보다 필연이었겠지요.

이번 장에서는 오늘날에도 지구가 편평하다는 믿음을 지닌 사람들의 주장을 살핌과 동시에 이와 유사한 생각을 지녔던 고대인들의 우주관을 살펴보았습니다. 그리고 인류 최초 세계지도인 바빌로니아의 세계지도를 분석하여 그들의 우주관뿐 아니라 세상을 바라보는 시선을 확인했습니다. 다음 장에서는 지구가 둥글다고 주장한 그리스 철학자들이 만든 세계지도와 그에 얽힌 이야기를 중심으로 살펴보겠습니다.

2장

프톨레마이오스의 세계지도

그리스인이 본 철학적 세계

1장에서 우리는 지구가 편평하다고 생각한 바빌로니아 사람들의 이야기를 살펴보았습니다. 그리고 기원전 6세기경에 만들어진 '바빌로니아의 세계지도'에 바빌로니아 사람들의 생각이 상징적으로 표현되어 있음을 확인했습니다. 그러면 동시대에 살았던 고대 그리스 학자들은 세계의 모습을 어떻게 생각했을까요? 그리고 그러한 생각은 어떻게 변화해 갔을까요? 이번 장에서는 기원전 6세기경부터 기원후 2세기경까지 그리스 철학자들이 생각한 지구의 모습이 변화되는 과정과 그들이 제작한 지도를 살펴보겠습니다.

지구가 편평하다고 생각한 그리스 철학자들

서양 철학이 고대 그리스에서 시작되었다는 사실을 우리는 잘 알고 있습니다. 그러면 고대 그리스는 언제 존재했고, 지리적인 범위는 어떠했을까요? 고대 그리스의 대략적인 시작은 기원전 1100년경이고, 그 끝은 기원전 146년입니다. 끝이 명확한 이유는 그리스가 로마제국에 점령당한 시점이 기원전 146년이기 때문입니다.

지리적인 범위는 에게해를 중심으로 발칸반도와 그 주변의 섬으로 소아시아의 해안가 지역이 핵심이었어요. 최대 판도는 기원전 323년경 마케도니아의 알렉산드로스 대왕 시기인데, 그리스를 포함해 서아시아 전역과 이집트, 인도의 서쪽 지방인 인더스강까지였고요.

고대 그리스는 도시국가 연합체 성격을 띠었는데 아테네, 스파르타, 코린토스, 테베, 크노소스, 밀레투스, 페르가몬 등이 대표적입니다. 그중에서도 소아시아의 이오니아 지역 밀레투스(Miletus)에서 그리스 철학이 시작되었다고 알려져 있습니다. 이 지역의 대표적인 철학자이자 고대 그리스의 일곱 현인에 꼽히는 탈레스(Thales, 기원전 624년~기원전 546년)는 이집트에서는 기하학을, 바빌로니아에서는 천문학을 배웠으며, 서양 철학자 가운데 최초로 자연현상을 과학적으로 설명한 사람입니다.

탈레스

자료: 위키피디아

그는 이집트에 매년 홍수가 일어나는 이유를 지중해에서 불어오는 바람 때문이라고 주장한 바 있습니다. 비록 설명 자체는 사실과 다르지만, 당시 사람들이 자연현상을 신들의 의지로 해석하는 데 반기를 든 최초의 학자였다는 점에서 그를 철학의 아버지라고 일컫

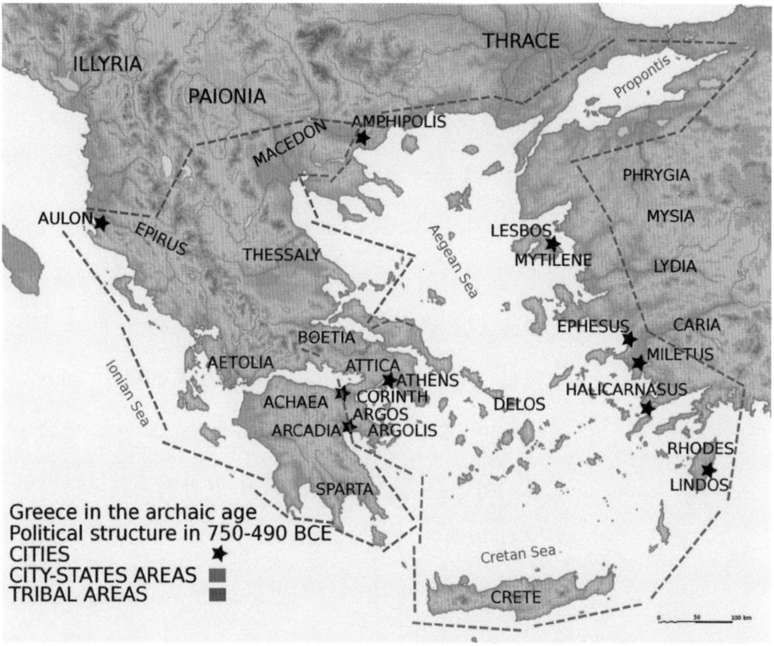

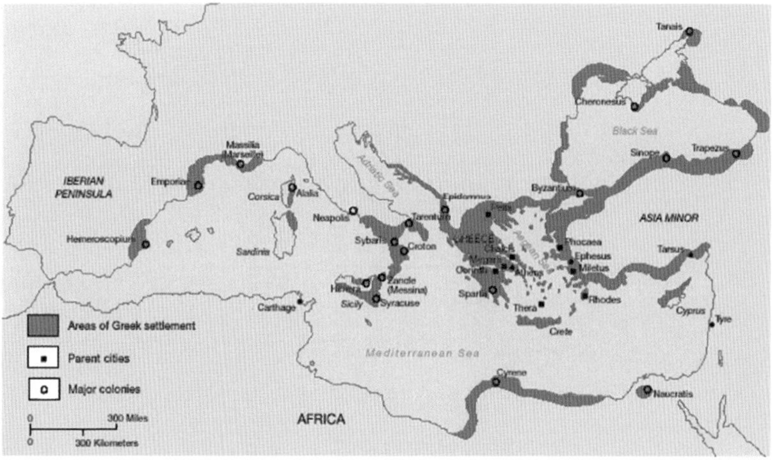

고대 그리스(상)와 그리스의 식민지(하)

기원전 750년~기원전 500년, 자료: 위키피디아

습니다. 또 그는 최초로 일식을 예언했으며, 이집트 피라미드의 높이를 계산한 것으로 유명합니다.

그는 지구의 모습이 만물의 기원인 물 위에 떠 있는 원반 형태라고 생각했습니다. 이러한 형태는 앞 장에서 살펴본 '바빌로니아 세계지도'와 비슷하고, 호메로스의 서사시 『일리아스(Ilias)』에 나온 아킬레우스의 방패에 나타난 지구의 모습과도 유사합니다. 즉 땅은 편평한 원반이고, 그 주위를 바다가 둘러싸며, 위 하늘에는 태양과 달 그리고 별들이 존재하는 것은 당시 바빌로니아인은 물론 그리스인이 일반적으로 생각하는 지구의 형태였지요.

탈레스의 제자 아낙시만드로스(Anaximandros, 기원전 610년~기원전 546년)는 만물의 기원이 물이라는 스승의 주장을 거부하고, 무규정적이고 무한정한 존재인 아페이론(apeiron)을 만물의 기원으로 봤습니다. 그리고 아페이론에서 원초적으로 대립자인 불, 공기, 물, 흙이 나오며, 이것들의 결합으로 만물이 만들어진다고 믿었지요. 그는 지구를 포함한 우주의 모습도 스승과 다르게 설명했는데, 지구는 원통형이며 높이는 지름의 1/3이라고 주장했어요. 원기둥 지구를 태양, 달, 별 등으로 이루어진 불의 바퀴 세 개가 둘러싸고 있으며, 원통형 지구 위 표면은 세 대륙, 즉 유럽, 아시아, 리비아(아프리카)로 구성되어 있다고 설명했습니다.

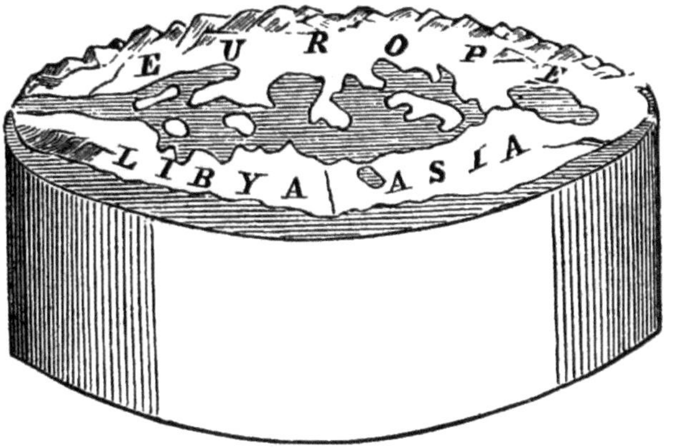

아낙시만드로스가 생각한 원통형 지구
자료: 위키미디어

한편 아낙시만드로스의 지도를 발전시킨 것은 밀레투스 출신인 헤카타이오스(Hecataeos, 기원전 550년~기원전 476년)였습니다. 역사가이면서 지리학자였던 그는 이집트와 서아시아 지역을 여행한 후 두 권의 지리 책자 『지구를 찾아가는 여행(Ges Periodos)』을 저술했습니다. 책자의 제1권에는 유럽을, 제2권에는 아시아와 아프리카를 기술했는데, 이베리아반도의 끝단인 지브롤터에서 시작해 시계 방향으로 돌아 대서양 해안가의 모로코 일대에서 마쳤습니다. 그는 책에 해안가를 따라 이어지는 여행에서 만난 민족과 장소에 대한 정보를 실었습니다.

이 책에 첨부되었다고 알려진 세계지도에는 아낙시만드로스의 지도보다 더 다양한 지역이 표기되어 있었습니다. 지중해 지역뿐만 아니라 흑해, 카스피해, 아

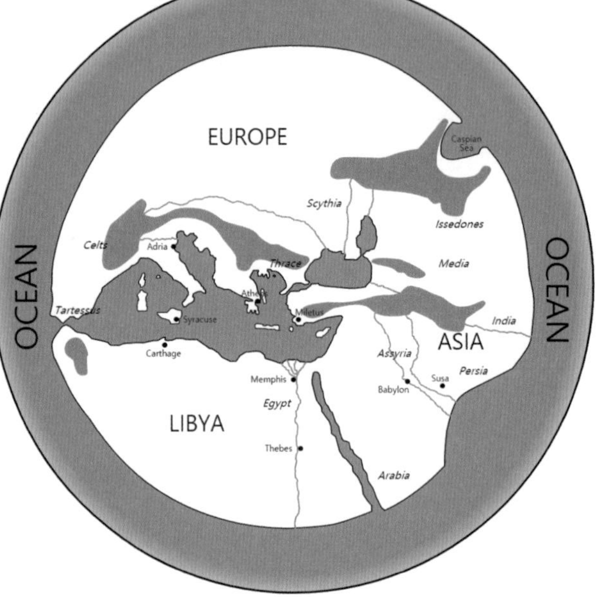

헤카타이오스의 세계지도
자료: 위키피디아

시아의 스키타이(Scythai), 페르시아, 인도 그리고 당시 리비아라고 불린 아프리카의 수단 등이 그려졌습니다. 이처럼 원거리 여행이 늘어나면서 지리 지식이 확대되고 정보가 축적되었으며, 지도도 발달하게 되었습니다. 그런데도 헤카타이오스 역시 세계가 바다에 둘러싸인 원반 혹은 원통형이라는 인식을 견지했습니다.

헤카타이오스 이후 지구의 형태에 대해 언급한 사람은 고대 그리스의 역사학자 헤로도토스(Herodotos, 기원전 484년경~기원전 425년경)입니다. 그는 페르시아 전쟁 이후 그리스 주변의 방대한 지역을 여행하고 나서 9

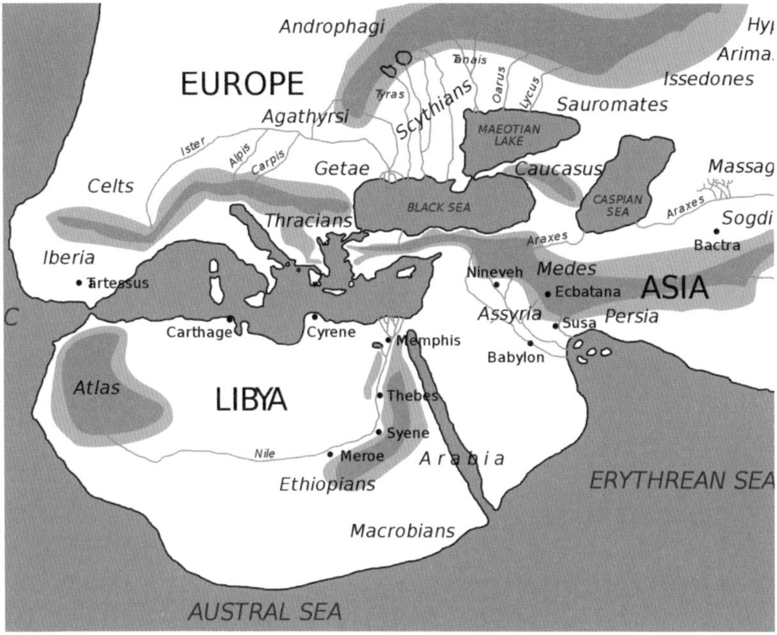

헤로도토스의 생각을 재현한 지도
자료: 위키미디어

권에 달하는 장대한 시리즈 책 『역사(Historia)』를 썼는데요, 주로 페르시아와 근동 지역의 역사와 지리, 풍속 등을 기술했습니다.

기존의 그리스 철학자들은 지구에 대해 '편평하고 완벽하게 둥근 지구의 가장자리를 오케아노스(Oceanos)라는 바다가 둘러싸고 있다'고 인식했고 유럽과 아시아를 동일한 크기로 그려 왔습니다. 그런데 헤로도토스는 이런 방식을 거부했다는 점이 흥미롭습니다. 그가 다르게 인식하게 된 이유는 실제로 여행을 다니면서 습득한 지리 지식과 기존의 서술 방식에 차이

점이 있었기 때문입니다. 헤로도토스가 그의 책에서 주장한 내용에 따라 그린 지도를 살펴보면, 북쪽과 동쪽에는 바다가 아닌 대륙이 그려져 있습니다. 하지만 그가 언급한 내용 중 현실과 맞지 않은 내용도 있는데, 나일강이 아프리카의 서쪽 아틀라스산맥에서 흘러나온다는 주장이 대표적입니다.

지구가 둥글다고 생각한 그리스 철학자들

그렇다면 고대 그리스에서는 계속해서 지구를 원반 형태라고 생각했을까요? 우리에게는 피타고라스의 정리로 잘 알려진 피타고라스(Pythagoras, 기원전 570년경~기원전 495년경)와 그의 제자 파르메니데스(Parmenides, 기원전 515년경~기원전 450년경)는 지구를 원반 형태가 아닌 구체라고 생각한 최초의 인물들로 알려져 있습니다. 다만 그들의 이러한 생각은 가설이었는데, 즉 우주가 기하학적 대칭을 이룬다는 아낙시만드로스의 믿음을 바탕으로 '우주가 구형이라면 지구도 구형일 것'이라고 주장한 것이지요.

이러한 가설은 계속해서 그리스 학자들에게 퍼져 나갔습니다. 소크라테스(Socrates, 기원전 470년경~기원전 399년)는 지구를 가죽 열두 조각으로 만든 공 형태라 믿었나고, 그의 제자 플라톤의 책『파이돈(Phaidon)』에 기록되어 있습니다. 또 플라톤의 제자 에우독소스(Eudoxos, 기원전 408년경~기원전 355년경)는 지구를 중심으로 별들이 회전하는 동심 천구 모델을 만들었고, 지구의 둘레를 40만 스타디아로 추정하기도 했습니다. 아울러 이러한 그의 우주론은 아리스토텔레스가 지구를 인식하는 방법에 크게 영향을 미쳤다고 알려져 있습니다.

플라톤의 제자이자 알렉산드로스 대왕의 스승이었던 아리스토텔레스(Aristoteles, 기원전 384년~기원전 322년)는 지구의 모양과 크기를 이전의 철학자들에 비해 상세히 설명했습니다. 예를 들어『하늘에 관하여』에서 그는 지구에 대해 "덩어리 어느 곳이든 중심에서 등거리일 것"이라고 기술했습니다. 이는 곧 지구가 둥글다는 의미입니다. 특히 그는 지구가 둥근 이유를 월식 때 달에 비치는 지구의 그림자가 둥글게 보이는 것을 증거로 제시했습니다. 또 한 지역에서 남쪽이나 북쪽으로 이동하면 지평선이나 수평선이 크게 변하기 때문에 지구가 둥글다고 주장했습니다.

그는『기상학』에서 사람이 사는 세상을 다음과 같이 묘사했습니다. "지구 표면에는 사람이 살 수 있는 두 곳이 있는데, 한 곳은 우리가 사는 세계이며 북극을 향해 있고, 나머지 하나는 남극을 향해 있다." 더 나아

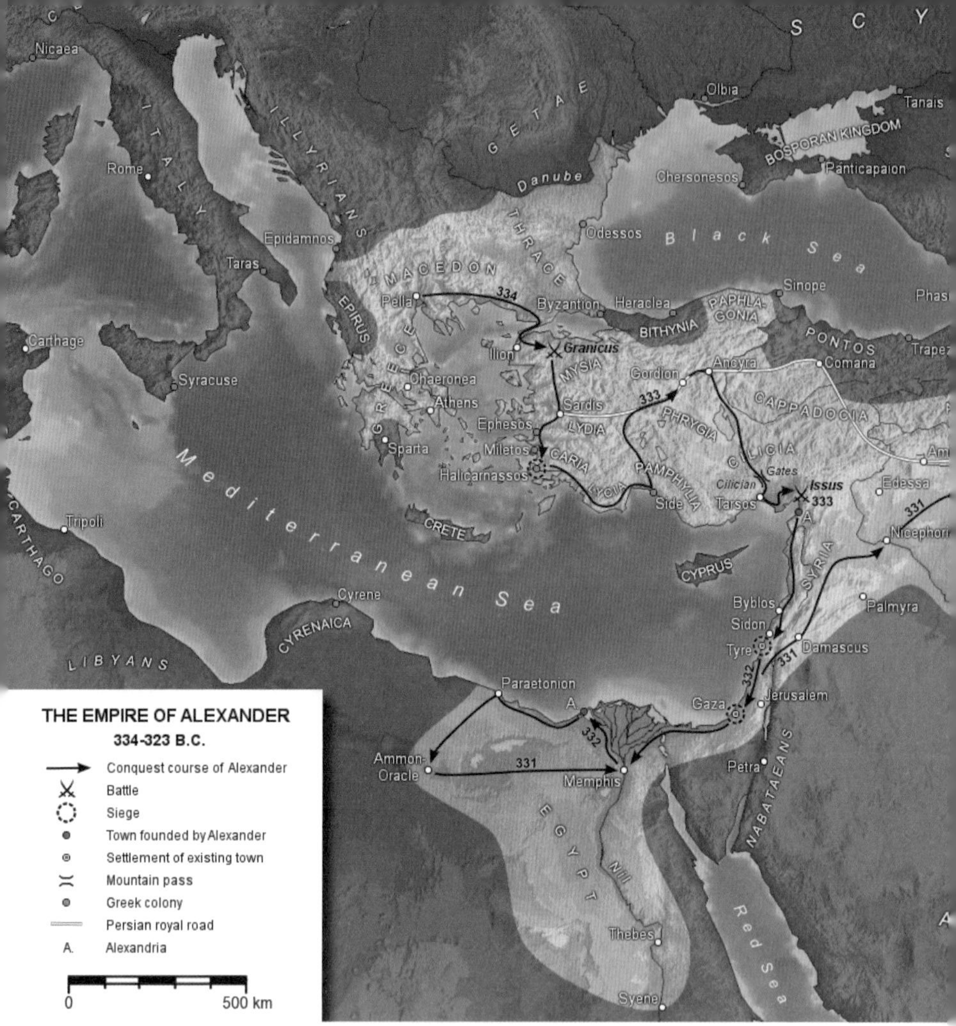

가 그는 "지구상 기온의 다양성은 위도의 차이에서 발생하는 것"이며, 지구는 5가지 기후대로 나뉘는데 이 중 양 끝은 극지대이고, 가운데는 열대이며, 극지대와 열대 사이 두 지역이 사람이 살 수 있는 온대라고 주장했습니다.

알렉산드로스 대왕 시기의 마케도니아 제국

기원전 334~기원전 323년경, 자료: 위키피디아

한편 아리스토텔레스의 제자 알렉산드로스 대왕도 그리스의 지리 지식 확장에 크게 공헌했습니다. 특히 그의 군대는 점령 지역의 동식물과 문화, 역사, 지리에 대한 정보를 수집해 보고하도록 훈련되어 있었습니다. 그 결과 고대 그리스에서의 지도 제작에 큰 변화를

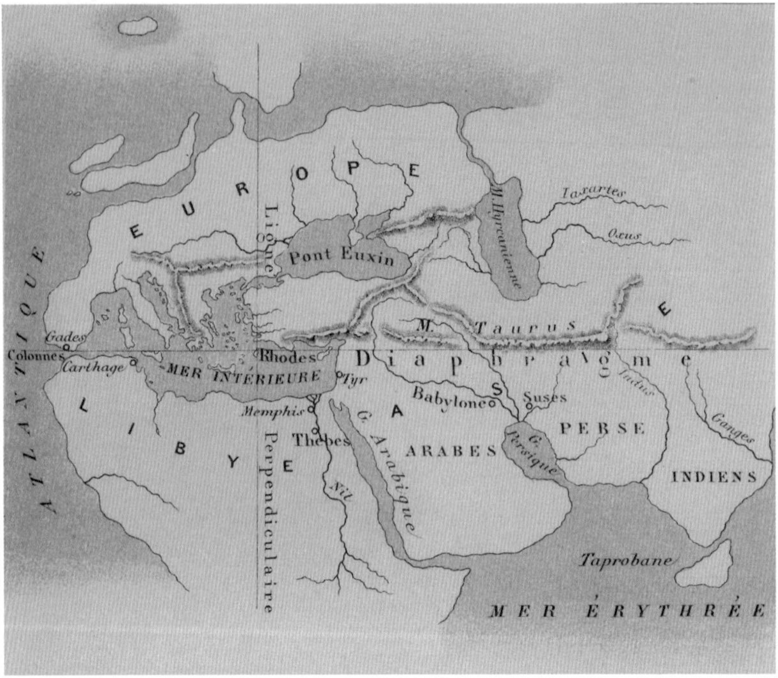

디카이아르코스가 생각한 세계지도를 재현한 지도

자료: 스탠퍼드대학교 데이비드 럼지 맵 컬렉션

가져왔습니다.

대표적으로 아리스토텔레스의 제자 디카이아르코스(Dikaiarchos, 기원전 326년~기원전 296년)는 위도와 경도를 계산하는 방식을 개발했고, 사람이 사는 세계의 크기를 가늠하는 정교한 모델도 개발했습니다. 즉 사람들이 사는 세상을 가로세로 약 3 : 2 폭으로 표시했고, 지도에 위선을 그렸습니다. 이 위선은 지브롤터, 시칠리아, 로도스섬, 인도를 통과하는 선이고 대략 북위 36도 선입니다. 그는 로도스섬을 통과하는 자오선(子午

線)도 함께 그렸습니다. 이를 통해 고대 그리스에서는 사람이 사는 세상을 지도상에서 완전한 원이 아닌 불완전한 직사각형으로 표현하기 시작했습니다.

한편 알렉산드로스 대왕은 이집트를 점령해 새로운 도시를 건설했는데, 자신의 이름을 따서 알렉산드리아로 명명했습니다. 알렉산드로스 대왕 사후 그의 부하인 프톨레마이오스(Ptolemaeos)가 새로운 왕조를 이집트에서 연 후 알렉산드리아는 프톨레마이오스 왕조의 수도가 되었습니다. 해안에 위치한 이 도시에는 당시 세계에서 가장 큰 파로스 등대가 있었습니다. 바둑판 모양으로 가로망이 구획된 이 도시에 당시 세계에서 가장 큰 도서관이 있었다는 사실이 주목할 만합니다. 단순한 도서관이라기보다는 지금의 대학에 가까운 기능을 했고, 당시 많은 학자가 그곳으로 초대되었습니다.

대표적으로 아테네에서 공부했던 에라토스테네스(Eratosthénēs, 기원전 276년경~기원전 194년경)는 프톨레마이오스 3세의 초청으로 알렉산드리아로 건너가 왕자의 가정교사 겸 도서관 관장으로 일했습니다. 그는 『지구 측정』과 『지리학』을 저술한 것으로 알려졌으며, 특히 천문 관찰과 실용 지식을 결합하여 지구 둘레 계산법을 고안한 것이 위대한 업적으로 평가받습니다.

에라토스테네스는 알렉산드리아에서 남쪽으로

에라토스테네스가 설명한
지구를 재현한 지도

자료: 위키피디아

에라토스테네스는
사람이 살 수 있는 땅을
'오이쿠메네'로 표현하며
지도에 기록했다.

에라토스테네스가
제작한 지도에는
초보적인 경선과
위선이 표시되어
있다.

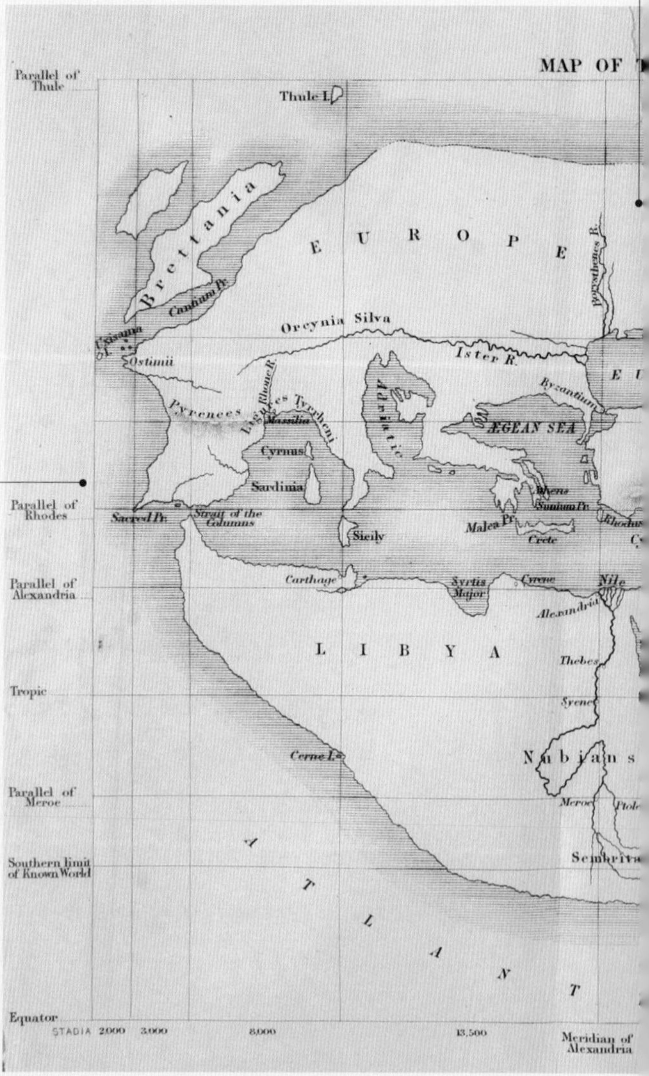

'오이쿠메네'의 가로가 세로보다 두 배나 길게 표현되어 있는데, 이는 당시 기하학을 발전시킨 유클리드의 영향으로 보인다.

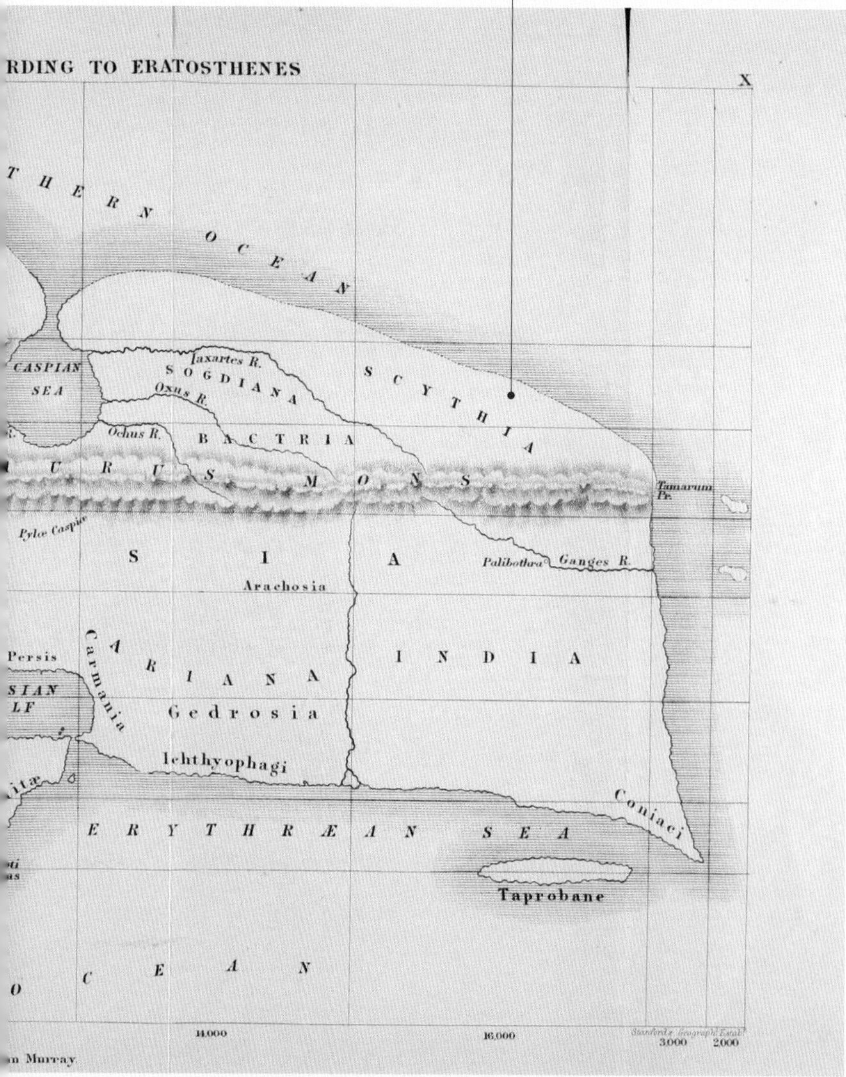

5,000스타디아 떨어진 시에네에서는 하지(夏至)에 태양이 남중(南中)하지만, 알렉산드리아에서는 원의 1/50 각도(7.2도)로 기울어져 있음을 확인했습니다. 이를 근거로 지구의 전체 둘레가 25만 스타디아라고 주장했습니다. 1스타디아의 정확한 크기는 알려지지 않았지만, 에라토스테네스가 계산한 지구의 둘레가 3만 9,000km와 4만 6,000km 사이라고 학자들은 추정하고 있습니다. 실제 지구 둘레가 4만 75.16km인 점과 비교하면 실로 놀라운 발견이지요.

또 그는 지구의 둘레뿐만 아니라 '사람이 사는 땅'을 일컫는 '오이쿠메네(Οἰκουμένη)'를 지도에 표현한 것으로 알려져 있습니다. 지도의 북쪽은 툴레(Thule)부터 남쪽으로 메로에(Meroë, 에티오피아)까지, 서쪽은 지브롤터 해협 부근에서 시칠리아섬, 로도스섬으로 이어진 후 동쪽 인도까지 묘사되어 있습니다. 그리고 이러한 동서남북의 공간은 초보적인 경선과 위선으로 표시되어 있습니다.

흥미로운 점은 오이쿠메네의 가로 길이가 세로의 두 배에 달하는 것입니다. 이 지도에는 땅을 마름모꼴이나 평행사변형 형태로 표현하는 다소 퇴보한 듯한 모습이 나타나기도 합니다. 그러나 궁극적으로 이 지도가 제작되면서 땅을 기하학 원리에 맞게 측정하고 표현할 수 있게 되었고, 이 점이 이전 지도들과 크게 다른 점입니다. 이는 기하학의 아버지인 유클리드(Euclid, 기원전 330년~기원전 275년)의 영향으로 보입니다. 에라토스테네스는 공간은 비어 있고 균질하며 평평하므로 일련의 원과 삼각형, 평행선, 수직선 등으로 단순화할 수 있다고 생각했으며, 그런 사고방식을 지도에 재현한 것입니다.

한편 소아시아의 아탈리드(Attalid) 왕조에서는 기원전 150년에 수도 페르가몬에 큰 도서관을 만들고 크라테스(Krátēs, 기원전 365년경~기원전 285년)에게 운영을 맡겼습니다. 스트라본(Strábōn, 기원전 64년~기원후 24년경)의 기록에 따르면 크라테스는 지구본을 만들었다고

크라테스의 지구 모형

자료: 위키피디아

합니다. 이 지구본에는 큰 바다로 분리된 대륙이 4개 존재하며, 당시 그리스와 로마 사람들이 알던 북반구의 오이쿠메네뿐만 아니라 페리오이코이(Perioeci), 남반구에는 대척지인 앤티퍼디스(Antipodes)와 안토에시(Antoeci) 등이 있다고 여겼습니다. 이는 대륙 배치를 기하학적 대칭에 맞춘 형태인데, 고대 그리스인들은 이렇게 배치되어야만 지구가 균형을 유지한다고 생각했던 것입니다.

지구를 평면 지도상에 표현한 프톨레마이오스

알렉산드리아의 도서관에서는 에라토스테네스 이후에도 다양한 학자가 일했는데, 지도와 관련해 가장 대표적인 인물은 클라우디오스 프톨레마이오스(Klaúdios Ptolemaîos, 83~168년)입니다. 그는 비록 도서관 관장에 오르지는 못했지만, 우주와 지구를 다루는 학문, 즉 천문학과 지리학에 있어 중요한 『천문학 집대성(Megalē Syntaxis tēs Astoronomias)』과 『지리학(Geographike Hyphegesis)』을 집필했습니다.

우선 『천문학 집대성』은 가장 포괄적인 지구 중심 우주 모델을 제시한 책으로 평가받습니다. 정지한 구

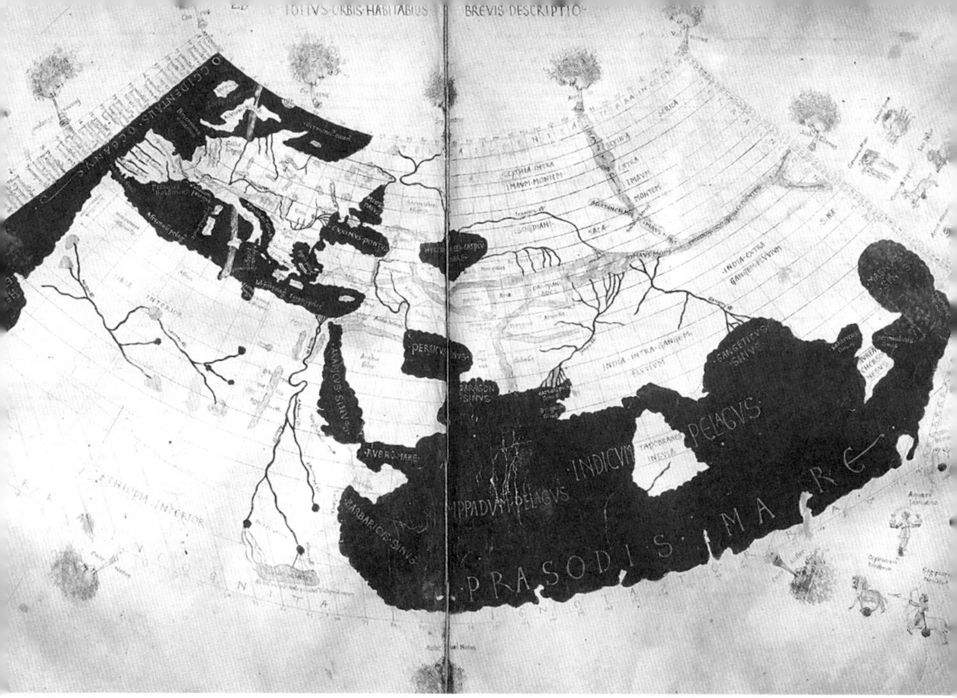

프톨레마이오스의 제1도법에 따른 세계지도

자료: 위키피디아

형 지구가 구형 천체의 중심에 존재한다고 주장했으며, 우주가 날마다 동쪽에서 서쪽으로 지구를 한 바퀴씩 돈다는 내용도 포함되어 있습니다. 특히 별의 움직임을 정확하게 측정하여 궁극적으로 지구의 크기와 모양을 세밀하게 계산하려고 시도한 점이 주목됩니다.

한편 『지리학』은 총 8권인데, 제1권에서는 지리학에 대한 정의와 오이쿠메네, 즉 사람이 사는 세상을 지도로 그리는 지도투영법을 설명했습니다. 제2권부터 제7권까지에는 약 8,000곳에 이르는 도시와 장소의 경위도를 정리했습니다. 마지막 제8권에는 오이쿠메네를 26개 지역 지도로 묘사하고 이를 설명했습니다. 이 책에는 구체인 지구를 평면에 나타내는 도법이 등장하는데, 제1도법과 제2도법으로 나뉩니다. 제1도법은 경선을 직선으로 그린 것이고, 제2도법은 경선과 위선을 곡선으로 그린 것인데, 이 때문에 프톨레마이오스는 제2도법이 더 우수하다고 자평했습니다. 구체인 지구의 형태를 잘 나타낸 것은 물론, 정확한 비율을 맞출 수 있었기 때문입니다. 다만 제2도법은 제1도법보다 그리기 어렵다는 단점이 있었습니다.

이러한 도법은 유클리드 기하학을 이해한 사람이면 누구나 그릴 수 있었기에 당시에는 혁신적인 지도 제작법이었습니다. 하지만 이러한 도법으로 그린 지도가 본격적으로 나타난 것은 13세기에 들어서입니다. 이처럼 프톨레마이오스가 과학적으로 지도를 작성하는 방법을 개발한 것은 무질서한 세계에 기하학적 질서를 부여해 세계를 이해하려는 목적이었지요.

프톨레마이오스의 세계지도에는 당시 사람들이 알고 있던 세계가 나타나 있습니다. 우선 지도의 서쪽 끝은 아프리카 북서부 카나리아 제도이며 동경 0도로 표기되어 있습니다. 지도의 동쪽 끝은 동경 180도로 표시되어 있으며 근처에 중국이 표시되어 있습니다. 아울러 남쪽은 남위 25도까지 표시되어 있고 북쪽은 툴레가 있는 북위 63도까지 표시되어 있습니다. 프톨레마이오스의 제2도법에 따른 세계지도를 보면 제1도법과 달리 경선과 위선 모두 휘어 있는 형태입니다. 그리고 위선의 길이는 실제 거리에 비례합니다.

한편 경위도선 내에 그려진 대륙은 크게 유럽, 아시아, 아프리카로 선명하게 표시되어 있고 바다 또한 인도양, 카스피해 등이 표시되어 있습니다. 대륙 내에는 산맥, 강, 주요 도시들이 기재되어 있습니다. 지형이 표현된 방식의 경우 유럽과 지중해 일대, 아프리카 북부와 중동 지역 등 프톨레마이오스가 상세히 알고 있었던 지역은 매우 상세하고 실제와 유사하게 그려졌습니다. 그러나 인도와 동남아시아 일대는 부정확한 형태이고, 유럽의 스칸디나비아반도는 아예 그려지지 않았으며, 아프리카 대륙 남부는 길게 늘어져서 동남아시아와 이어지는 왜곡된 형태로 표현되어 있습니다.

프톨레마이오스가 『지리학』에 기록한 지명 8,000여 개 가운데 세계지도에는 주요한 지명만 표기되어 있지만, 이 책자 안에 수록된 세부 지역도 26장에는 지명 8,000여 개가 대부분 기재되어 있습니다.

'알려진 세계' 외부에는 바람의 신들이 그려져 있으며 동풍의 신 에우로스, 서풍의 신 제피로스, 남풍의 신 노토스, 북풍의 신 보레아스 등을 포함한 바람의 신 총 12명의 얼굴과 이름이 표기되어 있습니다. 바람의 신이 지도에 그려진 것은 고대인의 생활에 바람이 밀접한 관련성이 있기 때문이기도 하지만, 바람의 신이

프톨레마이오스의 제2도법에 따른 세계지도

자료: 위키피디아

지도 가장자리에 그려진 얼굴은 바람의 신들이다.
바람의 신이 계속 바람을 불어야만
지구가 떠 있을 수 있다고
당시 사람들이 믿었다는 속설이 있다.

프톨레마이오스의
제2도법은 경선과 위선을
곡선으로 그리는 방식이다.

당시에 프톨레마이오스가
자세히 알고 있었던 유럽과
지중해 일대, 아프리카
북부와 중동 지역은 자세히
그려졌지만, 잘 알지 못했던
인도와 동남아시아 일대는
부정확하게 그려져 있다.

제2도법은 동그란 모양인 지구의 형태를 더 잘 나타내는 빙식이었기 때문에 프톨레마이오스는 제2도법이 더 우수하다고 여겼다.

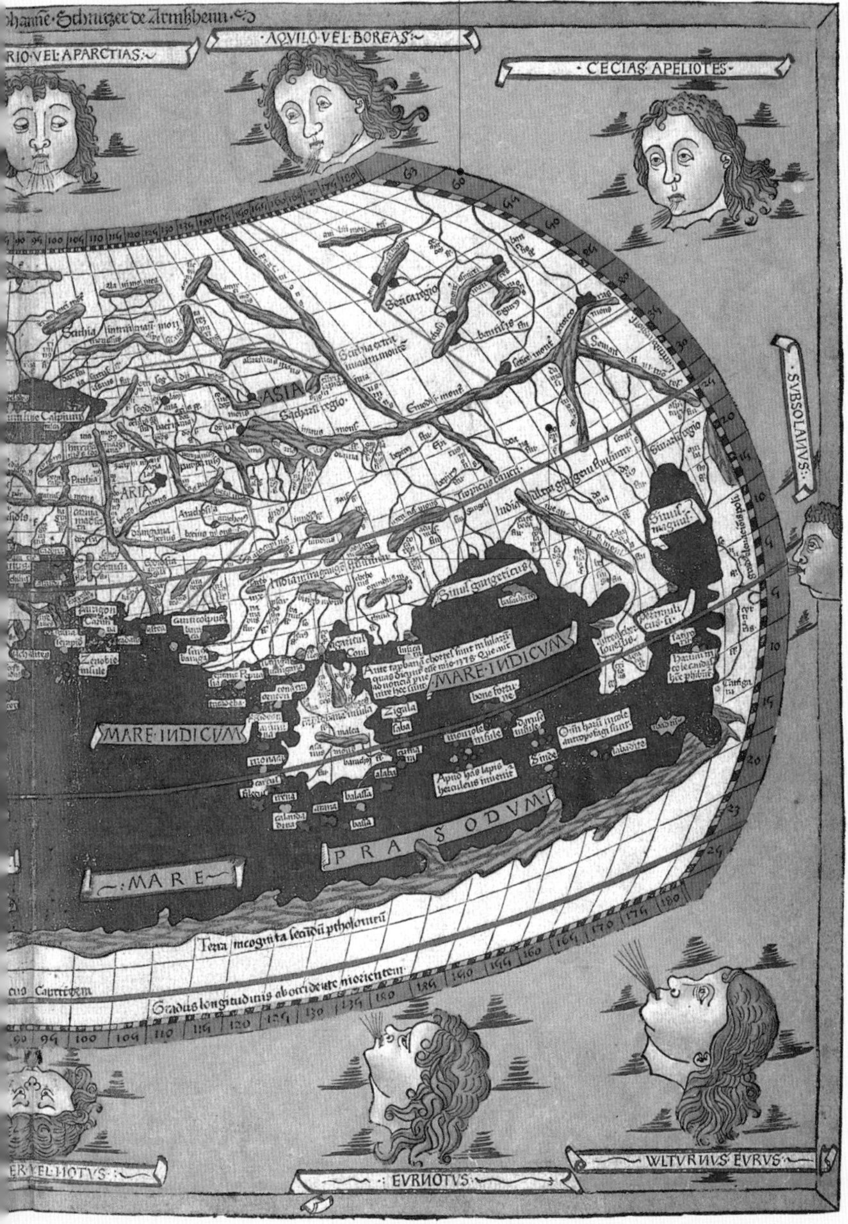

계속 바람을 불어야만 지구가 떠 있을 수 있다는 당시 사람들의 믿음에 따른 것이라는 속설도 있습니다.

이번 장에서는 고대 그리스의 철학자들이 지구를 어떻게 이해했는지 알아보았어요. 기원전 6세기경까지 탈레스나 아낙시만드로스 같은 철학자들은 지구가 편평한 원반이나 원통형으로 생겼다고 인식했으나, 기원전 5세기 이후 피타고라스가 지구는 구일 수밖에 없다고 생각한 이후 소크라테스 등은 이러한 지구구체설에 동의했습니다. 특히 아리스토텔레스는 월식 때 비친 지구의 둥근 그림자, 위치에 따라 변화하는 수평선과 지평선 같은 명백한 현상을 증거로 내세워 지구가 구라고 주장했습니다.

아울러 아리스토텔레스의 제자인 알렉산드로스 대왕이 대제국을 건설함으로써 지리 지식과 더불어 지구가 둥글다는 인식이 확산하는 데 기여했습니다. 이처럼 지구가 둥글다는 인식이 확산한 이후 에라토스테네스는 지구의 둘레를 계산했으며, 프톨레마이오스는 오이쿠메네를 지도상에 원뿔 도법으로 그렸습니다.

그러나 고대 그리스에서 이루어진 이러한 과학 발전이 중세 유럽에서는 로마 시기를 거쳐 기독교적 세계관이 확산하면서 정체되었습니다. 다음 장에서는 중세 유럽 지도의 특성을 살펴보겠습니다.

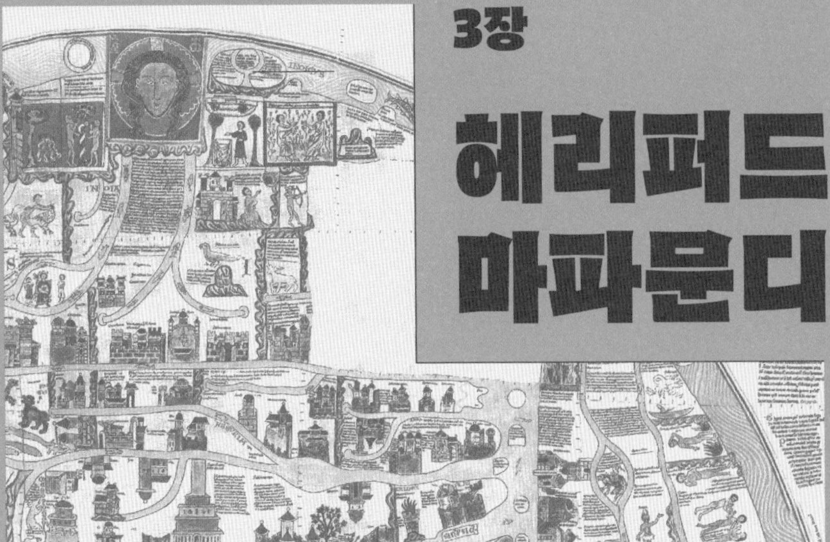

3장

헤리퍼드 마파문디

중세 기독교의 세계관을 담다

국제연합 교육과학문화기구(UNESCO: United Nations Educational, Scientific and Cultural Organization)에서는 2007년 새로운 세계기록유산(Memory of the World)에 영국의 헤리퍼드 성당에 소장되어 있는 '헤리퍼드 마파문디(Hereford Mappa Mundi)'를 추가하기로 결정했습니다.

헤리퍼드 마파문디가 세계기록유산에 선정된 이유는 중세에 만들어진 세계지도 가운데 유일하게 완벽한 상태로 남아 있기 때문입니다. 또 지리뿐만 아니라 역사학, 인류학, 민족학, 종교학, 신학과 관련해 다양한 정보를 담고 있어 시각적인 백과사전 역할을 함으로써 중세의 세계관을 이해할 수 있게 해 준다는 점도 중요한 이유였습니다.

일반적으로 유럽에서는 서로마제국이 멸망한 476년부터 르네상스가 시작되는 15세기까지를 중세라고 정의합니다. 이 시기 유럽은 기독교 중심 세상이었고, 고대 그리스와 로마의 과학과 철학은 상대적으로 잊혀 갔기에 '암흑기'라고도 부릅니다. 지도도 마찬가지였는데, 이전 시기에 과학적으로 발달한 지도를 제작하던 일이 중단되고 기독교 사상에 기초한 지도가 만들어졌습니다.

이 장에서는 중세 유럽에서 기독교 사상에 바탕을 두고 작성된 마파문디(Mappa Mundi)가 어떤 지도인지 알아보고, 마파문디 가운데 현존하는 가장 큰 지도인 '헤리퍼드 마파문디'와 함께 고대 그리스 · 로마 시기와는 달랐던 중세 유럽의 지도제작법과 중세의 세계관을 살펴보겠습니다.

중세 유럽의 지도 마파문디

라틴어 'Mappa Mundi'는 '마파(Mappa)'와 '문디(Mundi)'가 합쳐진 용어입니다. '마파'는 식탁보, 테이블 냅킨 등을 뜻하고, '문디'는 세계를 가리키는 단어입니다. 이 용어는 8세기경부터 서유럽의 라틴어권 국가에서 사용되었습니다. 마파문디 외에 Descriptio, Pictura, Tabula, Estoire 등도 세계지도를 뜻하는 단어였지만 마파문디를 가장 많이 썼고, 르네상스 시기가 오기까지 600년 가까이 기독교 세계에서 세계를 설명하는 그림과 지도를 가리키는 말로 쓰였습니다.

현재까지 확인된 마파문디는 1,100여 개이며, 대부분 책자 안에 삽화 형태로 작게 그려진 것입니다. 스페인의 성직자인 세비야의 이시도르(Isidore of Seville, 560

년경~636년)의 『어원학(Etymologies)』, 4세기 말의 저술가 마크로비우스 암브로시우스 테오도시우스(Macrobius Ambrosius Theodosius, 385~430년)가 상세한 주석을 추가한 『스키피오의 꿈』, 5세기 기독교 사상가 파울루스 오로시우스(Paulus Orosius, 375~420년)의 『반이교도 역사(Historia Adversus paganos)』, 8세기 스페인 성직자 리에바나 베아투스(Saint Beatus of Liébana, 730~800년)의 『요한묵시록 주해서(Commentary on the Apocalypse of St. John)』 등에 마파문디가 실려 있습니다. 이들 마파문디는 책자에 포함된 지도인 까닭에 크기가 작습니다.

한편 크기가 크고 단독으로 그려진 '헤리퍼드 마파문디', '엡슈토르프 마파문디'가 있습니다. 이러한 마파문디는 일반적으로 '3분형', '4분형', '대상(帶狀)형', '복합형' 등 네 가지로 구분됩니다.

3분형 마파문디는 'TO도'라고도 불립니다. 현존하는 마파문디 가운데 가장 많은 숫자를 차지하는 이 유형은 언뜻 보기에 T자와 O자를 합해 놓은 듯해 보이는 모식도입니다. T자는 북쪽으로 돈강, 남쪽으로 나일강, 서쪽으로 대서양을 표현하고, O자는 아시아와 아프리카, 유럽을 둘러싼 바다를 나타냅니다. 중세 초기에 나타나는 이런 유형의 지도는 개념도에 가까운 단순한 형태였지만, 10세기부터는 더 상세한 지리 정보가 첨가되기 시작했습니다.

4분형 마파문디는 TO도와 대상형을 혼합한 지도입니다. 즉 TO도에 남반구에 위치한 '대척지(Antipode)'를 추가한 형태입니다. 베아투스가 주석을 추가한 『요한묵시록 주해서』에 주로 삽입된 이 지도는 당시로서는 파악하기 어려운 대척지가 묘사된 지도였습니다.

대상형 마파문디는 고대 그리스 시기의 철학자들이 제시한 지도입니다. 이 지도의 남쪽에는 사람이 살 만한 땅인 온대가 위치하고, 북쪽에는 춥거나 더워서 사람이 살 수 없는 냉대와 열대가 위치합니다. 그리고 이 형태가 북반구와 남반구에 함께 나타나는 것을 주요 내용으로 합니다. 마크로비우스가 주석을 추가한 『스키피오의 꿈』에 이 지도가 삽입되었습니다.

이 지도는 지구의 물리적인 환경이 인간의 거주지에 어떤 영향을 주는지 설명하고 있습니다. 아울러 고대 그리스 시기 철학자들의 사상이 중세까지 지속되었음을 나타내는 지도이기도 합니다. 역설적이게도 이 지도는 기독교적 초월성을 설명하는 데 활용될 수 있었기에 살아남은 사례입니다.

복합형 마파문디는 다른 마파문디보다 훨씬 크고 지도에 기재된 지리 정보의 양도 많습니다. TO도를 수정 보완한 형태이기는 하지만 TO도에 없는 해안, 산, 강, 도시, 지역 등에 대한 상세한 지리 정보가 담겨 있

마파문디의 유형

<table>
<tr><th></th><th>모식도</th><th>대표 지도 출처</th><th>특징</th></tr>
<tr><td>3분형</td><td>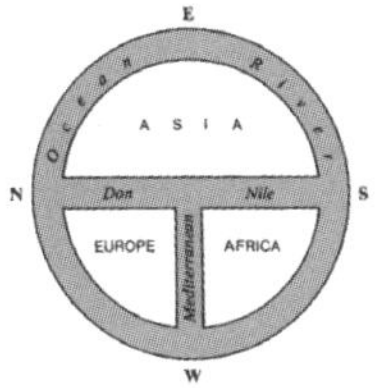
</td><td>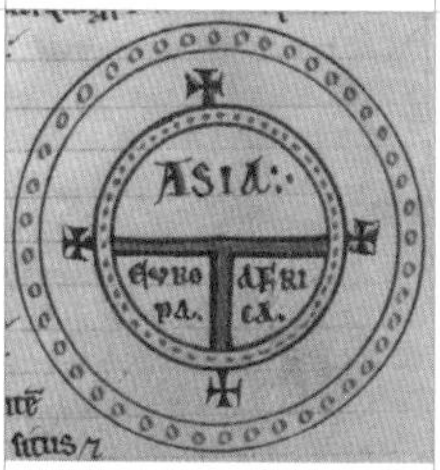

이시도르의 『어원학』</td><td>· TO도로 불림
· T자는 돈강, 나일강, 지중해를 뜻하고, O자는 환해를 상징함
· 지도라기보다는 개념도에 가까움
· 북반구에 해당하는 곳을 아시아, 유럽, 아프리카 3곳으로 분할하여 표시함
· 마파문디 가운데 가장 많음
· 동쪽을 지도 위쪽에 배치함</td></tr>
<tr><td>4분형</td><td>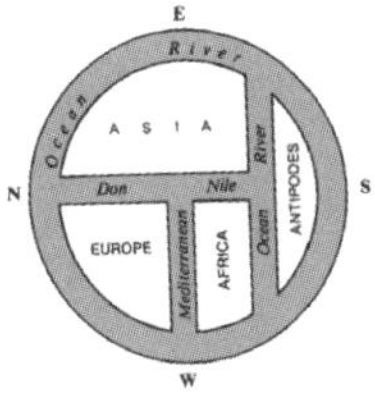
</td><td>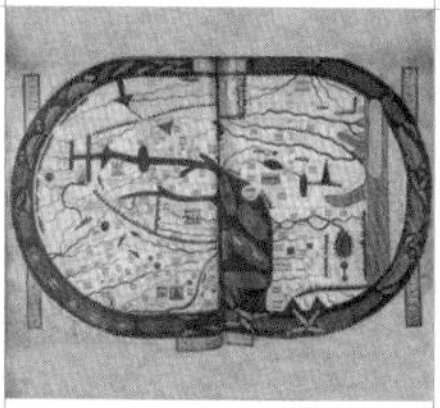
베아투스의
『요한묵시록 주해서』</td><td>· 3분형 지도와 대상형 지도를 결합한 형태임
· 넷째 대륙은 '대척지(Antipodes)'라고 불린 남반구의 온대 구역임
· 동쪽을 지도 위쪽에 배치함</td></tr>
<tr><td>대상형</td><td>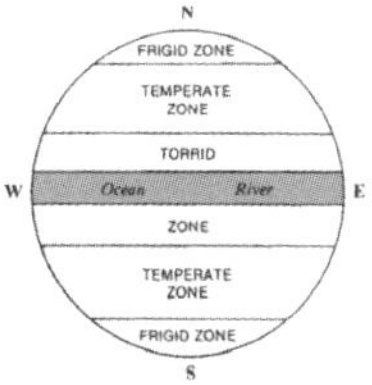
</td><td>
마크로비우스의
『스키피오의 꿈』</td><td>· 5개 기후대로 구성됨
· 냉대 2곳과 열대 1곳은 사람이 살기에 부적당함
· 온대 2곳은 사람이 살기에 적당함</td></tr>
<tr><td>복합형</td><td>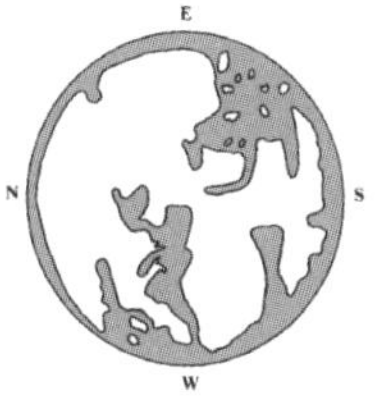
</td><td>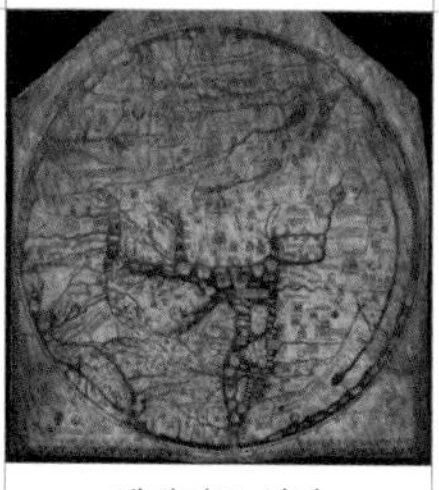
헤리퍼드 성당</td><td>· 크기가 큰 지도가 다수임
· TO도의 변형 지도임
· 지형이 복잡하고 지명이 많이 기재됨
· 성경과 고대 그리스·로마 신화의 장소 등이 나타남
· 동쪽을 지도 위쪽에 배치함</td></tr>
</table>

엡슈토르프 지도 자료: 위키피디아

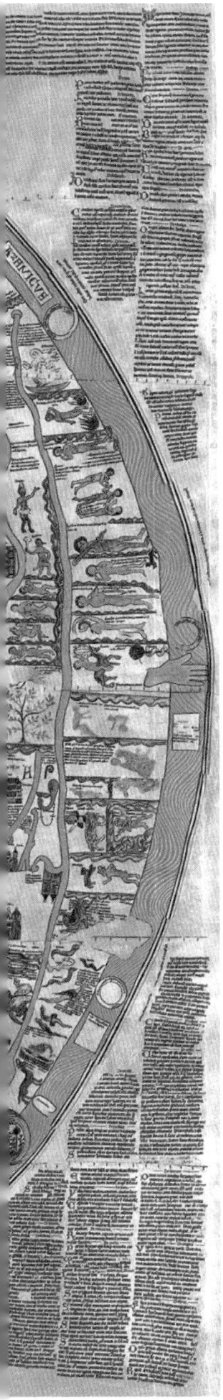

고, 성경과 그리스 · 로마 시대의 설화 내용이 다양한 그림 형태로 나타나 있습니다.

이 때문에 이런 지도들이 기독교 교육을 위한 그림 형태의 백과사전 역할을 한 것으로 알려져 있습니다. '헤리퍼드 마파문디', '엡슈토르프 지도(Ebstorf Map)', '시편 지도(Psalter map)' 등이 여기에 해당합니다. 이 가운데 엡슈토르프 지도는 크기나 그림 내용이 헤리퍼드 마파문디에 필적할 만큼 다양하지만, 독일 하노버에 있던 실물이 1943년 폭격으로 소실되어 현재는 사본만 남아 있습니다.

대성당 수리비 때문에 세상에 알려진 헤리퍼드 마파문디

헤리퍼드 마파문디는 유네스코 세계기록유산에 등재될 정도로 가치를 인정받은 중요한 지도입니다. 이 지도는 불과 30여 년 전, 세상에 널리 알려지게 되었습니다. 이 지도가 세상에 알려지게 된 이유를 살펴보겠습니다.

영국 헤리퍼드는 잉글랜드와 웨일스의 접경지대에 있는 소도시입니다. 이곳 웨이강(River Wey) 변에 천 년 전 만들어진 고딕 양식의 헤리퍼드 대성당이 있습니

시편 지도

자료: 위키피디아

다. 이 성당에는 교회 건물만큼이나 오래된 유물이 여럿 있는데, 체인에 연결된 고서적이 가장 유명했습니다.

1986년, 성당의 주임 사제 피터 헤인즈(Peter Haynes)는 11세기에 만들어진 성당 건물이 시급히 수리해야 할 상태라고 여겨 비용을 산출해 보았는데 700만 파운드(120억 원)가량이었습니다. 이렇게 막대한 비용을 구하기란 사실상 불가능하다고 판단한 피터 헤인즈는 성당이 소유한 귀중품을 판매해 수리 비용을 마련하기로 결정했어요.

이에 소더비즈(Sotheby's) 경매장의 중세 유물 전문가에게 성당 소유 유물에 대한 감정을 의뢰했습니다. 1986년 2월 전문가들이 성당을 방문했고, 성당에서는 체인에 묶인 고서를 경매에 내놓으려 했죠. 그런데 한 중세 유물 전문가가 우연히 헤리퍼드 마파문디를 보았고, 이 지도가 성당이 소유한 물건 중에서 가장 값비싸다는 사실을 확인해 주었습니다. 1988년 피터 헤인즈는 헤리퍼드 마파문디를 소더비즈 경매장에 내놓기로 했습니다.

세계적인 문화유산이 하루아침에 해외로 팔려 나갈 수도 있는 상황이라는 사실이 영국의 유력 일간지 〈타임스(The Times)〉를 통해 알려지자 영국 시민들은 분노했습니다. 이에 이 유물을 헤리퍼드 대성당에 온전하게 유지할 여러 가지 방안이 나왔는데, 자선사업가 폴 게티(Paul Getty)가 100만 파운드를 기부했고, 영국 문화재 보존기금에서 200만 파운드를 내놓는 등 도움의 손길이 줄을 이었습니다. 이로써 성당 수리뿐 아니라 헤리퍼드 마파문디를 수용할 새로운 건물을 지을 수 있는 비용이 마련되었습니다.

새로운 건물을 짓는 동안 헤리퍼드 마파문디를 런던에 있는 영국 국립도서관에 대여했고, 이전까지는 존재조차 알지 못했던 지도를 수만 명이 관람했습니다. 헤리퍼드 마파문디는 새 건물에 안전하게 보관되었고, 2007년에는 유네스코 세계기록유산에 등재되어 그 가치를 세계적으로 인정받았습니다.

헤리퍼드 마파문디에 담긴 중세 기독교 세계

그러면 이제 헤리퍼드 마파문디를 본격적으로 살펴볼까요? 우선 형태를 보면(80쪽 그림 참고), 지도가 오각형 외곽에 둘러싸여 있고, 안을 둥근 원 형태 도곽으로 감싸고 있습니다. 높이 1.626*m*, 폭 1.346*m* 크기입니다. 재질은 1~2년 된 송아지 한 마리의 가죽인데, 당시 사용된 양피지보다 고급이었어요.

언뜻 보아 두개골 모습 또는 혈관과 장기가 드러난 사체의 횡단면처럼 보이는 원 형태 도곽 안에 그려진 지도에는 바다, 하천, 산맥 등 자연 지리적 요소와 함께 도시, 시설 등 인문 지리적 요소가 있습니다. 이 외에 현대 지도에서는 보기 어려운 기독교 관련 그림, 동식물 그림, 다양한 인종 그림, 고전 신화 관련 그림 등이 있습니다. 즉 이 지도에는 중세 기독교 세계의 신학, 우주론, 철학, 정치, 역사, 동물학, 민족지학 등이 마치 백과사전처럼 종합적으로 나타나 있습니다.

헤리퍼드 마파문디는 기독교 신자들에게 하느님이 창조한 세계의 경이로움을 보여 줄 목적으로 만들어졌습니다. 창조와 구원, 궁극적으로 최후의 심판의 본질을 설명하고, 동쪽에서 서쪽으로 시간의 시작에서 끝으로 서서히 옮겨 가면서 위치를 매개로 세계의 역사를 보여 줍니다. 순례의 현실적 · 영적 세계와 세계의 종말을 묘사할 목적으로 그려진 이 지도는 크게 성경, 지리, 신화와 고대 이야기, 기이한 사람들 등 네 가지 측면에서 설명될 수 있습니다.

먼저 성경과 관련되는 부분을 살펴보겠습니다. 지도의 가장 위쪽에 부활한 그리스도가 심판을 주관하고 있고, 양옆에는 성(聖)유물인 십자가와 대못, 면류관과 창을 든 천사가 있습니다. 좌측에는 천사에 이끌려 천국으로 향하는 대열이, 우측에는 악마에 끌려 지옥으로 떨어지는 악인의 대열이 그려져 있고요. 그리스도 아래에는 성모 마리아가 있는데, 마치 "섬긴 모든 이에게 자비를 베풀어 주소서"라고 호소하고 있는 것처럼 보입니다. 이 네 가지 그림은 예수의 부활과 최후의 심판을 보여 줍니다.

지도 둘레에는 죽음을 의미하는 알파벳 M, O, R, S('Mors'는 라틴어로 죽음을 의미함)가 새겨져 있습니다. 이는 지구상의 모든 생명체는 죽게 되고 이후 그리스도의 심판을 받게 된다는 것을 의미합니다. 이러한 내

헤리퍼드 마파문디

자료: 위키피디아

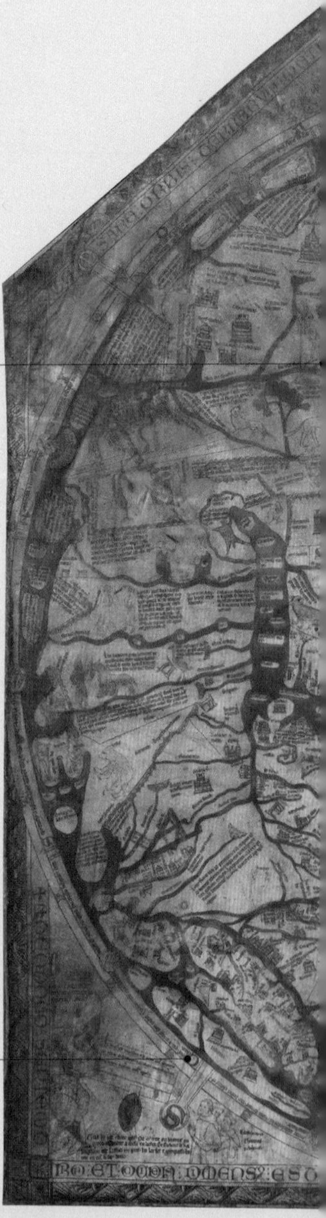

바다, 하천, 산맥 등
지리 정보가 그려져 있다.

지도 둘레에는 붉은 글씨로
M, O, R, S가 적혀 있는데
'Mors'는 라틴어로 죽음을 의미한다.

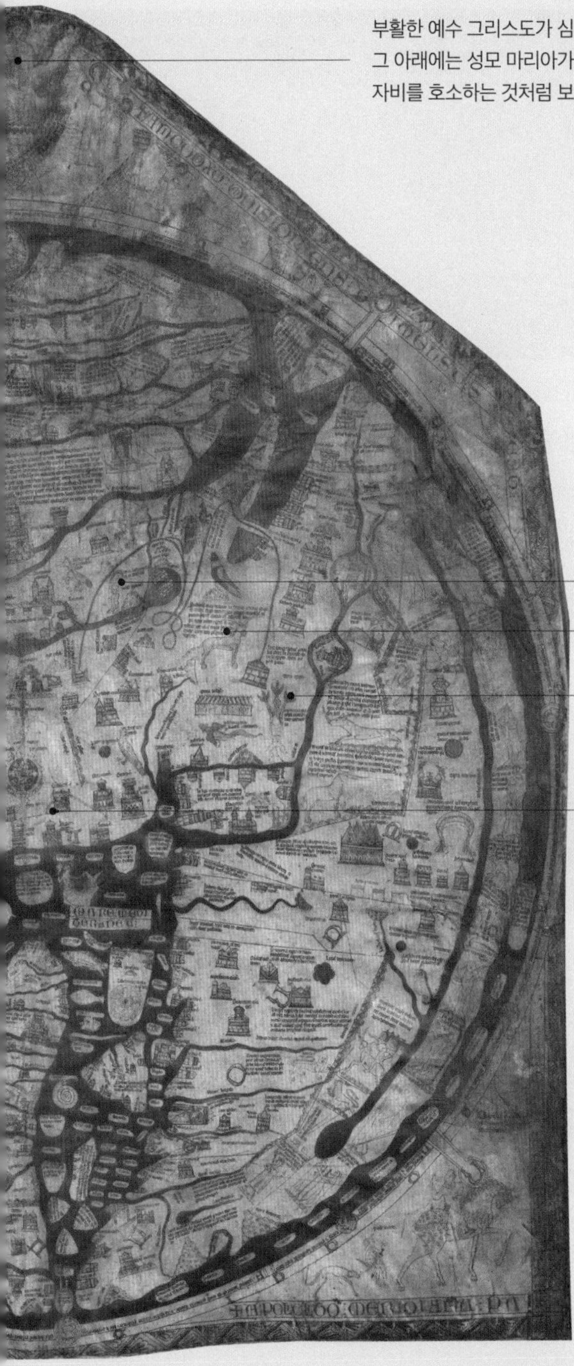

부활한 예수 그리스도가 심판하는 모습.
그 아래에는 성모 마리아가
자비를 호소하는 것처럼 보인다.

다양한 동물과 식물, 다양한 인종,
신화 속 등장인물도 그려 넣었다.

도시, 시설 등 인문 지리적
요소가 그려져 있다.

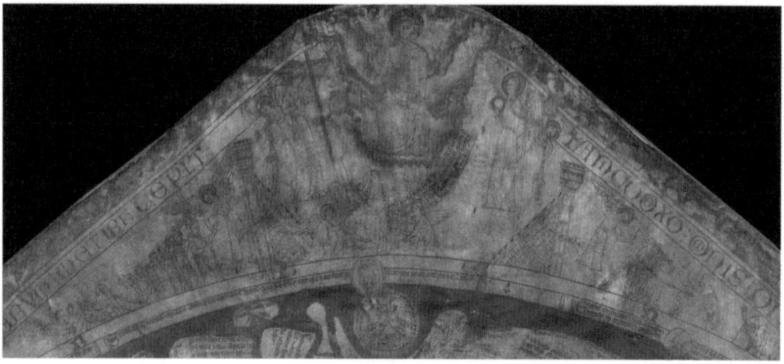

최후의 심판을
상징하는 그림

용이 상단 가운데에 배치된 것은 과학이 아닌 기독교 신앙에 따라 새롭게 만들어진 세상을 보여 주는 지도임을 나타냅니다.

성경과 관련되는 그림

예루살렘	바빌론의 바벨탑	소돔과 고모라	출애굽 경로	노아의 방주
			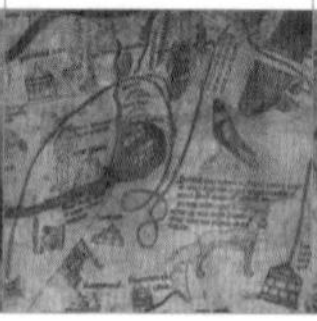	

지리적 요소

홍해	아라라트산	시칠리아섬	헤리퍼드	로마

신화와 고대 이야기

헤라클레스 기둥	황금 양털	미로	알렉산더 대왕 캠프	시에네 우물

기이한 사람들

블레미에스 (Blemmyae)	스키아포데스 (Sciapodes)	트로글로다이트 (Troglodites)	키노케팔로스 (Cynocephali)	히만토포데스 (Himantopodes)

지도 안에도 성경과 관련된 그림이 다수 존재합니다. 우선 최후의 심판 그림 바로 아래에 에덴동산이 있는데, 아담과 하와가 사는 이곳에 네 강이 그려져 있습니다. 또 지도 정중앙에 그려진 기독교의 중심 예루살렘은 다른 도시를 표현하는 방식과 달리 거대한 톱니바퀴로 둘러싸여 있습니다. 예루살렘 인근에는 구약성서에 나오는 바벨탑, 바빌론, 소돔, 고모라, 출애굽 경로 등이 그려져 있고, 아라라트산 위에 노아의 방주가 있습니다. 이처럼 성경과 관련된 그림은 지도에서 위쪽이나 가운데 등 중심부에 있어 그 중요성을 드러냅니다.

또 지리적 요소로서 바다, 산, 섬, 도시 등이 표현되어 있습니다. 실제 형태와는 차이가 있으나 당시 확인된 지리 요소가 다수 등장합니다. 그러나 이는 유럽 대륙, 북아프리카, 근동 지역에 한정되며, 아시아 지역의 도시 요소는 매우 적게 나타납니다. 그 이유는 아시아 지역에 대한 지리 정보가 없었기 때문이지요.

유럽 도시 가운데 주목할 만한 곳은 헤리퍼드와 로마 등입니다. 우선 헤리퍼드는 지도상에서 알아보기 힘들 정도로 지워져 있습니다. 이는 헤리퍼드 성당을 방문하여 이 지도를 직접 본 순례객들이 너도나도 헤리퍼드를 손으로 문질렀기 때문입니다. 로마는 교황이 머무르는 도시라는 중요성 까닭에 크고 화려하게 나타냈습니다.

신화와 고대 이야기에는 그리스의 영웅 헤라클레스가 세상의 서쪽 끝에 세웠다는 헤라클레스 기둥, 그리스 신화에 등장하는 콜키스 왕국의 보물인 황금 양털 가죽, 그리스 신화에서 미노스(Minos)왕이 미노타우로스(Minotauros)를 가두려고 만든 미로, 알렉산더 대왕의 원정과 관계되는 알렉산더 대왕 캠프, 에라토스테네스가 지구 둘레를 측정한 시에네 우물 등이 있습니다.

마지막으로 기이한 사람들에는 입과 눈이 가슴에 붙은 블레미에스, 다리가 하나뿐이지만 쏜살처럼 빠르고 발바닥이 그늘을 만들어 주는 스키아포데스, 동굴에 살며 재빠르게 움직이고 뱀을 잡아먹는 트로글로다이트, 개의 머리를 하고 개 짖는 목소리를 내는 키노케팔로스, 걷지 못하고 기어 다니는 불행을 견뎌야 하는 히만토포데스 등이 그려져 있습니다.

헤리퍼드 마파문디에 그려진 500개가 넘는 자연·인문 요소와 성경 관련 내용, 각종 신화와 고대 이야기, 동식물과 기이한 사람들의 모습은 기독교에서 설명하는 세상의 모습이었습니다. 중세의 기독교 성직자들은 창세기로 시작해 계시와 종말로 끝나는 성경 이야기로 자연계를 이해했어요. 또 시간, 공간, 개인 사이의 모든 세속적 관계는 서사적 사건으로 이루어진 수직 고리로 연결되며, 하느님의 신성한 섭리로 끝날 수밖에 없다고 믿었지요. 교회에서 작성된 마파문디는 기독교 성직자들이 신의 섭리를 일반인에게 교육하고 설명하는 수단으로 활용되었습니다.

한편 헤리퍼드 마파문디를 작성하면서 참조한 지리 및 지도 자료와 관련해서는 지도의 오각형 외곽 모서리와 좌측 아래쪽에 그려져 있습니다. 이 지도를 제작할 때 현재는 전해지지 않는, 로마 시대에 제작된 지도를 참조한 것으로 보입니다.

이 지도의 오각형 외곽 모서리에 "지상의 땅은 율리우스 카이사르의 지시로 측정하기 시작했다", "동쪽은 니코독수스가, 북쪽은 테오도쿠스가, 남쪽은 폴리클리투스가, 서쪽은 디디무스가 측량했다"라고 적혀 있습니다. 이 내용은 다시 좌측 하단의 그림으로 연결되는데요, 율리우스 카이사르의 양아들 아우구스투스 카이사르가 의자에 앉아서 "세상을 샅샅이 묘사하라"라고 명령을 내리는 모습입니다. 이러한 글귀와 그림은 헤리퍼드 마파문디가 로마 시기에 만들어진 지도를 바탕으로 그려진 것임을 보여 줍니다.

칸틸루페 주교를 성인으로 만들어 준 헤리퍼드 마파문디

기독교적 세계관을 바탕으로 일반 민중을 교육하고 설명하여 이해시키기 위해 그림 형태 자료인 헤리퍼드 마파문디를 제작했다는 내용을 확인해 보았습니다. 그렇다면 이 지도가 작성된 당시의 현실적인 제작 목적은 무엇이었을까요? 이 지도를 제작한 사람이 누구인지, 이 지도가 헤리퍼드 성당에서 어떤 목적으로 사용되었는지를 확인한다면 그 목적을 짐작할 수 있을 것입니다.

헤리퍼드 마파문디의 왼쪽 하단에 있는 아우구스투스 카이사르의 발아래에 제작자에 대한 정보가 남아 있습니다.

"이 지도를 만들고 펼쳐 보인 홀딩엄의 또는 래퍼

드의 리처드를 예수께서 당신의 신성 안에서 불쌍히 여기시어 그에게 천국의 기쁨을 누리게 해 주시길 기도하게 하라."

여기에서 언급된 리처드는 가까운 친척 관계인 두 인물입니다. 먼저 한 인물은 홀딩엄(Haldingham)과 래퍼드(Lafford)의 리처드이며, 그는 래퍼드 지역의 참사회 회원으로서 1278년까지 링컨 대성당에서 재정을 담당했습니다.

다른 인물은 리처드 드 벨로이며, 1294년 링컨에서 성직자가 된 후 헤리퍼드의 노턴에서 참사회 회원에 임명되었고 솔즈베리, 리치필드, 링컨, 헤리퍼드에서도 성직을 맡았습니다. 즉 한곳에 체류하지 않고 여러 지역에서 성직을 겸임했지요. 이러한 리처드 드 벨로를 후원한 사람은 1270년대 말 링컨 대성당의 문서작성보관소를 관리한 리처드 스윈필드였습니다. 토머스 칸틸루페(Thomas de Cantilupe, 1218~1282년)는 리처드 스윈필드의 정신적 스승이었고, 그를 후원했습니다.

이들 세 명은 여러 곳의 성직을 겸임했고, 교회 후원 조직으로 서로 연결되어 있었습니다. 그런데 1279년 잉글랜드의 대주교로 임명된 존 페컴(John Pecham, 1230~1292년)이 성직 겸임 반대 개혁을 추진했습니다. 이러한 개혁 움직임에 대해 토머스 칸틸루페와 그의 추종자들은 반대했습니다.

한편 두 리처드는 헤리퍼드 마파문디를 제작할 수 있는 지적 · 재정적 능력이 충분했습니다. 이들은 잉글랜드의 대규모 교회 도서관에 자유롭게 출입할 수 있었고, 그 덕에 고전과 성경에 대한 다양한 지식을 가지고 있었지요. 다른 교회에 있는 마파문디도 참고할 수 있었으며, 충분한 재력으로 마파문디를 제작하는 데 필요한 화가, 필경사, 전문 화공 등을 고용할 수 있었습니다.

헤리퍼드 마파문디가 토머스 칸틸루페와 관련되는 장면은 지도의 오른쪽 아래 그림에서도 확인됩니다. 칸틸루페로 추정되는 사람이 말을 타고 사냥을 나가는 이 장면은 몰번힐스에서 있었던 칸틸루페의 '사냥 권리' 관련 논쟁을 다룬 것입니다.

글로스터(Gloucester)의 길버트 백작은 몰번힐스의 사냥 권리를 칸틸루페에게서 빼앗았고, 이에 칸틸루페는 이 사건을 잉글랜드 왕실 재판에 회부했습니다. 왕실의 재판관들은 칸틸루페의 손을 들어 주어, 그는 몰번힐스에서 계속 사냥을 할 수 있게 되었습니다. 이 사건을 기념하는 내용이 그림으로 들어간 것이지요. 이는 헤리퍼드 마파문디가 칸틸루페와 밀접한 관련이 있다는 것을 나타냅니다.

한편 성직 겸직과 관련해 존 페컴 대주교와 의견

칸틸루페의 사냥
모습을 그린 삽화

충돌이 있었던 칸틸루페는 1282년 2월에 결국 파문을 당했습니다. 그는 교황에게 호소하기 위해 이탈리아로 가서 교황을 만났지만 사건이 해결되지 않은 채 병을 얻었고, 1282년 8월 이탈리아 페렌토에서 사망했습니다. 사망 이후 칸틸루페의 유해는 헤리퍼드로 돌아왔지만 페컴 대주교의 반대로 묻히지 못하다가, 그의 제자 리처드 스윈필드의 노력으로 1287년에 헤리퍼드 대성당에 안치되었습니다.

칸틸루페를 이어 헤리퍼드의 주교로 취임한 리처드 스윈필드는 칸틸루페를 성인의 반열에 올리고자 노력했습니다. 칸틸루페의 묘는 전국의 신자들이 모여드는 순례지로 조성되었고, 1281년과 1312년 사이 칸틸루페의 묘 인근에서 500회 이상 기적이 일어났습니다.

그 결과 드디어 1320년에 칸틸루페는 성인으로 인정받게 되었습니다.

이러한 과정에서 헤리퍼드 마파문디는 칸틸루페를 추모하고, 헤리퍼드를 세계 기독교 지도의 반열에 올려놓는 동시에 순례객을 모으는 핵심적인 역할을 했습니다. 최근 연구에 따르면 헤리퍼드 마파문디가 설치된 위치가 헤리퍼드 성당 안 칸틸루페 묘의 바로 옆이었다고 합니다.

이와 더불어 헤리퍼드 마파문디를 둘러싼 제단화가 존재했다는 사실이 확인되었습니다. 1780년에 존 카터가 스케치한 제단화 그림에는 마파문디의 양쪽에 수태고지가 그려져 있는데 왼쪽 패널에는 대천사 가브리엘이, 오른쪽 패널에는 동정녀 마리아가 있습니다.

예수 그리스도가 처음 이 땅에 오는 날을 예견하는 수태고지 그림은, 마파문디의 상단에 있는 예수 그리스도의 재림과 지도 안의 죽음을 나타내는 글자 MORS가 대조를 이루며 순례자의 눈길을 사로잡았을 것입니다. 아울러 마파문디에 나타난 내용은 순례객으로 하여금 이 세상을 떠나 하느님의 세상에 닿는 영적 순례를 가능케 했습니다.

서유럽에서 발견된 초기 작품에 해당하는 이 세 폭짜리 제단화는 당시 상황에서 매우 놀랍고 혁신적이었기에, 마파문디와 더불어 순례객을 유치하는 데 많은

헤리퍼드 마파문디와 수태고지가 그려진 제단화

자료: 게티이미지코리아

도움이 되었을 것입니다. 이처럼 헤리퍼드 마파문디가 만들어진 당시의 현실적 목적은 칸틸루페의 제자들이 파문당하고 객지에서 비명횡사한 칸틸루페 주교를 복권시키고, 나아가 성인으로 승격시키고자 한 일련의 과정으로 보입니다.

중세 유럽은 지도를 중시하는 사회가 아니었습니다. 기독교 중심 세상이 오자 고대 그리스와 로마에서 개발된 지도 제작 개념은 점차 잊혀 갔지요. 중세 유럽에서는 지도가 희귀했고, 일반인은 지도에 관해 거의 몰랐으며, 일상생활에서도 사라졌습니다. 세계지도와 지역 지도 등 모든 지도는 특정 상황에 대처하거나 선원의 항해 등 특수한 목적으로만 작성되고 사용되었습니다.

교회의 성직자들이나 그들의 주문에 따라 제작된 마파문디는 기본적으로 지리적인 것이라기보다는 기독교적인 것이었어요. 이 때문에 천지창조와 예수 재림, 최후의 심판에 이르는 과정, 신적 질서와 설계가 지구상에 존재한다는 성서의 내용이 지도에 그대로 나타났습니다. 결국 지도는 성경의 권위에 타당성을 제공하는 도구였고, 기독교 신앙의 교리와 믿음을 지원하는 역할을 했습니다. 그리고 이러한 지도의 역할은 르네상스 시대의 도래와 함께 변해 갔습니다.

4장

알 이드리시의 세계지도

그리스 철학과 이슬람 과학의 만남

한국과 중국, 일본 등 한자 문화권 국가를 제외하고 우리나라가 처음으로 지도상에 등장하는 지도는 어떤 지도일까요? 가장 유력한 지도는 알 이드리시가 시칠리아 왕국 루지에로 2세의 명에 따라 1154년에 작성한 『세계를 여행하려는 사람을 위한 유희』[3], 일명 '루지에로의 책'에 실린 세계지도입니다. 이 지도에는 중국 옆에 '신라'섬이 그려져 있습니다. 이번 장에서는 알 이드리시가 그린 세계지도와 처음으로 세계지도에 등장한 신라에 대해 알아보겠습니다.

3 이 책 속 신라의 존재를 처음 언급한 정수일(무함마드 깐수) 교수는 이 책의 이름을 『천애횡단갈망자의 산책』으로 번역한 바 있고, 영국 런던대학교 제리 브로턴 교수는 『세계를 여행하려는 사람을 위한 유희』라고 번역했으며, 미국 뉴욕시립대학교 박현희 교수는 『지평선을 넘고 싶은 자의 기쁨』으로 번역했다. 여기에서는 제리 브로턴 교수의 번역을 따른다.

알 이드리시의 세계지도 속 신라섬과 중국

자료: 미국 의회도서관

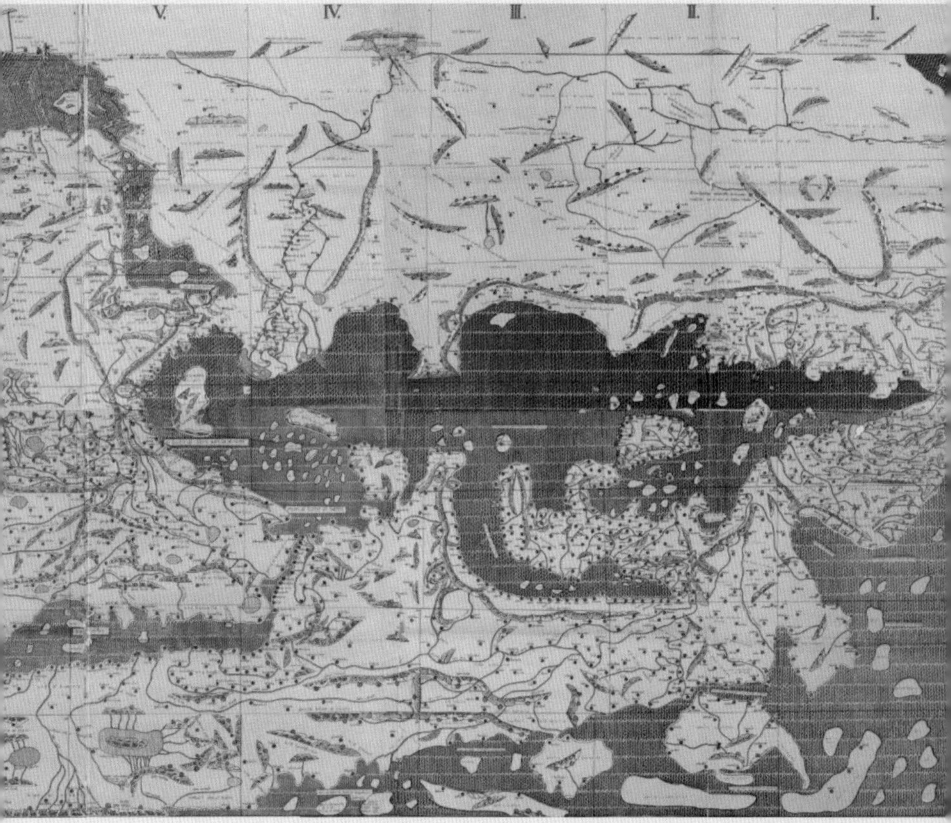
V.
IV.
III.
II.
I.

무함마드의 자손, 알 이드리시

알 이드리시(al-Idrisi, 1100~1166년)의 정식 이름은 '아부 아브드 알라 무함마드 이븐 무함마드 이븐 아브드 알라 이븐 이드리스 알 샤리프 알 이드리시(Abū 'Abd Allāh Muḥammad ibn Muḥammad ibn 'Abd Allāh ibn Idrīs al-sharif al-Idrīsī)'이며 무슬림 지리학자입니다. 북아프리카의 세우타에서 태어났다고 알려져 있으며, 이슬람교를 창시한 무함마드의 자손이에요. 그의 선조는 아바스 왕조와의 경쟁에서 밀려나 북아프리카 서쪽과 이베리아반도로 이동하여 정착한 우마이야 왕조(Umayyad dynasty)의 일족이었습니다.

알 이드리시는 이베리아반도에서 가장 큰 도시인 코르도바(Córdoba)에서 교육을 받았습니다. 이 도시는 과거 다마스쿠스(Damascus)에서 이베리아반도로 이주한 우마이야 왕조의 수도였으며, 1031년까지 코르도바 칼리프[4]가, 1091년부터는 알모라비드(Almoravids) 왕조가 지배했습니다. 이곳은 8세기와 9세기 사이에 인구 30만 명이 넘는 대규모 도시였다고 합니다.

4 칼리프(caliph)는 아랍어로 본디 '뒤따르는 자'를 뜻했으나, 이슬람교를 개창한 무함마드 마호메트(570년경~632년)가 죽은 뒤 그를 계승하여 이슬람 국가의 정치와 종교 권력을 함께 지닌 지배자를 뜻하게 되었다.

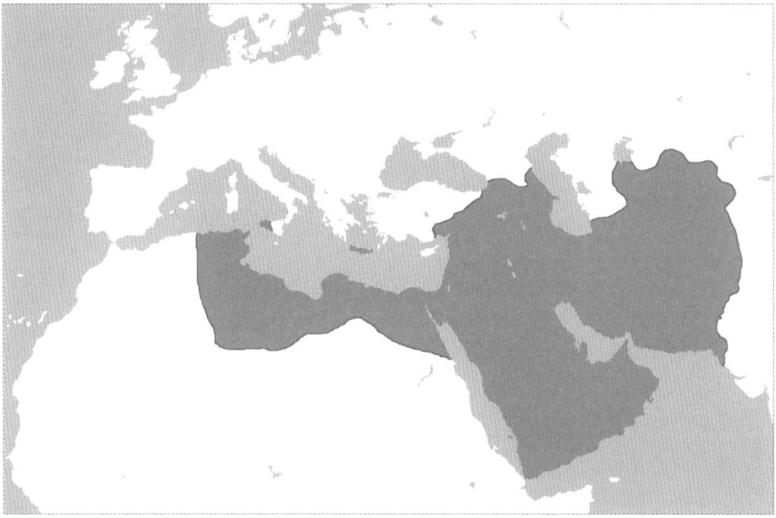

아바스 칼리프국의 영토 범위

자료: Gabagool

특히 당시 이슬람 세계에서 셋째로 큰 모스크를 포함해 모스크 400여 개, 목욕탕 900여 개, 무상 학교 27개, 소장서가 40여만 권이 넘는 대규모 도서관도 있었습니다. 이 도시에서는 이슬람교도 출신 학자들뿐 아니라 기독교인과 유대교도 학자들도 비교적 자유롭게 학문을 연구할 수 있었지요. 그 덕에 학문이 번성했고 '지혜의 본고장', '과학의 원천', '새로운 발상이 열매 맺는 정원' 등으로 불리기도 했습니다.

그러나 12세기 들어서면서 이베리아반도에 거주하던 기독교도들의 국토회복운동인 레콩키스타(Reconquista)가 본격화하면서 코르도바도 영향을 받았어요. 이에 알 이드리시는 교육을 받은 뒤 이곳을 떠나 포르

투갈, 프랑스, 영국, 헝가리, 소아시아, 북아프리카 등을 유랑했지요. 유랑 중이던 1138년에 노르만족 출신이 건설한 시칠리아 왕국의 루지에로 2세가 그를 시칠리아의 팔레르모(Palermo)로 초청했고, 이후 1154년까지 알 이드리시는 팔레르모에 머물렀습니다. 당시 시칠리아 왕국의 수도였던 팔레르모는 학문의 중심지였으며, 특히 그리스 학문과 아랍 의학에 강점을 지닌 곳이었습니다.

루지에로 2세는 왜 알 이드리시를 그의 나라로 초청했을까요? 루지에로 2세의 선조인 노르만족은 11세기 말 유럽, 북아프리카, 중동에서 눈부신 정복 활동을 펼친 결과 영국, 이탈리아반도 남부, 시칠리아, 시리아 일대의 안티오크 등지를 지배했습니다. 특히 시칠리아는 아랍인이 통치하던 지역이었는데 1072년에 로베르 기스카르가 점령하면서 노르만족의 영토가 되었습니다.

이 지역은 지중해 주변 섬 가운데 문화가 가장 다양하고 전략적으로도 요충지였어요. 노르만족의 지배 이후에도 이슬람교도와 유대인에게 정치적 편의와 종교적 관용을 베풀어 중세 유럽에서 문화적인 역동성이 가장 넘치는 곳이었지요. 그리고 이 왕국에서는 그리스어, 라틴어, 아랍어를 공용어로 사용했고, 왕조의 공문서도 세 언어로 작성한 다문화 국가였습니다. 유럽, 북아프리카, 중동 등지에서 이 지역을 오가는 이가 많았으며 상업도 발달했습니다.

이러한 시칠리아의 왕 루지에로 2세는 프톨레마이오스의 『지리학』을 뛰어넘는 세계 지리 책자와 지도를 제작하고 싶었습니다. 기독교를 믿고 있던 중세 유럽에서는 지도 제작이 퇴화한 상태였지만, 이슬람 제국인 중동, 북아프리카, 이베리아반도 등지에서는 지도 제작이 활발했어요. 이에 루지에로 2세는 이슬람 세계의 지리지와 지도 제작 기술을 활용해 지리지와 지도를 제작하기로 했고, 이슬람 왕족 계통의 전문가였던 알 이드리시를 그의 왕국에 초청했던 것입니다.

과거의 성과를 발전시킨 이슬람의 지도

로마제국이 멸망한 이후 8세기 초까지 중동, 북아프리카, 이베리아반도는 이슬람 국가인 우마이야 칼리프국이 지배했습니다. 그러나 750년에 우마이야 칼리프국은 아바스 칼리프국에 패배하여 이베리아반도와 북아프리카 서부 지역으로 밀려났고, 아랍 대부분 지역과 북아프리카 등지는 아바스 칼리프국의 영토가 되었습니다.

바그다드를 수도로 삼은 아바스 칼리프국은 효율적

인 중앙집권체제를 갖춘 국가였습니다. 8세기부터 9세기에 이르기까지 아바스 칼리프국은 강력한 절대군주인 칼리프가 영토 전역을 통제했으며, 지역별로 고위 행정관을 파견했어요. 이러한 통치 시스템을 유지하는 데는 지리 정보가 필수적이었습니다.

이 왕조에서 지도를 제작하고 활용했다는 내용은 제7대 칼리프인 알마문(al-Ma'mun, 재위 813~833년) 시대부터 기록상에 등장합니다. 비록 실물은 현존하지 않지만 '알수라 알마무니야'라는 세계지도가 이 시기에 제작되었다고 알려져 있습니다. 흥미로운 점은 이 지도의 형태를 짐작할 수 있는 세계지도 작성법을 수랍(Soharb, ?~930년)이라는 학자가 썼고 현재까지 남아 있다는 것입니다. 이 글의 제목은 「세상 끝까지 펼쳐진 일곱 기후대의 경이로움」이며, 세계지도를 그리는 법을 포괄적으로 쓴 최초의 아랍어 논문이었습니다.

이 책자에 따르면 세계지도를 그릴 때는 직사각형 틀을 그린 뒤 남위 20도부터 북위 80도까지 총 7개 기후대를 그리고, 남쪽이 지도 위를 향하도록 했습니다. 또 프톨레마이오스 방식인 도시별 경위도 좌표, 마리노스 방식인 직각 교차선을 직사각형에 투영하는 방법 등에 대해서도 언급했습니다. 이슬람 세계의 지도 또한 고대 그리스에서 영향받았음을 명백히 보여 주는 부분입니다.

그러나 이슬람 세계의 시도 작성에는 단순히 과거 자료의 반복이 아니라 수정과 보완을 거친 결과가 반영되어 있습니다. 수랍의 글에는 알 흐와리즈미(Muḥammad ibn Mūsā al-Khwārizmī, 780~850년)의 『지구의 모습에 관한 책(Kitāb Ṣūrat al-Arḍ)』에 나오는 지역의 경위도 좌표를 사용했습니다. 알 흐와리즈미는 칼리프 알마문이 과학 진흥을 위해 지원한 '지혜의 집' 소속 학자였고, 이곳에 소속된 학자들은 프톨레마이오스의 도시별 경위도 좌표의 내용을 수정, 보완하는 작업을 했습니다. 그 결과 지중해 지역의 도시들을 프톨레마이오스보다 더 정확하게 측정했고, 인도양의 형태도 태평양 쪽으로 흘러나가게 그려 이전보다 더 보완했습니다.

한편 9세기 중반부터는 이슬람 제국에서의 지도와 지리지 제작에 변화가 감지되기 시작했습니다. 대표적으로 바그다드에서 우편과 정보 수집 업무를 담당한 이븐 후르다드베(Ibn Khordadbeh, 820~911년)는 870년경 『도로와 왕국들에 관한 책(Kitāb al Masālik w'al Mamālik)』을 발간했습니다. 이븐 후르다드베는 이 책에서 이슬람 세계를 집중적으로 다루고, 비이슬람 세계에 대해서는 간략하게만 언급했습니다. 더불어 기존의 지리지 제작 방식과는 달리 도로와 각 지역 묘사가 증가했습니다.

9세기 말이 되어서는 중앙집권적인 아바스 칼리

프국이 분열되기 시작했고 10세기에는 이슬람 세계에 15개 국가가 생겨났습니다. 이 시기 지도 제작에 있어서 '발히 지리학교' 출신들이 중요한 변화를 이끌어 냈습니다. 아부 자이드 아흐마드 이븐 사흘 알 발히(Abu Zayd Ahmed ibn Sahl al-Balkhi, ?~934년)는 그의 이름을 딴 '발히 지리학교(Balkhī school)'를 바그다드에 설립했습니다. 알 발히를 포함하는 이 학교 출신들은 이븐 후르다드베가 강조한 도로와 각 지역의 지리적 묘사에 많은 관심을 보였어요. 그 결과 지중해, 인도양, 카스피해 등지의 지역 지도를 많이 제작했습니다.

세계지도를 그릴 때는 원형으로 그리면서 경위도, 축척, 투영법 등에는 관심을 두지 않았습니다. 그 대신 땅이나 주요 장소를 직선이나 원, 반원, 정사각형, 호 등 기하학적으로 표시했지요. 다만 아리스토텔레스가 고안하고 프톨레마이오스가 사용한 기후대인 클리마타(klimata)는 이클림(iqlim)이라는 이름으로 계속 유지되었습니다. 중요한 변화는 지도의 중심 위치 변동이었어요. 기존의 이슬람 지도는 바그다드를 지도의 가운데에 두었지만, '발히 지리학교' 출신들의 지도에는 카바 신전이 있는 메카가 지도의 중앙에 놓이기 시작했습니다.

'발히 지리학교' 출신 가운데 대표적인 지도제작자는 아부 알 까심 무함마드 이븐 하우깔(Abū'l-Qāsim Muḥammad Ibn Ḥawqal, ?~977년)입니다. 페르시아, 투르

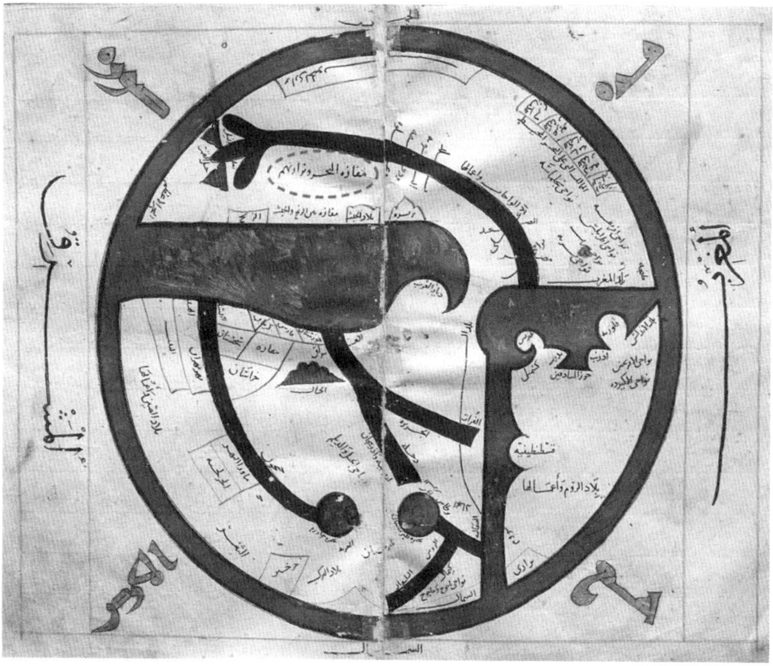

이븐 하우깔의 세계지도

자료: 위키피디아

키스탄, 북아프리카 지역을 여행한 그는 『지구의 모습(Ṣūrat al-'Arḍ)』이라는 지리서를 냈는데, 이 책자에는 세계지도와 지역 지도가 다수 포함되었습니다. 발히 학파의 세계 지리 인식을 잘 보여 주는 이 책자에서 모든 지도는 남쪽을 위쪽에 두었고, 세계는 바다로 둘러싸여 있으며, 지구 반대편은 물로만 이루어져 있습니다. 아시아, 아프리카, 유럽 등지가 묘사되었지만, 이슬람이 지배한 지역과 행정적, 상업적으로 밀접한 지역만 주로 표현되었습니다.

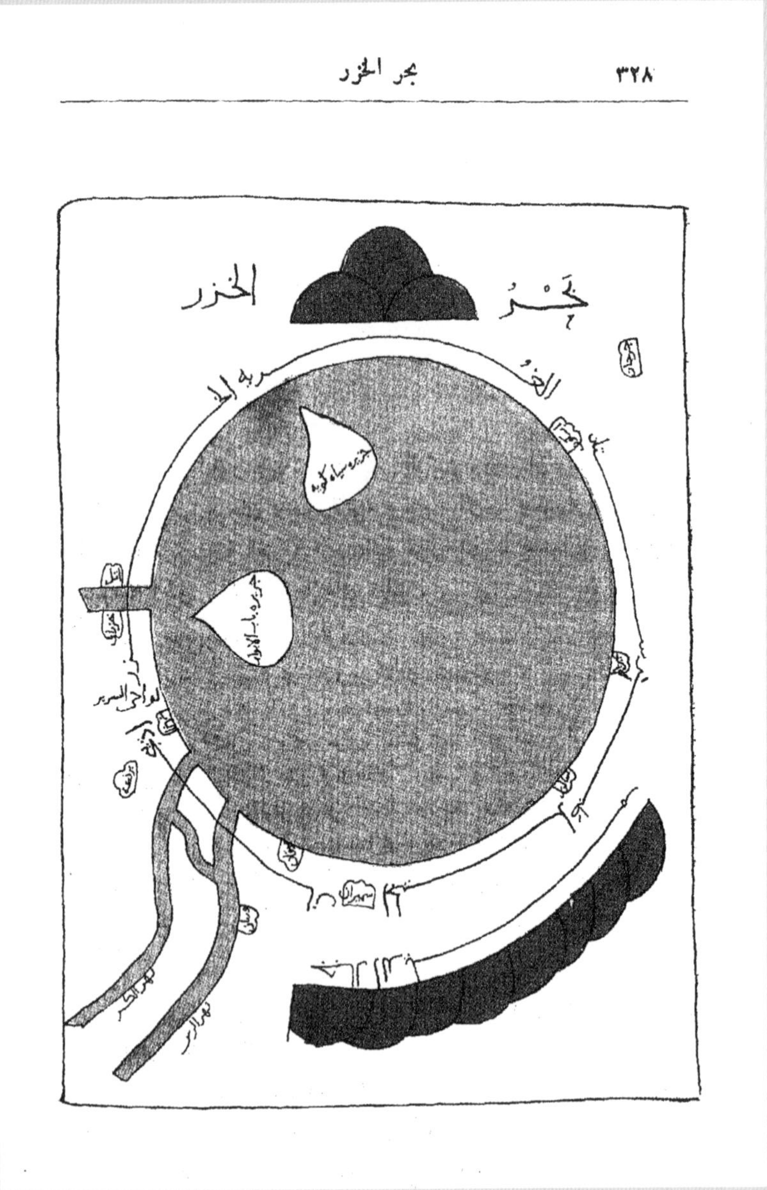

이븐 하우깔의 카스피해 일대 지도

자료: 위키완드

알 이드리시가 만든 세계지도와 세계 인문 지리서

세계의 지리 정보 수집과 지도 작성에 관심이 많았던 루지에로 2세는 알 이드리시를 시칠리아로 초빙한 후 그에게 작업을 부탁했습니다. 이에 알 이드리시는 전 세계 지리 자료를 수집하고 분석하기 시작했지요. 당시 시칠리아에는 그리스어, 라틴어, 아랍어로 된 세계 여러 지역에 대한 다양한 자료가 있었습니다.

이러한 자료 가운데 알 이드리시는 그리스어와 아랍어 번역본인 프톨레마이오스의 『지리학』, 라틴어로 쓰인 파울루스 오로시우스의 『이교도에 대항한 역사』 그리고 아랍어로 쓰인 이븐 후르드다베의 저작과 이븐 하우깔의 지도와 책자를 주된 참고 자료로 삼아 지도와 지리지 작성 작업을 시작했습니다.

알 이드리시가 작업한 첫 번째 결과물은 은으로 만든 거대한 원형 세계지도였습니다. 순은으로 된 원반에 7개 기후대와 해안선, 산과 바다, 수로와 강, 도시와 항구 등을 새겼습니다. 이 은판 세계지도는 현존하지 않지만, 2019년에 영국 옥스퍼드대학교와 팩텀(Factum) 재단, 런던대학교의 제리 브로턴 교수, 다니엘 크라우치 고서점(Daniel Crouch Rare Books) 등이 공동으로 작업해 복원해 냈습니다.

은판 세계지도가 완성되자 루지에로 2세는 지도가 만들어진 과정과 이 지도에서 빠진 나라에 대해 보완 설명할 수 있는 책자를 만들라고 알 이드리시에게 요청했습니다. 세계 각국에 대한 놀라운 사실들과 각 국가가 7개 기후대 가운데 어디에 속하는가, 그 나라 사람들의 관습, 외모, 옷, 언어 등은 어떠한가에 대한 내용이 책자에 담겨야 한다는 주문이었지요. 수년간의 작업 끝에 알 이드리시는 1154년 1월 드디어 『세계를 여행하려는 사람을 위한 유희』라는 책자를 완성했습니다.

루지에로 2세가 주문했고 알 이드리시가 완성한 세계 인문 지리서 겸 지도집 『세계를 여행하려는 사람을 위한 유희』에는 그리스, 로마 시대의 지적 유산뿐만 아니라 아랍의 지리학 성과까지 반영되었어요. 이 책자에는 세계지도 1장과 상세한 세부 지역도 70장이 들어 있습니다. 이들 지도는 모두 이슬람 지도의 특징대로 남쪽을 지도 위쪽에 배치했어요. 아울러 세부 지역도 70매는 동에서 서로 길게 뻗은 7개 기후대를 10개 지역으로 나누어 만들었습니다. 신라가 등장하는 도엽은 제1기후대의 10번째 지도이며, '신라'섬들과 중국이 그려져 있습니다.

가장 북쪽인 제7기후대는 지금의 영국부터 스칸디나비아반도, 시베리아 지역이 해당합니다. 지구상의 인간이 사는 세상을 7개 기후대로 나눈 것은 고대 그

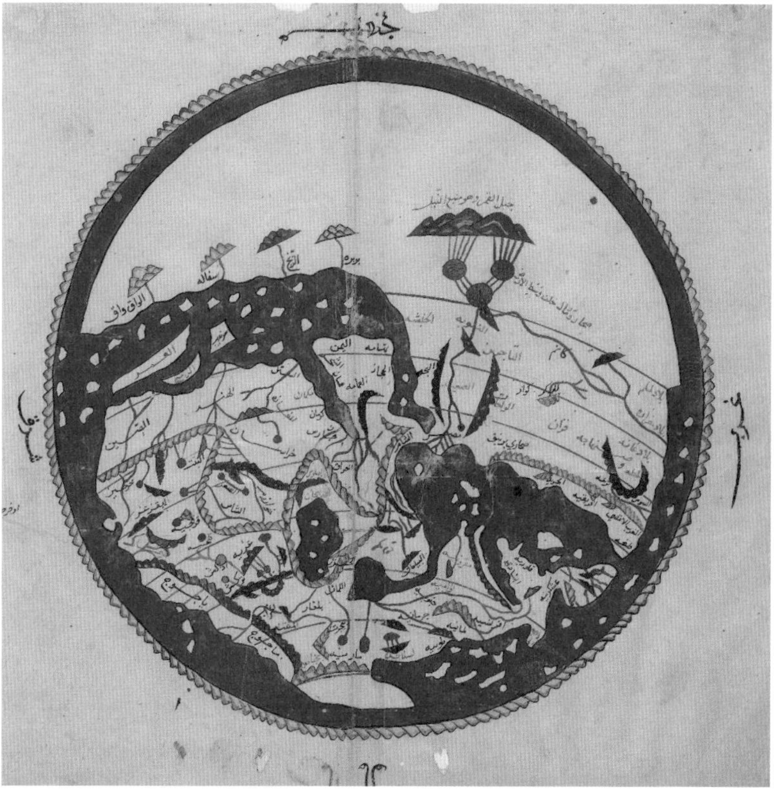

알 이드리시의
세계지도
자료: 게티이미지코리아

리스의 아리스토텔레스가 고안한 이래 사용되었지만, 7개 기후대를 다시 10개 구역으로 세분화한 것은 알 이드리시가 처음 시도한 대담한 방식이었습니다.

이처럼 알려진 세상을 70개 세부 구역으로 구분한 알 이드리시는 멀고 위험하여 직접 가 볼 수 없는 지역을 지도상에 상세하게 그려 이 책을 읽는 독자로 하여금 상상할 수 있게 해 주었습니다. 그리고 이러한 세부

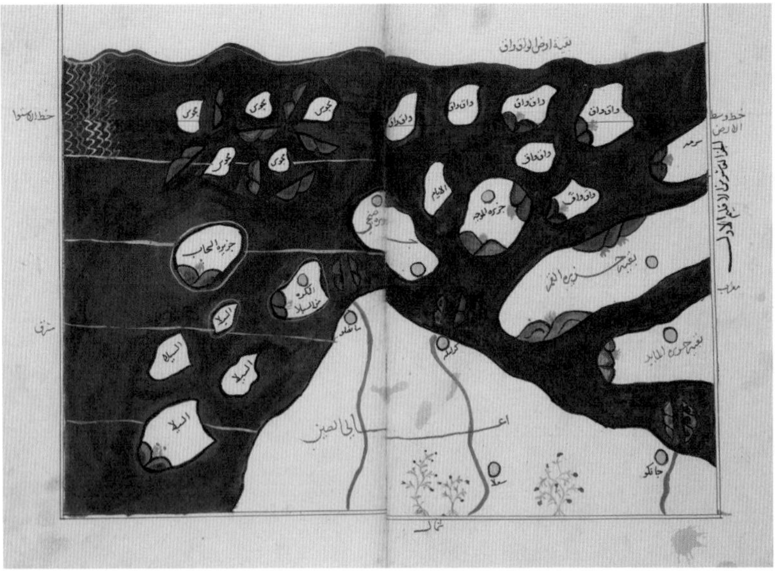

알 이드리시의 세부 지역도 중 동아시아 지역

자료: 영국 옥스퍼드대학교 도서관

구역 지도 뒷면에는 해당 지역에 사는 사람들의 생김새, 옷차림, 장식, 통행 가능한 도로와 도로의 길이, 여행자의 목격담 등이 부가적으로 기록되었습니다.

『세계를 여행하려는 사람을 위한 유희』의 원본은 현존하지 않지만 13세기부터 16세기에 걸쳐 작성된 사본 10종이 현재까지 남아 있습니다. 이 가운데 지도가 첨부된 사본은 8종이며, 텍스트까지 갖춰진 사본은 5종에 이릅니다. 대표적으로 프랑스 국립도서관에는 1325년경 만들어진 사본 2종이 있으며, 영국 옥스퍼드대학교 도서관에는 1553년 이집트 카이로에서 만들어진 사본이 소장되어 있습니다. 이 외에 가장 완벽한 상태인 사본은 튀르키예 이스탄불에 보관되어 있다고 합니다.

한편 1928년 독일인 콘라트 밀러(Konrad Miller, 1844~1933년)는 아랍어로 된 지도를 로마자로 음역한 지도를 작성했으며, 현재 이 지도는 미국 의회도서관에 소장되어 있습니다. 이 글의 첫머리에 제시된 지도가 바로 그것입니다.

알 이드리시의 지도 속 신라

알 이드리시의 『세계를 여행하려는 사람을 위한 유희』에는 '신라(al sila, السيلا)'라는 지명이 쓰인 섬들이 세부 지역도상에 존재하고, 이 섬들에 대한 설명 또한 간략하게 기재되어 있습니다. 우선 지도의 경우 프랑스 국립도서관과 미국 의회도서관에 소장된 지도에 신라섬이 6개 나타납니다. 영국 옥스퍼드대학교 도서관에 소장된 세부 지도와 정수일 교수가 소장하고 있는 지도 사진에는 신라섬이 5개 나타납니다.

이처럼 섬의 개수와 그려진 형태로 보아 알 이드리시의 지도에도 최소 두 종류가 있음을 알 수 있습니다. 그리고 종류에 따라 신라섬의 형태와 개수 차이를 확인할 수 있습니다. 그럼에도 불구하고 신라가 중국 동

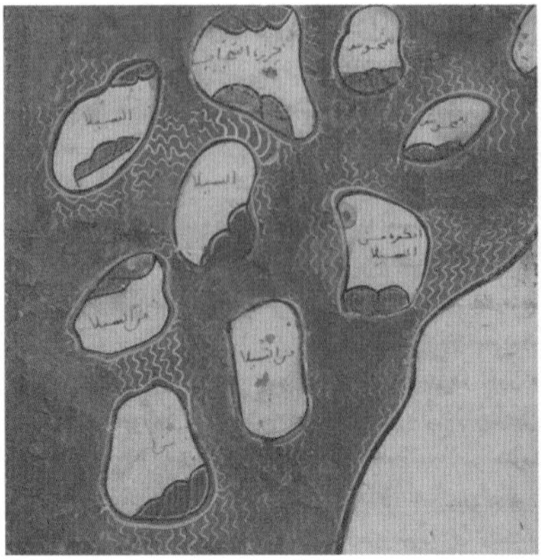

프랑스 국립도서관 소장본 내 신라

자료: 프랑스 국립도서관

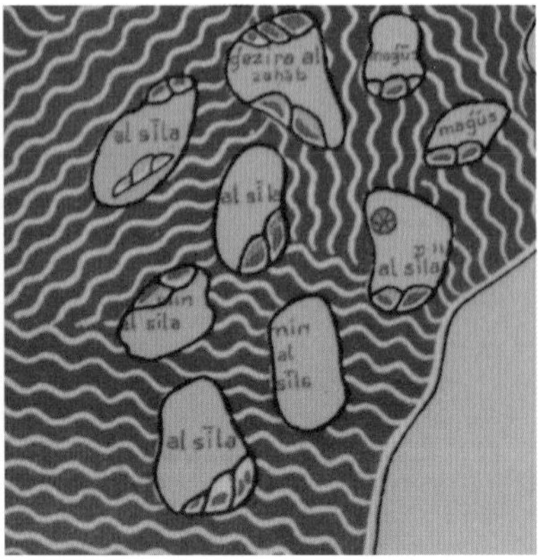

콘라트 밀러가 제작한 로마자 음역 지도

자료: 미국 의회도서관

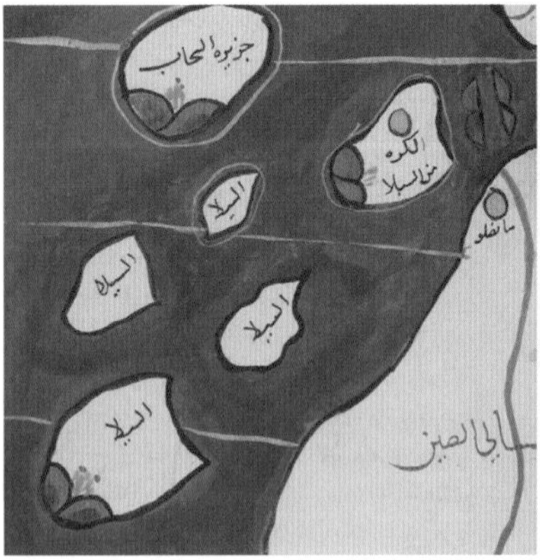

영국 옥스퍼드대학교 소장본 내 신라

자료: 영국 옥스퍼드대학교 도서관

정수일 교수 소장 사진 내 신라

자료: 정수일

쪽에 위치하며 섬으로 구성된 나라라는 점에는 차이가 없습니다.

한편 『세계를 여행하려는 사람을 위한 유희』에서

신라와 관련되는 문장이 등장합니다.

"이 섬(Sanji)에서 신라의 섬들로 가는데, 신라의 섬은 많으면서 서로 가까이 있다. 그곳에 안카와라는 도시가 있다. 그곳을 방문한 여행자는 누구나 정착하여 다시는 나오고 싶어 하지 않는다. 그 이유는 그곳이 매우 풍족하고 좋은 것이 많기 때문이다. 그 가운데서도 금은 너무 흔해서 그곳 주민들은 심지어 개의 쇠사슬이나 원숭이의 목 테도 금으로 만든다. 그들은 또 스스로 옷을 짜서 팔기도 한다."

알 이드리시가 그의 지도와 책자에 신라를 기재한 것은 그가 참조한 이슬람 문헌에 신라 관련 기록이 나오기 때문이었습니다. 구체적으로 알 이드리시가 책자를 작성할 때 참조한 이븐 후르다드베의 『도로와 왕국들에 관한 책』에는 신라에 대해 다음과 같은 내용이 나옵니다.

"칸수의 맞은편 중국의 맨 끝에 신라라는 산이 많은 나라가 있다. 그 나라는 영주국들로 갈라져 있다. 그곳에는 금이 풍부하다. 이 나라에 와서 영구 정착한 이슬람교도들은 그곳의 여러 가지 이점 때문에 그렇게 했다고 한다. 그러나 그 나라(신라) 너머에 무엇이 있는지는 아무도 모른다."

"중국의 맨 끝에 신라라는 나라가 있는데 금이 풍부하다. 이슬람교도가 이 나라에 상륙하면 그곳의 아름다움에 끌려 영구히 정착하고 떠나려 하지 않는다."

신라에 대한 알 이드리시와 이븐 후르다드베의 기록은 금이 풍부하고 방문자가 떠나려 하지 않는다는 부분에서 유사합니다. 그런데 섬 기록 부분은 알 이드리시의 책자에만 존재합니다. 그렇다면 신라를 섬으로 기록한 부분은 누구의 책을 참조한 것일까요? 현재까지 확인된 자료 중 850년경에 당나라의 광저우를 방문한 무역상 술라이만(Sulaiman al-Tajir)의 기록일 가능성이 가장 높아 보입니다. 신라와 관련한 술라이만의 기록은 다음과 같습니다.

"(중국의) 해안에 신라라는 섬들이 있다. 그곳의 주민들은 피부가 희다. 그들은 중국 황제에게 선물을 보내고 있다. 만약에 그렇게 하지 않으면 하늘이 그들에게 비를 내려 주지 않을 것이라고 그들은 말한다. 우리 동료들 가운데 아무도 그곳에 가 보지 않았기 때문에 그들에 관한 소식을 들을 수 없다. 그들은 또한 흰 매를 가지고 있다고 한다."

학계에서는 당나라의 항구도시인 양저우, 쑤저우, 항저우 등에 신라인과 아랍인이 공존한 경우가 많았고, 그래서 아랍인이 신라에 대한 정보를 얻을 수 있었을 것이라고 판단합니다. 아울러 처용 설화나 아랍인을 닮은 무인석상의 존재를 바탕으로 신라와 아랍 지역 상인과의 직접적인 교류를 짐작할 수 있어요. 이런 점을 감안한다면 알 이드리시의 세계지도에 기재된 신라는 우리의 고대 왕국인 신라일 확률이 높은 것 같지요?

이번 장에서는 북아프리카 태생 무슬림 학자 알 이드리시가 작성한 세계지도를 살펴보았습니다. 지도학사 측면에서 보았을 때 이 지도는 프톨레마이오스 이후 중세에 만들어진 지도 중 가장 상세한 지도라는 특징을 지닙니다. 중세 유럽의 지리학은 기독교 중심이었기 때문에 고대 그리스의 발전된 지리학이 계승되지 못했습니다. 그 대신 이슬람 세계에서는 고대 그리스의 문헌을 아랍어로 번역해 수용했고, 나아가 천문학, 지리학, 수학 등의 발전에 힘입어 고대에 작성된 지도를 발전시킬 수 있었습니다.

이처럼 알 이드리시의 세계지도는 고대 그리스, 로마, 아랍 세계의 지식이 결집된 지도였습니다. 아울러 지도상에 기재된 '신라'섬들과 『세계를 여행하려는 사람을 위한 유희』 속 신라 관련 기록을 살펴봄으로써 아랍의 발전된 지리 지식이 이 지도에 포함되었음을 확인할 수 있었습니다. 약 1,000년 전 시칠리아에서 만들어진 지도상에 우리의 고대국가 신라가 그려져 있다는 점은 참으로 흥미로운 일입니다.

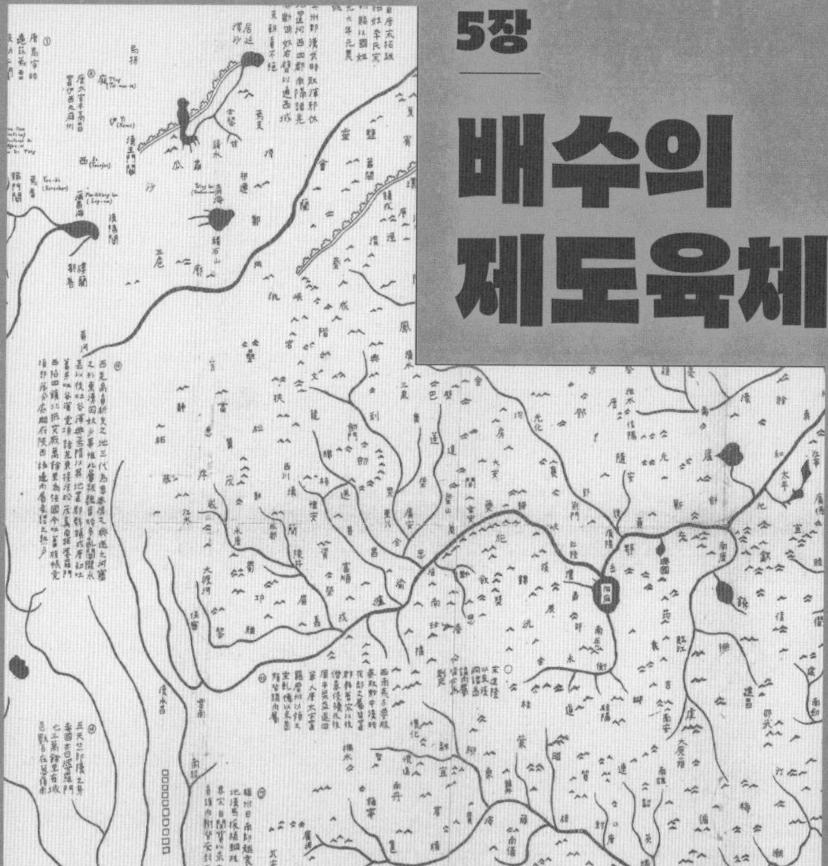

5장

배수의 제도육체

동양의 지도 원칙을 세우다

우리나라의 고지도는 중국의 전통적인 지도 제작 방법의 영향을 받아 작성되었다고 알려져 있습니다. 구체적으로 어떤 방법을 활용해서 지도를 작성했을까요? 김정호가 만들고 최한기가 서문을 쓴 『청구도』의 '청구도제'에는 중국 삼국 시대 위나라와 서진 시기의 지리학자이자 지도제작자인 배수(裴秀, 224~271년)가 사용한 지도 제작 원리 '육체(六體)론'에 따라 지도를 제작했다고 언급되어 있습니다.

이번 장에서는 육체론을 따라 만든 중국의 대표적인 고지도는 무엇인지 살펴본 다음 분율(分率), 준망(准望), 도리(道里), 고하(高下), 방사(方邪), 우직(迂直)이라는 여섯 가지 원칙으로 이루어진 육체론이 구체적으로 어떤 것인지 알아보려 합니다. 그리고 이 원칙이 활용된 우리나라의 고지도 사례도 간단히 살펴보겠습니다.

중국의 여러 고지도

인간이 지도를 제작해 온 역사는 인류의 역사와 같다고 말할 수 있을 정도로 오래되었습니다. 중국도 역사가 매우 긴 만큼 아주 오래전부터 지도를 만들었을 것입니다. 그러나 지도를 제작했다는 기록이 남아 있는 것은 기원전 5세기이고, 현재 실존하는 지도 가운데 가장 오래된 지도는 한나라 시기의 것입니다.

그중에서도 완벽한 형태로 현존하는 가장 오래된 지도는 1972년 중국 후난성(湖南省) 창사(長沙)에서 발견된 지도 세 폭이에요. 비단에 그려진 이 지도에 발굴 당시 편의상 '지형도(地形圖)', '주군도(駐軍圖)', '수비도(守備圖)'라고 이름을 붙였는데, 아직 통일된 명칭은 없지만 지형도는 '장사국남부지도(長沙國南部地圖)', 주군도는 '장사국남부주군도(長沙國南部駐軍圖)'라고도 부릅니다.

이들 지도는 한나라 문제(文帝) 12년(기원전 168년)에 사망한 이희(利豨)의 묘에서 발굴되었으며, 제작 시기도 이즈음으로 추정합니다. 이들 지도에는 마치 측량한 것처럼 지형지세가 정확하게 묘사되어 있는데요, 육체론과 같은 일정한 지도 제작 규범을 따라 제작했을 것으로 보입니다.

당나라 시기(618~907년)에 들어서면서 중국 내

장사국남부지도
자료: 위키피디아

부에서 벗어나 지역뿐만 아니라 국외 지역을 표시한 지도도 작성되기 시작했습니다. 지리학자 가탐(賈耽, 730~805년)이 제작한 '해내화이도(海內華夷圖)'에는 당나라 외에 주변 국가들까지 표현되어 있습니다. 이 지도는 현존하지 않지만, 기록에 따르면 801년에 황제에게 진상했다고 합니다.

화이도 모사본

자료: 미국 의회도서관

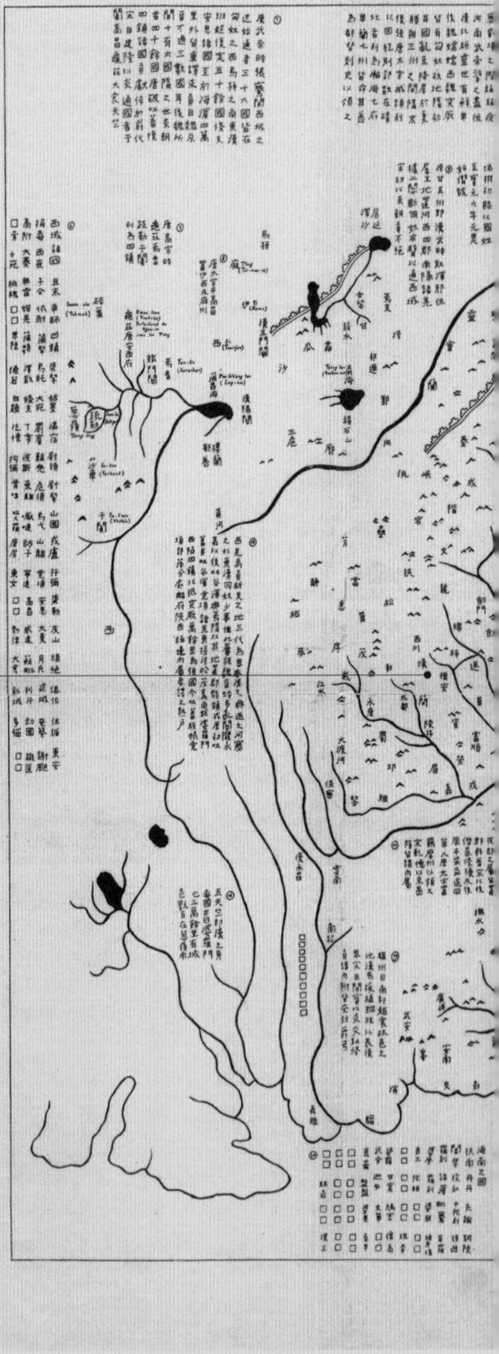

산, 하천 등과 함께
중국의 400여 개
행정구역이 표시돼 있다.

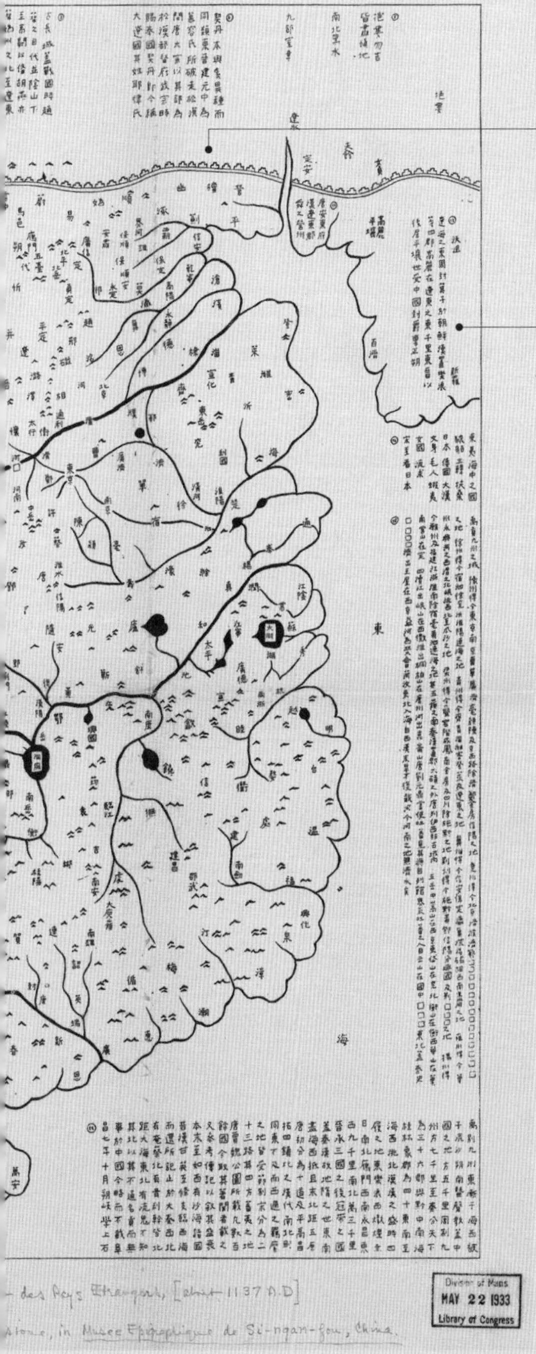

길게 이어진 성곽 표시는 만리장성이다.
한반도 북쪽까지 이어져 있다.

중국에서 '동이'라고 부르는
한반도가 오른쪽 위에 있는데
고려, 백제, 옥저, 신라가 표시되어 있다.

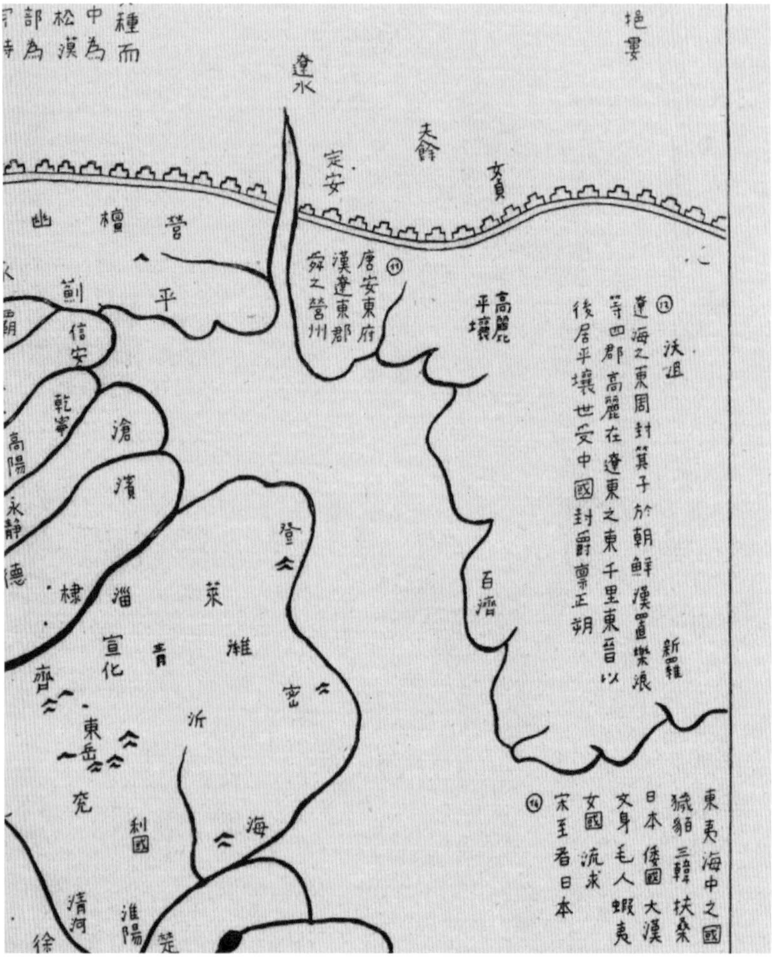

화이도에 그려진 한반도

이 지도의 형태를 짐작할 수 있는 지도는 남송(南宋) 시기인 1136년에 돌에 새겨진 '화이도(華夷圖)'입니다. 이 지도가 새겨진 비석은 현재 시안(西安)의 비림(碑林)박물관에 있으며, 비석의 크기는 높이 95.4㎝, 폭

89.4㎝, 두께 11㎝입니다.

화이(華夷)란, 중국과 그 주변 오랑캐의 땅을 의미합니다. 중국에서는 고대부터 문명화된 자신들의 국가를 세계의 중심이라는 뜻으로 '중화(中華)'라고 불러왔으며, 반대로 주변의 미개한 지역을 야만족이 사는 곳이라는 뜻으로 '이(夷)'라고 칭하며 낮추어 보았어요. 중국인들은 오랑캐 지역을 동서남북으로 세분하여 동이(東夷), 서융(西戎), 북적(北狄), 남만(南蠻)이라고도 불렀지요. 한반도는 일본, 류큐(琉球) 등과 함께 '동이'에 해당합니다.

화이도에는 산, 하천, 호수와 함께 중국 내 400여 개 행정구역의 명칭이 표기되어 있고 오른쪽 위에는 한반도가, 왼쪽 아래에는 인도가 그려져 있습니다. 특히 한반도에는 서해안과 남해안 일부가 그려져 있고, 한반도 북쪽에까지 만리장성이 뻗어 있습니다.

한반도에 고려, 백제, 옥저, 신라가 있고 고려 옆에는 평양, 성벽 북쪽으로는 발해, 여진, 부여 등의 지명이 적혀 있어요. 한반도 정중앙에는 "요해(遼海) 동쪽에 주나라 때 기자조선을 봉하고 한나라 때 낙랑 등 4군을 두었고, 고려는 요동 동쪽 천리에 있는데 동진 이후 평양에 도읍을 두고 중국의 작위를 받았다"는 내용이 쓰여 있습니다.

우적도 모사본

자료: 미국 의회도서관

우적도의 지도 명칭과
축척이 적혀 있다.

모눈처럼 보이는 가로세로 격자선을 먼저 그리고
그 위에 지도를 그렸다. 이 지도제작법이 방격도법이다.
우적도의 모눈 하나는 실제 거리 100리를 나타낸다.

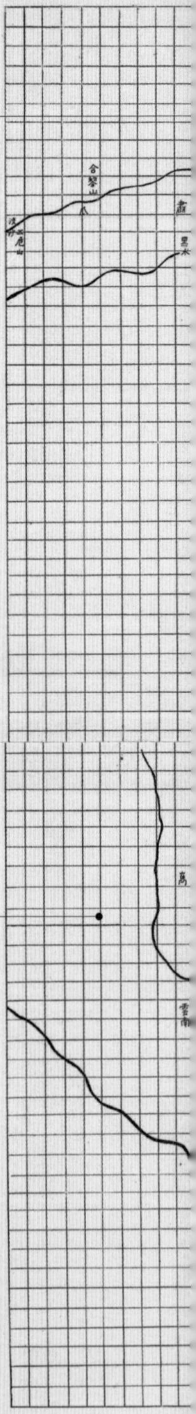

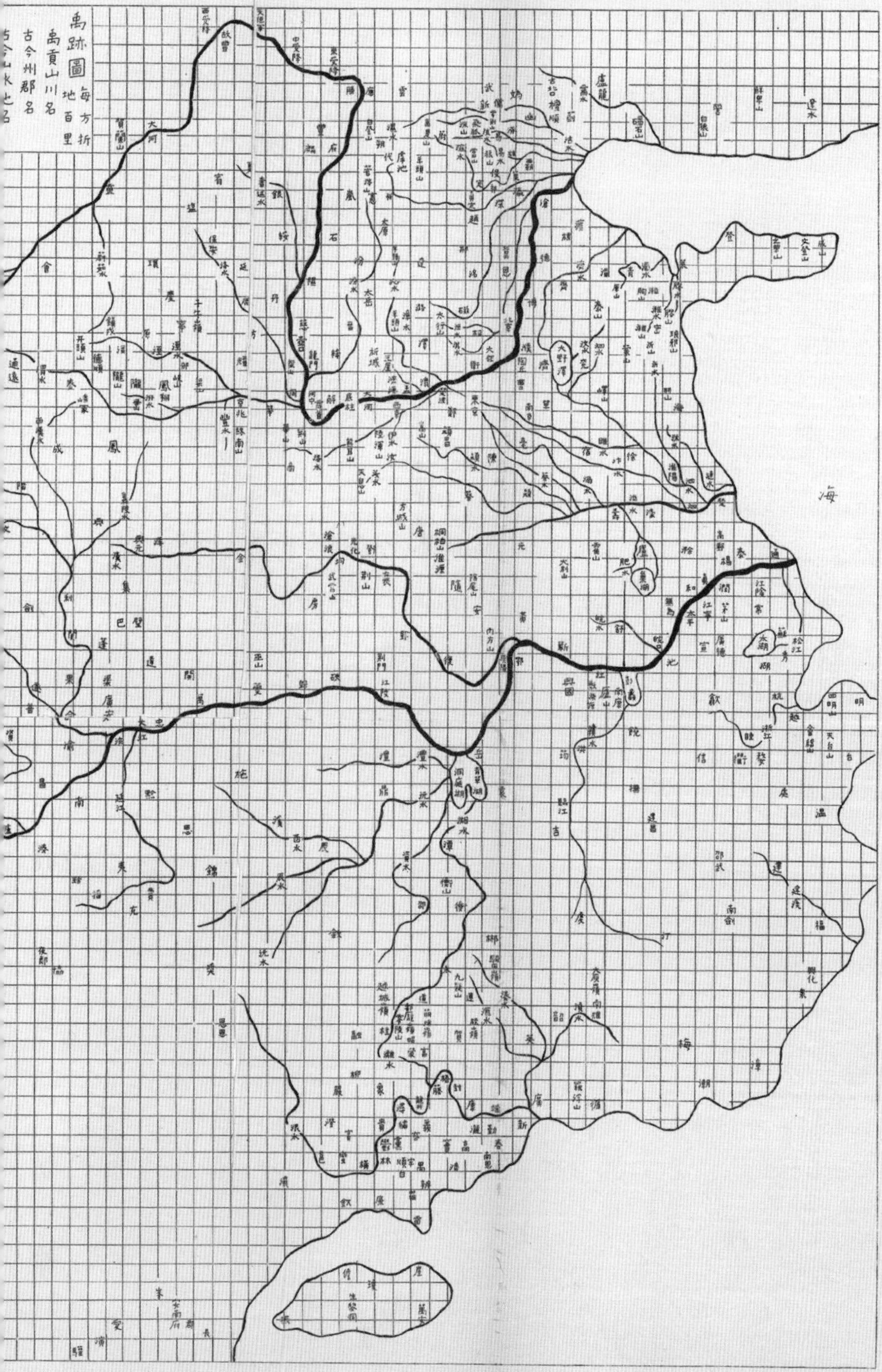

CARTE B

Carte des Vestiges de Yu [perhaps 1137 A.D]

original, engraved on stone, in Musée Epigraphique de Si-ngan-fou, China.

방격도법으로 그린 우적도

한편 화이도가 새겨진 비석의 뒷면에는 '우적도(禹跡圖)'가 새겨져 있습니다. 우적(禹跡)이란 명칭을 그대로 해석하면 '우(禹)의 자취'라는 뜻인데, 우(禹)는 중국의 고대 왕조인 하(夏) 왕조를 세운 인물이에요. 그는 전 국토를 9주로 나누고 치수 사업을 실시했는데, 이러한 까닭에 우적이라는 용어가 중국 전역을 의미하게

우적도가 새겨진 비석

자료: HILDE DE WEERDT, 2009

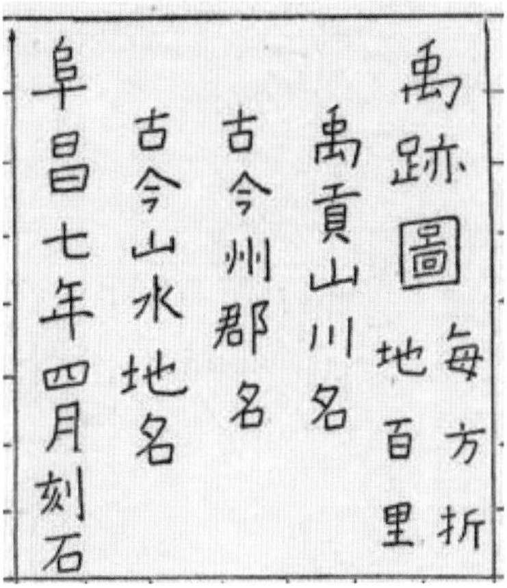

우적도의 제목과 축척

되었지요. 실제 지도상에 그려진 송나라의 영역을 살펴보면 북쪽으로는 만리장성이 경계이고 남쪽으로는 해남도, 서쪽으로는 사천 지방까지입니다.

이 지도는 방격도법(方格圖法)을 사용했다는 중요한 특징을 지니는데요, 방격도법을 활용하면 가로와 세로의 격자선으로 이루어진 방안(方眼)에 지도를 그리게 되어 땅의 크기와 거리를 쉽게 알 수 있습니다. 우적도라는 지도 명칭 밑에는 '매방절지백리(每方折地百里)'라고 일종의 축척이 쓰여 있는데, 이는 중국 영토를 한 모눈당 100리로 쪼갰다는 뜻입니다. 현대의 축척으로 환산하면 약 500만분의 일에 해당하는 단위입니다.

중국에서 격자선을 지도에 활용하는 방법을 처음으로 고안한 사람은 한나라의 문인이자 과학자인 장형(張衡, 78~139년)입니다. 우적도는 방격도법을 활용해 그린 지도 가운데 현존하는 가장 오래된 지도이지요. 방격도법을 활용했기 때문에 해안선과 하천망이 정확하고, 지도의 위쪽이 북쪽인 특징을 보입니다. 우적도에는 뒤에서 설명할 배수의 제도육체가 제대로 사용되어 지도가 더욱 정확하게 그려질 수 있었던 것이지요.

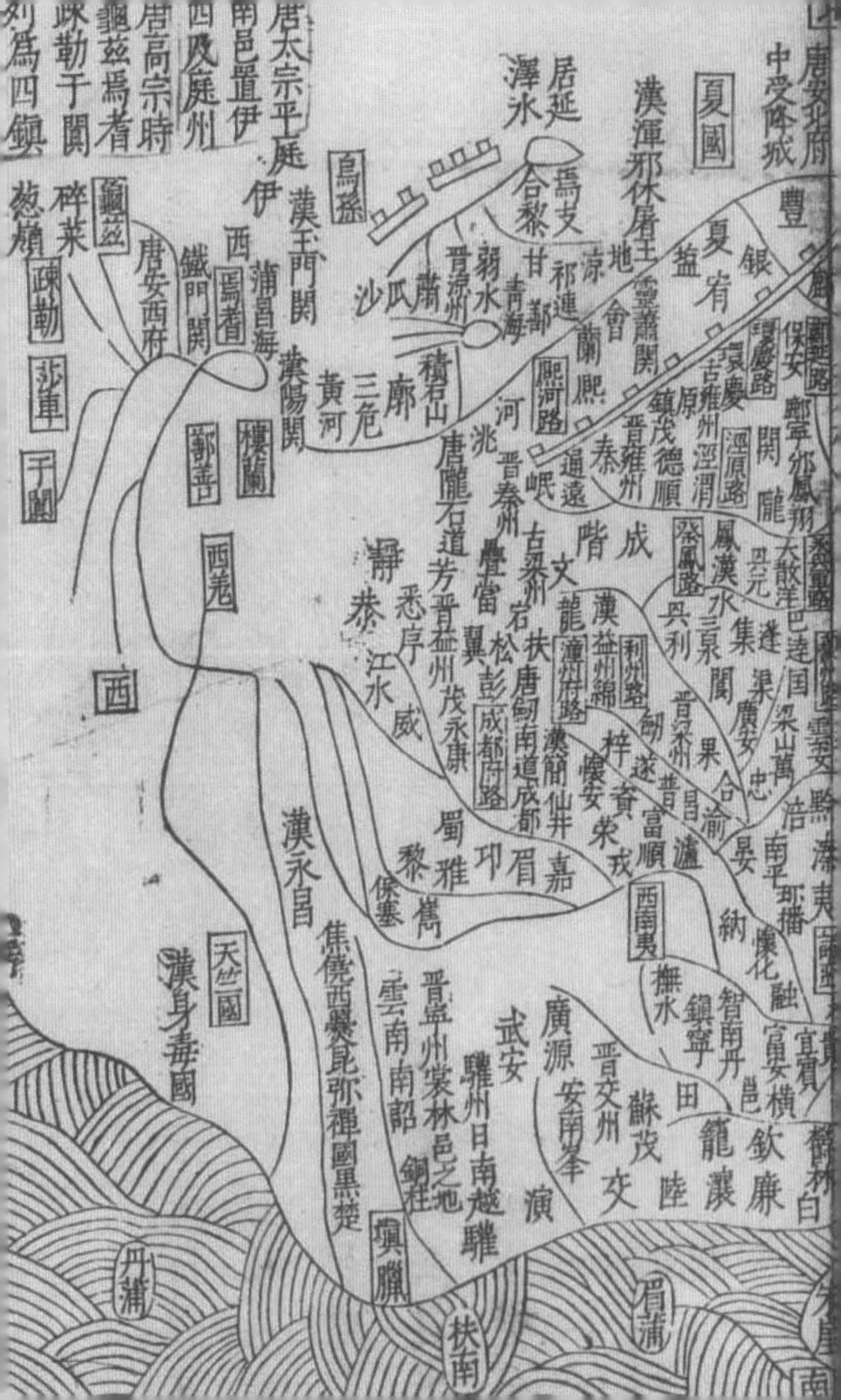
西及庭州
唐高宗時
龜茲焉耆
疏勒于闐
列爲四鎮
中受降城
夏國
漢渾邪休屠王地
居延澤水
焉支
合黎
烏孫
漢玉門關
蒲昌海
焉耆
鐵門關
唐安西府
龜茲
碎葉
葱嶺
疏勒
莎車
于闐
樓蘭
鄯善
西羌
西
漢陽關
三危
黃河
積石山
廓
熙河路
蘭
熙
會
涼
甘
祁連
鄯
青海
弱水
晉涼州
肅
瓜
沙
河
洮
岷
通遠
秦
晉秦州
唐隴右道
成
階
文
龍
古梁州
宕
扶
松
彭
疊
當
翼
芳
晉益州
茂
永康
悉
亭
靜
恭
江水
威
成都府路
唐劍南道
成都
漢益州綿
潼川府路
利州路
梓
遂
資
懷安
仙井
榮
嘉
眉
邛
雅
黎
蜀
保塞
嶲
漢永昌
富順
昌
瀘
戎
西南夷
天竺國
漢身毒國
焦僥西爨昆彌禪國黑僰
雲南南詔
晉寧州
武安
廣源
晉交州
安南
蘇茂
交
陸
籠
欽
廉
白
撫水
鎮寧
田
南丹
融
宜
賓
横
邕
納
懷化
晏
播
涪
黔
梁山
忠
渠
廣安
合
果
集
興
利
三泉
閬
鳳翔
大散關
秦鳳路
涇原路
德順
鎮戎
原
渭
環慶路
鄜延路
保安
隴
開
銀
宥
夏
鹽
蕭關
豐
扶南

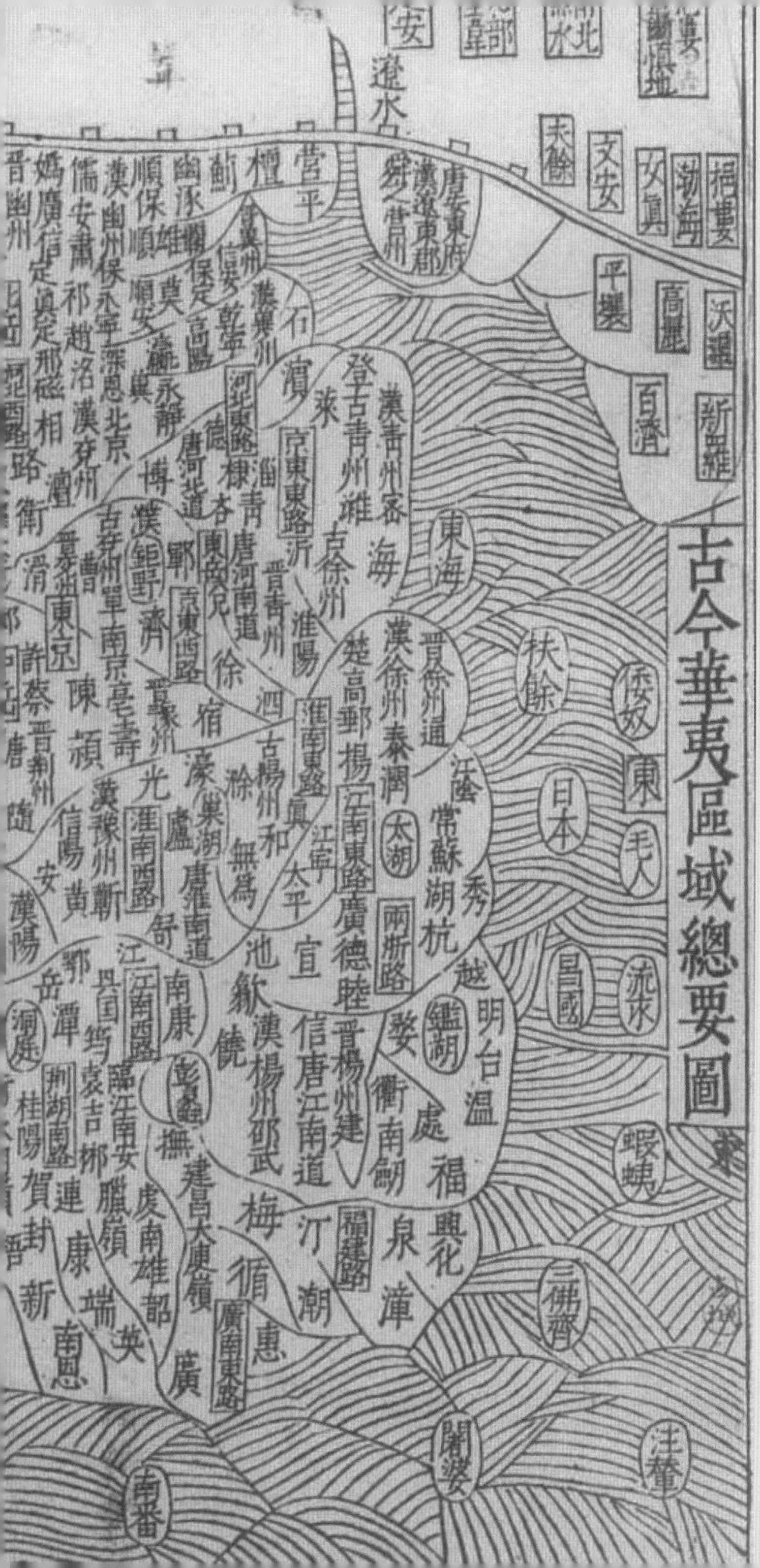

『역대지리지장도』 내 고금화이구역총요도
자료: 중국 국가도서관

점차 영역이 확대되는 중국의 세계지도

송나라 시기(960~1279년)에는 『역대지리지장도(歷代地理指掌圖)』라는 역사 지도집도 제작되었는데, 이 지도집은 세안례(稅安禮)[5]가 북송(北宋) 철종(哲宗) 원부(元符, 1098~1100년) 연간[6]에 지었다고 알려져 있습니다. 역사 지도가 총 44종류인데, 역대 지방 행정 구획과 연혁 위주로 표현되어 있으며, 각 왕조마다 적으면 한 폭, 많으면 다섯 폭으로 지도가 구성되어 있지요. 한반도 관련 지명은 고려, 백제, 신라, 옥저, 발해, 부여, 읍루 등이 나타나 있습니다.

원나라 시기(1271~1368년)와 명나라 시기(1368~1644년)에는 세계지도에 나타나는 범위가 구대륙, 즉 유럽, 아프리카와 아시아 전역으로 확대되었어요. 원나라에서 제작된 세계지도 가운데 현존하는 지도는 없지만, 8장에서 살펴볼 '혼일강리역대국도지도'는 원나라에서 입수한 세계지도를 바탕으로 그린 지도이므로 원나라에서 작성된 세계지도의 모습을 미루어 짐작할 수 있지요. 그리고 이러한 세계지도 제작은 명나라로

---

5 세안례는 송나라 때 지도학자이며 생몰년은 알려지지 않았다. 그는 원부 연간인 1098년부터 1100년 사이에 『역대지리지장도』를 작성했다. 이 책자는 중국 최초의 역사 지도집이며, 고대부터 북송대까지의 강역을 표현한 역사 지도 44장을 포함하고 있다.

6 왕의 재위 기간을 일컬음.

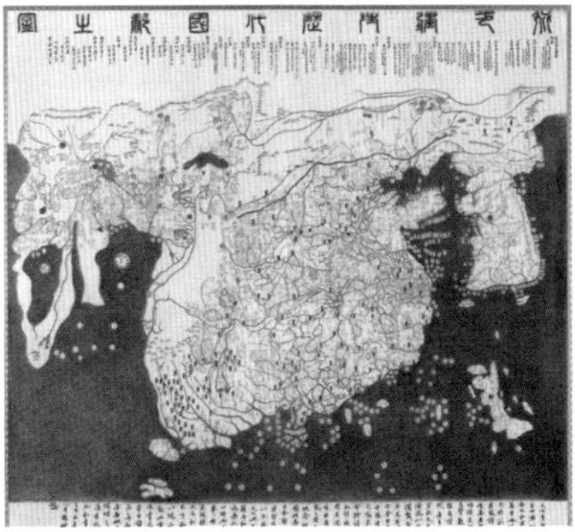

혼일강리역대국도지도

자료: 서울대학교 규장각한국학연구원

대명혼일도

자료: 위키피디아

도 이어졌는데, 대표적인 지도가 1391년에 작성된 '대명혼일도'입니다.

아울러 15세기에는 명나라의 무장 정화(鄭和, 1371~1435년경)의 원정과 함께 남중국해와 인도양 지역의 지도까지 제작되었다고 합니다. 중국 내부 지역을 그린 지도로는 원나라 시기인 1320년에 주사본(朱思本)이 그린 『여지도(輿地圖)』와, 명나라 시기인 1555년에 나홍선(羅洪先)이 그린 『광여도(廣輿圖)』가 유명합니다. 현재는 나홍선의 『광여도』만 남아 있는데, 이 지도집에는 조선 지도도 포함되어 있습니다.

한편 청나라 시기(1636~1912년)에 들어서면 지도 제작에 혁신적인 변화가 일어나는데요, 바로 청나라의 제4대 황제 강희제(康熙帝, 1654~1722년)가 중국 전통 지도의 정확성이 서구 국가의 지도에 비해 떨어진다는

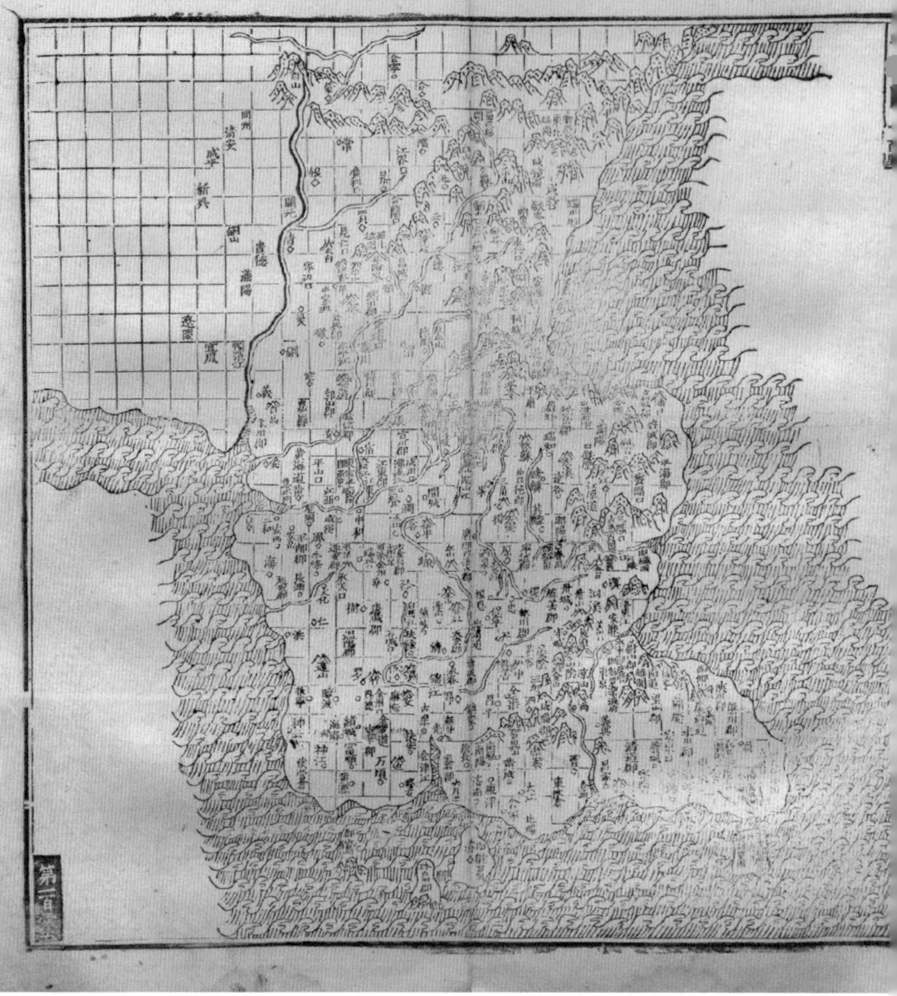

『광여도』에 그려진 조선 지도

자료: 미국 의회도서관

점을 파악한 것입니다. 강희제는 이를 타개할 목적으로 1717년에 당시 중국에 진출해 있던 예수회 선교사들에게 서양의 지도 제작 기술을 활용해 중국 지도를 그리게 했고, 그 결과 1721년에 '황여전람도'가 작성되었습니다.

이 시노에는 강희제 당시 청나라의 영역과 조선이 그려져 있어요. 청나라 내부 지역은 예수회 선교사들이 직접 주요 지역을 측량했다고 알려져 있으나, 조선 지역의 경우는 조선 조정에서 제공한 자료를 활용해 그렸습니다.

배수의 제도육체

배수(224~271년)는 중국 삼국 시대의 위(魏)나라부터 서진(西晉)에 걸쳐 활동한 인물이에요. 그의 조부 배무(裵茂)와 부친 배잠(背潛)은 모두 상서령을 지낸 고위 관료 출신이었습니다. 어려서부터 학문을 좋아했던 배수는 관구검(毌丘儉)의 추천으로 무위장군 조상(曹爽)의 휘하에서 일하다가, 244년 부친이 사망하자 부친의 작위를 물려받아 황문시랑(黃門侍郎)[7]이 되었지요.

249년에는 관직에서 면직되었다가 이후 사마소(司馬昭)가 천거해 산기상시(散騎常侍)[8]가 되었습니다. 위나라 4대 황제 조모(曹髦)가 배수를 유림장인(儒林丈人)[9]이라고 부르며 함께 학문을 논할 정도로 가까운 사

7 군주의 측근에서 모시던 벼슬아치.
8 천자를 측근에서 모시고 간언하는 일을 맡아 보던 벼슬.
9 유림장인은 '유림+장인'이며, 유림은 유학자 무리 혹은 지식인

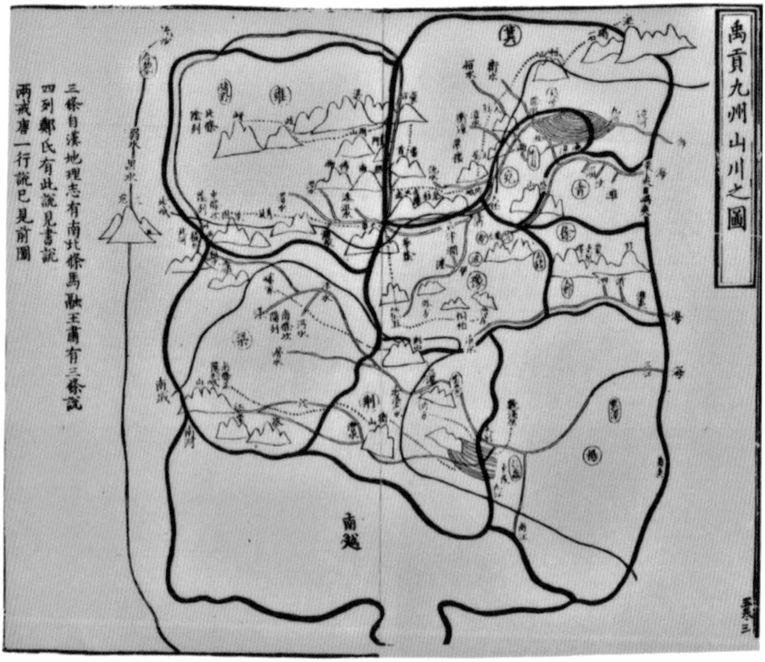

배수가 그린 우공지역도의 형태를 짐작할 수 있는 우공구주산천지도

1185년, 자료: 위키완드

이였다고 해요. 사마염이 서진의 초대 황제인 무제(武帝)가 되자 배수는 45세에 국가 대사를 관장하는 최고위 관직인 사공(司空)이 되었습니다.

배수는 지방관에 종사하고 있을 때 지리서 『우공(禹貢)』에 기록된 산, 강, 들, 습지, 제방과 고대의 행정 구분인 9주를 고찰하고, 당시 16주에 속한 군, 현, 읍의 경계와 옛 지명과 도로를 대조해 전 국토를 그린 '우공지역도(禹貢地域圖)' 18편을 만들어 조정에 바쳤다고

층을 뜻하고, 장인은 '늙은이'를 이른다. 따라서 '나이 많은 유학자'로 해석할 수 있다.

알려져 있습니다. 이 지도는 현존하지 않지만 송나라 시대에 만들어진 '우공구주산천지도'(1185년)를 통해 배수가 만든 지도를 짐작할 수 있습니다.

한편 『진서(晉書)』의 『배수전(裵秀傳)』에 인용된 『우공구역지역도(禹貢九域地域圖)』의 서문에는 배수가 주창한 지도 제작 원리인 육체론을 설명하는 부분이 나옵니다.

"지도를 제작하는 체계에는 여섯 가지가 있는데, 첫째는 분율(分率)이고, 이는 동서남북의 비율을 바로 잡는 것이다. 둘째는 준망(準望)이며, 피차간의 방위를 올바르게 하는 것이다. 셋째는 도리(道里)인데, 말미암은 바의 거리를 정하는 것이다. 넷째, 다섯째, 여섯째는 각각 고하(高下), 방사(方邪), 우직(迂直)인데, 이 세 가지는 각자 땅의 특징으로 인해 적당한 방법으로 제작하는 데 평탄하고 험난함의 다른 정도를 비교하는 것이다. 지도를 그림에 있어 분율이 없다면 원근의 차이를 살필 수 없고, 분율이 있어도 준망이 없다면 비록 한 방위를 얻었다고 하더라도 반드시 다른 방위를 잃게 되며, 준망이 있어도 도리가 없다면 산해절역의 지방에서 사용할 때 서로 통할 수가 없다. 도리가 있다 하더라도 고하, 방사, 우직의 비교가 없다면 경로의 거리가 반드시 원근의 실상과 부합하지 못하여 준

망의 올바름을 잃을 것이므로 여섯 가지를 섞어서 고증해야 한다. 그러나 원근의 실질은 분율에서 정해지고 피차간의 실질은 도리에서 정해지며 도수(度數)의 실질은 고하, 방사, 우직의 계산으로부터 정해진다. 그러므로 비록 준산 거해의 격절이나 절역 수방의 머나멂, 올라가고 내려감에 있어 빙빙 두르는 길들도 모두 얻어 정할 수 있는 것이다. 준망의 법도가 이미 올바르게 된다면 곧 곡직, 원근이 그 형상을 숨길 수가 없다."

"製圖之體有六焉。一曰分率, 所以辨廣輪之度也。二曰準望, 所以正彼此之體也。三曰道里, 所以定所由之數也。四曰高下, 伍曰方邪, 六曰迂直, 此三者各因地而制宜, 所以校夷險之異也。有圖像而無分率, 則無以審遠近之差; 有分率而無準望, 雖得之於一隅, 必失之於他方; 有準望而無道里, 則施於山海絕隔之地, 不能以相通;有道里而無高下, 方邪, 迂直之校, 則徑路之數必與遠近之實相違, 失準望之正矣, 故以此六者參而考之。然遠近之實定於分率, 彼此之實定於準望, 徑路之實定於道里, 度數之實定於高下, 方邪, 迂直之算。故雖有峻山鉅海之隔, 絕域殊方之迥, 登降詭曲之因, 皆可得舉而定者。準望之法既正, 則曲直遠近無所隱其形也。"

배수가 언급한 제도육체와 완벽하게 일치하는 해

석은 없지만, 대체로 분율(分率)은 축척(縮尺)을 의미하고, 준망(準望)은 방위(方位)를, 도리(道里)는 거리(距離)를 의미한다고 합니다. 축척과 방위, 거리는 현재의 지도 제작에서도 필수적으로 사용되는 개념이므로 쉽게 이해할 수 있을 거예요.

나아가 축척, 방위, 거리를 한번에 손쉽게 정리하는 방법으로 100리를 한 모눈으로 하는 방격도법(方格圖法)이 있는데, 장형이 고안한 이 도법은 배수가 제도육체를 언급하기 이전에 만들어진 지도 제작 기법이에요. 이 방법을 사용하면 지도의 모눈 한 칸이 100리인 축척이 되고, 가로세로 선은 남북 방향을, 좌우 선은 동서 방향을 나타내므로 방위도 정리되지요. 또 모눈의 주요 지점이 배치되므로 거리 또한 정확하게 표시할 수 있습니다.

한편 고하(高下), 방사(方邪), 우직(迂直)은 세부 지형과 관련된 지도를 작성할 때 중요한 요소인데요, 고하는 경사진 지형의 수평 거리를 구하는 방법이고, 방사는 교차하는 각도로 거리를 계산하는 방법이며, 우직은 곡선 구간에서 거리를 구하는 방법입니다. 이들 기법은 기하학의 방법론을 사용해 거리를 간접적으로 계산하는 방식인데, 다음 모식도를 보면 쉽게 이해할 수 있습니다.

우선 고하법의 경우, 다음과 같은 ABC로 된 지형

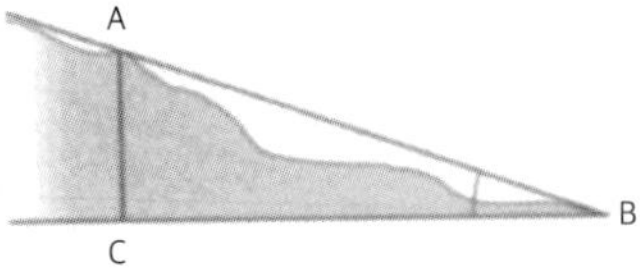

고하법으로 거리를 구하는 방법

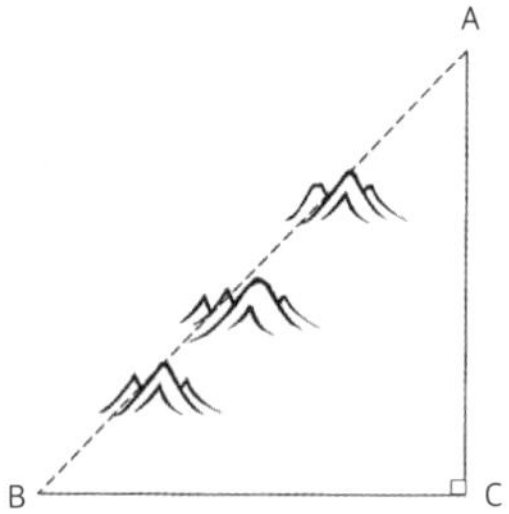

방사법으로 거리를 구하는 방법

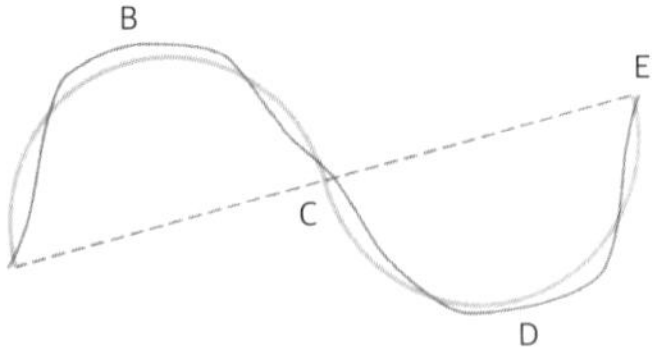

우직법으로 거리를 구하는 방법

이 있다고 생각해 봅시다. 여기에서 실제로 잴 수 있는 거리와 각도는 AB 간 거리와 CBA의 각도, CAB의 각도입니다. 이 세 가지 정보를 바탕으로 BC 간 거리를 구할 수 있습니다.

방사법의 경우, AC와 BC 간 거리를 알고 두 직선이 90도로 교차하면 AB 간 거리를 알 수 있습니다. 피타고라스 정리를 아는 분들이라면 이 방식 또한 이해하기 쉬울 겁니다.

우직법의 경우, 둥근 반원의 길이, 즉 ABC의 길이 또는 CDE의 길이를 알 때 직선거리 AC, CE 등을 계산하는 방법입니다.

이 세 가지 방식은 모두 기하학을 바탕으로 한 거리계산법이에요. 중국에서는 한나라(기원전 206년~기원후 220년) 때 수학이 발달했는데, 대표적인 수학 서적 『구장산술(九章算術)』, 『주비산경(周髀算經)』 등이 발간되어 천문 관측이나 토지 측량 때 널리 사용되었다고 알려져 있습니다. 이렇게 발달한 수학 기술이 배수의 제도육체에도 활용된 것으로 판단됩니다.

제도육체를 활용한 조선 시대 지도제작법

우리나라의 대표적인 지도인 『청구도』, 『대동여지도』 등은 배수의 제도육체를 활용해 제작했다고 알려져 있습니다. 나아가 이러한 육체론은 방격도법을 통해 구현될 수 있었기에, 방격도법을 활용한 지도는 제도육체에 따라 제작되었을 가능성이 높지요. 중국에서는 앞서 살펴본 '우적도'와 주사본의 『여지도』, 나홍선의 『광여도』가 방격도법을 적용하여 만들어진 대표적인 지도들입니다.

우리나라에서는 17세기부터 방격도법을 활용한 지도에 대한 기록이 남아 있습니다. 조선 시대 남구만(1629~1711년)의 '함경도지도'(1669년), 이이명(1658~1722년)의 '관동지도'(1687년), 최석항(1654~1724년)의 '영남여지도' 등을 한 눈금당 10리에 해당하는 방안을 활용해 작성했다고 보는 것이지요. 그리고 18세기에는 군현지도책에 본격적으로 방격도법이 활용되었는데, 대표적인 것이 신경준(1712~1781년)의 『동국여지도』입니다. 신경준은 이 지도에서 한 눈금이 20리에 해당하는 방격을 사용해 지도를 그렸습니다.

신경준의 『동국여지도』 계통 필사본 지도에 그려진 울릉도와 우산도

자료: 국립중앙도서관(소장처: 영국 국립도서관)

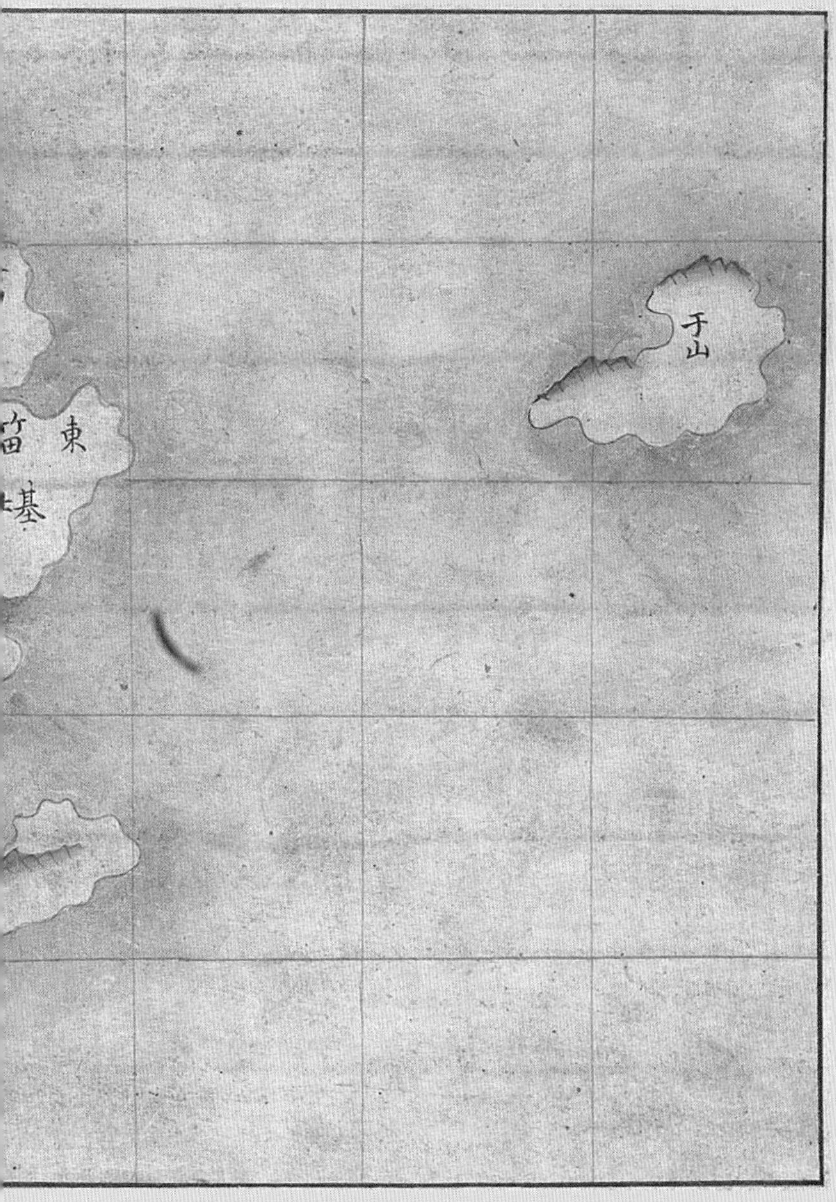

于山
東
基

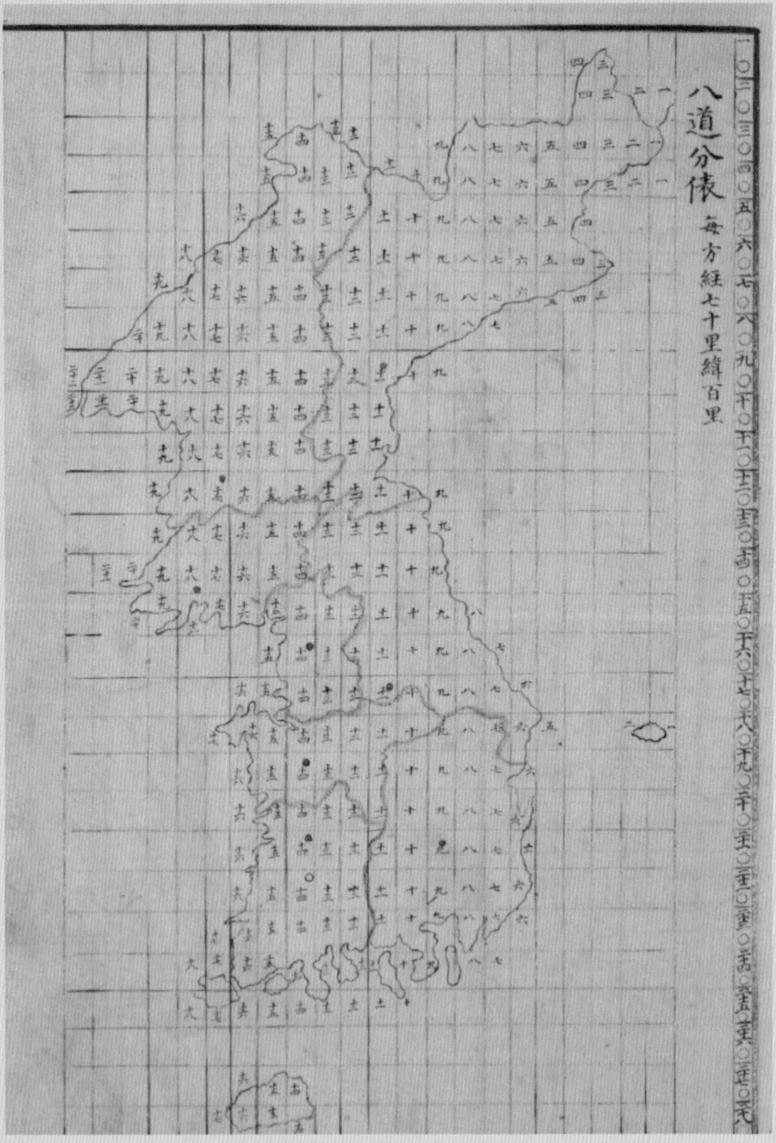

김정호의 『청구도』 계통 지도집 『동여도』에 그려진 팔도분표

자료: 고려대학교 민족문화연구원 해외한국학자료센터(소장처: 일본 동양문고)

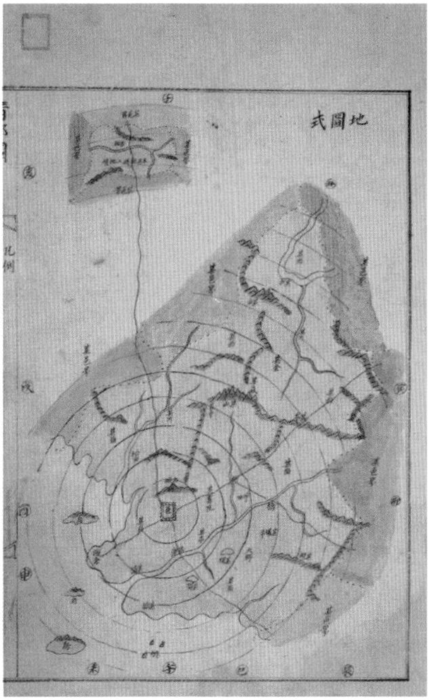

평환법 도식 자료: 국립중앙도서관

신경준이 활용한 방격법은 이후 19세기 들어서서 김정호가 제작한 여러 지도에도 나타납니다. 『청구도』에서는 남북 100리, 동서 70리 방격을, 『대동여지도』에서는 남북 120리, 동서 80리 방격을 사용했습니다.

방격법과 더불어 정확하게 지도를 작성하는 방법으로 평환법(平圜法)이 있는데, 김정호가 『청구도』를 작성하면서 활용한 이 평환법은 방격 방식으로 지도를 제작할 때 모서리 부분이 정면 부분보다 거리가 멀어 고르지 못한 점을 극복하려고 고안한 방식이었어요. 한 지점을 중심으로 사방을 12방위로 나누고 10리 간격으로 동심원을 그린 뒤 실측된 지형지물을 그려 넣는 방식이지요.

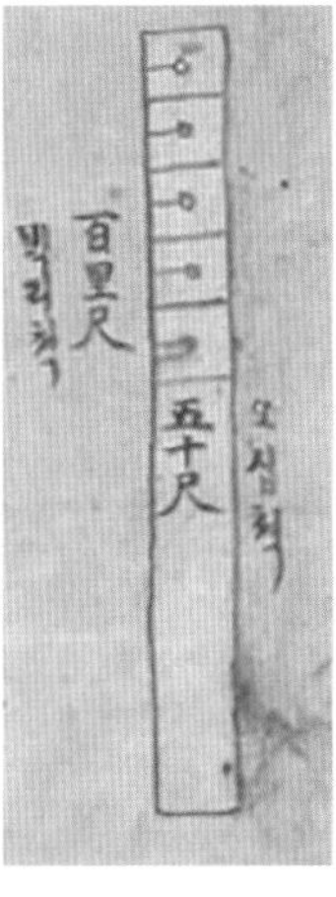

백리척

자료: 미국 스미소니언박물관

한편 지형의 높낮이에 따른 거리의 오차를 줄이기 위한 방식을 조선 시대의 유명한 지도학자 정상기(鄭相驥, 1678~1752년)가 사용한 바 있습니다. 그가 그린 '동국지도'는 조선에서 그려진 지도 중 실제와 매우 가깝게 그려진 최초의 지도로 알려져 있습니다. 그런데 그가 그린 지도와 그의 지도를 모사한 지도들에는 공통적으로 '백리척(百里尺)'이 그려져 있는데, 지도의 축척을 나타내는 데 활용한 것으로 보입니다.

정상기가 지도를 작성할 당시 평지의 경우 100리를 1척(尺)으로 하고, 산지의 경우 120~130리를 1척으로 상정하여 지도에 표시했다고 지도의 서문에 써 놓았습니다. 이는 산지 지역의 도로는 직선거리가 아니라 물길을 따라 나 있거나, 혹은 산지를 지나면서 높고 낮은 지역을 지나가는 까닭에 이 지역의 지점 간 통행거리가 실제 직선거리보다 긴 점을 염두에 두었기 때문이에요. 이 점은 정상기가 지도를 제작할 때 앞서 살펴본 고하, 방사, 우직 등과 같은 기법을 활용해 산지 지역의 지도를 그렸을 가능성을 보여 줍니다.

이 장에서는 중국의 지도 발달사, 배수가 작성한 제도육체, 조선의 지도 제작 기술을 간단히 살펴보았어요. 우리나라를 포함한 동아시아에서는 서구에서 개발한 지도 제작 기법이 들어오기 전에도 제도육체, 방격법, 평환법, 백리척 등 실제 지형을 나타내는 지도를 제작하는 방식이 다양하게 나타났다는 점도 확인해 보았습니다.

6장

메르카토르의 아틀라스

지도학의 황금기

'아틀라스(Atlas)'라는 단어는 서양에서 지도책 혹은 지도첩을 의미하며, 우리도 흔히 이러한 의미로 사용합니다. 사실 아틀라스는 그리스 신화에 나오는 인물의 이름이지요. 그는 신들의 왕이지만, 하늘을 지배하는 신 제우스에게 대항했다가 패한 뒤 하늘을 짊어지는 벌을 받게 되었습니다. 힘이 워낙 센 까닭에 제우스도 그를 완전히 제압할 수 없어 하늘을 떠받치게 했다고

하늘을 짊어진 아틀라스
자료: shutterstock

현재 베네룩스 3국과 주요 도시

자료: 구글맵스

합니다. 그러면 언제부터, 왜 아틀라스는 지도책을 의미하는 단어가 되었을까요? 이 장에서는 16세기 말부터 17세기 말까지 이어진 네덜란드의 지도책 제작 황금기를 살펴보면서 이에 대한 해답을 찾아보고자 합니다.

근대 아틀라스 탄생의 시대적 배경

흔히 베네룩스(Benelux) 3국이라 일컫는 네덜란드와 벨기에, 룩셈부르크는 역사적으로 저지대 국가(the Low Countries)로 불렸고, 16세기까지는 합스부르크 왕가의 지배를 받던 지역이에요. 이름 그대로 '낮은 땅으로 된' 곳이며, 스헬더강, 뫼즈강, 라인강 등의 하류에 위치해 있습니다. 네덜란드에 풍차가 많은 이유는 이 지역에 널리 분포한 저습지의 물을 배수하기 위해서지요.

16세기 초반 이 지역 남부의 안트베르펜(Antwerpen)은 해상무역으로 번성하기 시작했어요. 특히 이 도시에는 동인도 지역의 향신료와 아메리카 대륙의 은이 스페인을 통해 들어왔으며, 그 결과 16세기에 유럽에서 가장 부유한 도시로 자리매김하게 되었습니다. 그런데 이 저지대 국가는 합스부르크 왕가의 신교도 탄압 정책에 저항해 80년간(1567~1648년) 독립 전쟁을 한 결과, 저지대 국가 17개 주 가운데 북부의 7개 주가 독립하여 네덜란드 연방 공화국이 되었고, 나머지 10개 주는 합스부르크 왕가의 스페인 왕인 펠리페 2세의 치하에 남았습니다. 종교를 기준으로 저지대 국가가 두 지역으로 분리된 것이지요.

독립 전쟁 동안 저지대 국가의 부유한 상인층 신교도 중 다수가 북부 지역으로 이주하면서 무역 중심지가 남부 안트베르펜에서 북부 암스테르담으로 이동했지요. 특히 암스테르담은 발트해의 곡물이 밀려들면서 유럽 최대 밀 집산지로 변모했고, 이베리아반도와 함께 북대서양 화물 무역의 중심지가 되었습니다. 신교도들이 모여든 네덜란드에서는 지식 개방성을 장려했고, 학문에 높은 가치를 두었습니다.

특히 교육을 중시하는 분위기가 만연했고, 엘리트뿐만 아니라 일반 서민에게도 영향을 주어 하녀도 글을 읽을 수 있을 정도로 교육 수준이 높았습니다. 그 결과 네덜란드는 당시 유럽에서 영국, 프랑스와 함께 사상의 중심지로 급부상했습니다. 암스테르담과 레이던(Leiden)이 중요한 학술도시였는데, 특히 레이던은 독립전쟁 당시 중요한 전장이었던 까닭에 심하게 파괴된 상태였어요. 이를 보상하고자 네덜란드 정부에서 대학을 설립해 주고 많은 재정을 지원한 덕에 레이던대학은 유럽 최고의 대학으로 성장했지요.

이와 더불어 네덜란드에서는 지리학이 필수 학문이 되었는데요, 15세기 청어 가공 산업으로 발전하기 시작한 네덜란드는 이후 17세기 동인도회사(VOC: Vereenigde Oostindische Compagnie)가 탄생하면서 전성기를 맞았습니다. 학계의 연구에 따르면 역사적으로 이 회사보다 전 세계적으로 막강한 영향력을 가진 회사는 없었다고 해요. 독자적인 화폐를 사용하고, 전쟁을 수

행할 수 있는 권한까지 국가로부터 받은 동인도회사는 전성기에 직원이 5만 명, 군인이 1만 명에 이를 정도였지요. 또 선박은 유럽 전체 상선의 60%인 1만 5,000척이나 보유했다고 하니 그 규모가 우리의 상상을 초월합니다.

무역의 범위는 유럽뿐만 아니라 아프리카를 거쳐 동남아시아에 이르렀고, 인도네시아의 자바에는 무역 거점을 직접 건설했으며, 일본 나가사키의 데지마(出島)에 독점적인 무역장도 확보했습니다. 이 회사는 해상무역을 기본으로 했기에 항해와 관련한 조선업, 항해술 등에서 뛰어난 기술을 지니고 있었습니다. 특히 안전하게 항해하려면 정확한 지도가 필요했지요. 암스테르담에는 네덜란드 동인도회사의 본사가 있었고, 세계 각지의 지리 정보가 모이는 곳인 덕에 뛰어난 지도 제작자가 많았습니다.

더불어 이 도시는 인쇄 산업의 중심지였습니다. 유럽에서 유일하게 출판을 자유롭게 할 수 있었기에 기존의 철학, 과학, 신학 체계를 뒤집는 책자가 다수 발간되었어요. 루터파로 대표되는 신교도들의 인쇄물과 기존의 천동설을 뒤집는 코페르니쿠스(Copernicus, 1473~1543년)의 지동설(태양중심설)을 알리는 책자 등이 대표적입니다. 정치적, 종교적으로 자유로운 분위기에 경제적인 여유까지 더해져 네덜란드는 문화의 중심지로 성장해 갔으며, 지도 책자 『아틀라스』는 이러한 네덜란드의 문화적 성장을 상징하는 대표적인 물품이 되었습니다.

최초의 근대적인 지도책 『세계의 무대』

아브라함 오르텔리우스(Abraham Ortelius, 1527~1598년)는 저지대 국가의 남부 지역인 안트베르펜 출신 지도채색가였습니다. 그는 유럽의 여러 나라를 여행하면서 다양한 학자와 교류했는데요, 특히 헤라르뒤스 메르카토르(Gerardus Mercator, 1512~1594년)와는 1554년 프랑크푸르트 도서박람회에서 만난 이후 1560년에는 장기간 여행을 함께하며 깊은 우정을 쌓았습니다. 그리고 여행 이후에는 지도제작자로 변신했습니다.

오르텔리우스는 1570년에 세계 최초의 근대적인 아틀라스인 『세계의 무대(Theatrum Orbis Terrarum)』를 선보이면서 지도제작자로 이름을 알렸습니다. 초판은 동시대에 새롭게 발견된 지리적 지식에 기초해 지도 53장을 엮어 작성한 것이었어요. 기존의 지도를 체계적으로 갱신하고 확대한 것인데, 지도와 텍스트를 동일한 스타일과 크기로 재단한 후 대륙, 지역, 주 단위로 배열하여 한 권으로 통합한 점에서 독창적이었습니다.

아울러 지도 각각에 대한 설명을 지도 뒷면에 넣었습니다.

초판은 라틴어였고 이후 1571년 네덜란드어, 1572년 독일어와 프랑스어, 1606년 영어, 1608년 이탈리아어로 출판했습니다. 이 지도책에는 오르텔리우스가 참조한 지도제작자의 이름이 함께 적혀 있는데, 1570년 초판에는 87명, 1603년판에는 183명이었습니다. 이 지도책은 대단한 성공을 거두어 초판 발행 이래 1598년까지 2,200부가 판매되었고, 이러한 성공 덕에 오르텔리우스는 1575년 스페인 왕실 지리학자로 임명되었습니다.

루벤스가 그린 오르텔리우스 초상

자료: 위키피디아

오르텔리우스의 『세계의 무대』(1570년) 권두 삽화

자료: 미국 의회도서관

『세계의 무대』에 실린 세계지도

자료: 위키피디아

오르텔리우스가 만든
이 지도는 기존의 지도를
체계적으로 갱신하고 확대하는
성과를 보여 주었다.

뒷면에는 각 지도에 대한 설명이
적혀 있다.

지도 53장을 엮었는데 각각의 지도와
텍스트를 동일한 스타일과 크기로 재단한 뒤
지역별로 배열하였다.

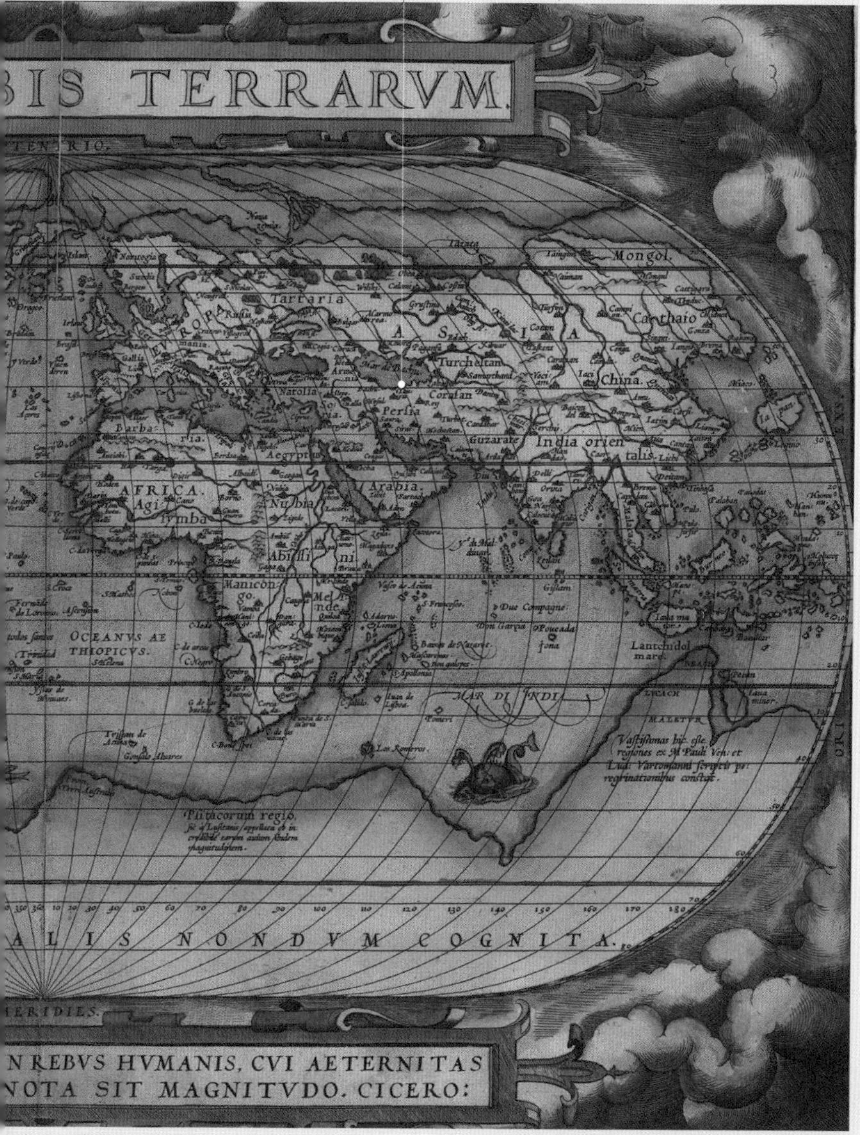

지도책을 의미하게 된 『아틀라스』

헤라르뒤스 메르카토르는 오늘날 벨기에의 루펠몬데(Rupelmonde)에서 1512년 태어났습니다. 우주형상학자, 지리학자, 철학자, 수학자, 도구제작자, 판화가였던 메르카토르의 어릴 적 이름은 헤라르트 더 크레머르(Gerard de Cremer)이며, 이후 네덜란드식으로 헤라르뒤스 메르카토르로 불렸습니다.

그는 1530년 루뱅대학에서 기하학, 천문학, 지리학을 수학했고, 1534년부터는 헤마 프리시우스(Regnier Gemma Frisius)에게서 지도제작자로서의 학문적 지식과 경험을 쌓았어요. 1537년에는 6장으로 된 팔레스타인 지도를 시작으로 본격적인 지도 제작에 나섰지요. 이후 1540년에 제작한 세계지도로 스페인 국왕 카를로스 1세에게 인정받아 당대 최고의 지도학자 반열에 올랐습니다.

그러나 1552년 이단으로 오해를 받아 박해를 받은 이후 윌리히 클레베 베르크 공국(Jülich-Kleve-Berg, 현재의 독일 뒤스부르크)으로 이주했습니다. 1554년에는 15도폭 대유럽 지도를 출판했는데, 이는 종래의 지도를 대폭 수정한 것이었어요. 이후 1564년에 빌헬름 공작의 궁정 천문학자로 임명되었고, 1569년에는 대양 항해에 어려움을 겪고 있던 항해인들을 위해 메르카토르

도법을 개발해 18도폭 세계지도를 그렸습니다. '항해용에 적합하도록 제대로 구성한 새로운 세계전도(Nova et Aucta Orbis Terrae Descriptio ad Usum Navigantium Emendate Accommodata)'가 바로 그것입니다.

메르카토르가 살았던 16세기에 작성된 일반적인 지도들은 방향, 거리, 육지의 형태, 경위도 등이 모두 부정확하다는 문제점이 있었어요. 메르카토르는 이러

메르카토르의 초상
자료: 위키피디아

한 문제점을 지닌 해도를 개선하고자 '정각도법', 즉 지구상 두 지점 간 각도가 정확하게 표현되는 도법을 세계 최초로 고안했습니다. 메르카토르 도법 지도는 경도선과 위도선이 모두 90도, 즉 직각으로 교차합니다. 그리고 경도선의 경우 동일 간격으로 지도상에 모두 표시되지요. 그렇지만 위도선은 적도를 기준으로 남쪽과 북쪽으로 위도가 증가할수록 위도 간 간격이 점차 늘어나고, 끝에 위치한 위도선은 간격이 무한대가 되기 때문에 남극과 북극 표시를 할 수 없습니다. 실제 메르카토르가 그린 이 지도에는 북쪽으로 북위 80도까지만 표시되어 있고 남쪽으로는 남위 60도까지만 그려져 있습니다.

3차원의 구인 지구를 2차원인 평면에 표시하게 되면 어떤 지도든 틀린 부분이 나오게 되지요. 방향, 거리, 면적 등이 대표적으로 왜곡되는 요소인데, 메르카토르 도법은 정각도법, 즉 지구상의 어느 지점 간의 각도도 정확하게 표현하는 지도투영법입니다.

그러면 항해사들에게는 방향 혹은 지점 간 각도가 왜 중요할까요? 당시 항해에는 나침반이 필수였습니다. 그래서 방향이 정확하게 기재된 지도가 있을 경우 나침반을 활용해서 원하는 지역에 큰 어려움 없이 정확하게 도달할 수 있었어요. 그래서 이 도법으로 만들어진 지도는 항해자들에게 혁신적이었고 인기를 끌게 되었던 것이지요. 이 도법으로 만들어진 지도는 메르카토르 사후인 17세기부터 본격적으로 인기를 끌었고, 이후 19세기에는 학교 교실 벽면에 걸리기까지 했습니다.

그럼에도 불구하고 이 도법으로 만들어진 지도에는 거리나 육지의 면적이 왜곡되는 문제점이 있었습니다. 특히 육지 면적의 왜곡과 관련해 20세기 후반 독일의 역사학자 페터스는 메르카토르 도법을 활용한 지도가 유럽을 비정상적으로 크게 보이게 하는 유럽 제국주의를 상징하는 도법이라고 주장한 바 있습니다. 이러한 한계점이 있기는 하지만 현재 대표적인 전자 지도인 구글 지도 등 다수의 전자 지도에까지 활용될 정도로 이 도법은 전 세계적으로 가장 널리 사용되는 대표적인 지도투영법입니다.

메르카토르는 1590년 뇌졸중으로 쓰러진 뒤 1594년 82세로 작고했는데, 사후인 1595년 그의 아들 뤼몰트(Rumold) 메르카토르가 102도엽으로 구성된 지도첩 『아틀라스 혹은 창조된 우주와 우주의 만물에 관한 우주지학의 성찰(Atlas sive Cosmographicae Meditationes de Fabrica Mundi et Fabricati Figura)』을 출판했어요. 이 지도책은 1560년대부터 30년간 이어진 우주형상학 연구의 마지막 작업이었는데, 학문적으로 완벽한 지도를 제작하고 싶었던 메르카토르의 성과를 그 아들이 마무리한 것입니다.

메르카토르 도법이 적용된 세계지도

1569년, 자료: 위키피디아

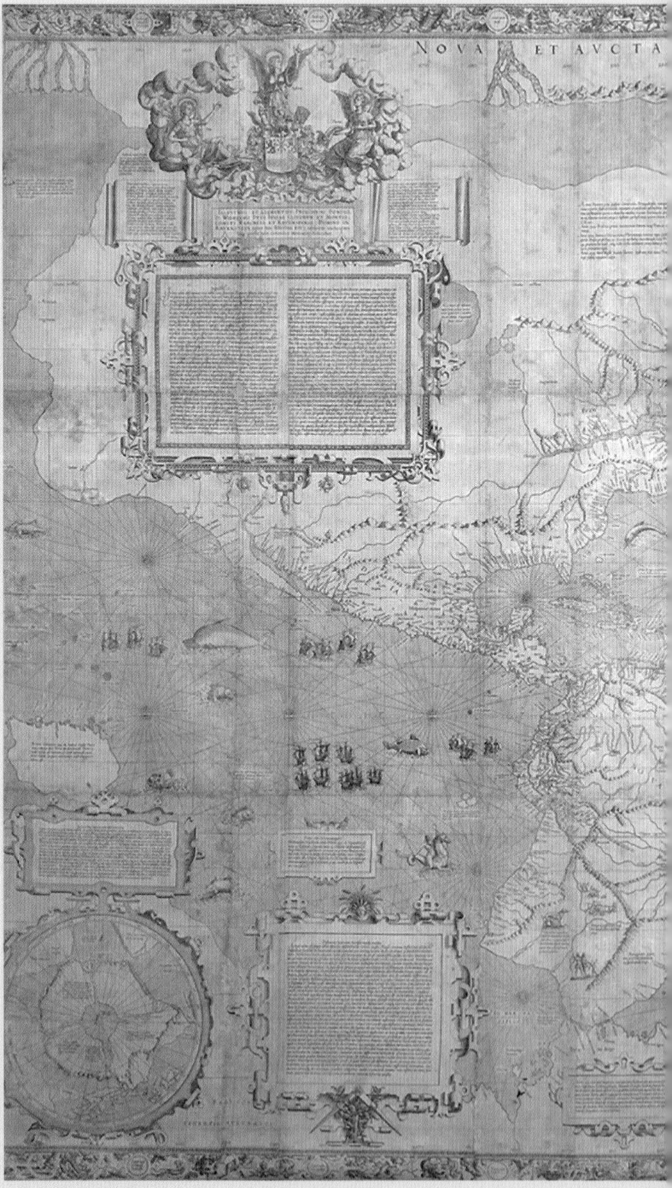

메르카토르 도법은 정각도법, 즉 지구상의 어느 지점 간의 각도도 정확하게 표현하는 지도투영법이다. 오늘날의 구글 지도에까지 활용될 만큼 전 세계적으로 널리 사용되고 있다.

지도집『아틀라스』의 권두 삽화

자료: 위키피디아

비록 근대적인 의미의 지도책 혹은 아틀라스는 오르텔리우스가 만들었지만, 메르카토르의『아틀라스』는 이보다 훨씬 더 혁신적이었어요. 아울러『아틀라스』

의 지도 배치와 차례는 이후에 작성된 지도 책자들에 모범이 되었고, 결국 메르카토르의 『아틀라스』가 프톨레마이오스의 『지리학』을 대체하게 되었지요. 이러한 이유로 '아틀라스(Atlas)'는 지도책을 의미하는 보통명사로 굳어지게 되었습니다.

메르카토르의 명성을 잇고자 한 혼디우스 가문

오늘날의 벨기에 플랑드르 지역에서 태어난 요도쿠스 혼디우스(Jodocus Hondius, 1563~1612년)는 판각사 겸 지구본 제작자로 활동했습니다. 1584년 종교 박해를 피해 영국 런던으로 건너가 그곳에서 결혼했고, 1593년 네덜란드 암스테르담으로 이주한 때부터 본격적인 지도제작자로 변신했습니다.

그는 1604년 레이던에서 열린 경매에서 메르카토르의 『아틀라스』 동판을 구매했고, 이 동판에 자신이 새로 그린 지도 37장을 더해 지도 총 144장이 담긴 『메르카토르-혼디우스 아틀라스』를 발간했습니다. 이 지도책은 발간 즉시 큰 인기를 끌었고, 혼디우스가 지도제작자로 이름을 알리는 계기가 되었지요.

그는 이후 1612년까지 아홉 가지 판본을 라틴어,

『아틀라스』 내 세계지도

자료: 위키피디아

...IOSA DESCRIPTIO

...mmo, in veteris amicitię ac familiaritatis memoriā Rumoldus Mercator fieri curabat A°. M.D.LXXXVII.

...roprio motu, anno uno eclypticam permeat obliquè æquinoctialem secans & ad 23. cum
...ie utrumq; polum recedens, ubi tropici Cancri & Capricorni notantur. Meridiani sunt
...ectionem quamuis & polis mundi descripti, ideo Meridiani dicti, quod in illo constitute
...ui sub eodem in eodem hemisphærio duobus polis terminato habitant.
...tationis quæ ut accidentis in regiones & diuersas sphæræ partes afferant, inde. Meridia
...& longitudinis siue horarum differentiam duorum quorumlibet locorum indicant. Con-
...bit initium longitudinum in meridiano qui per occidentalissimam insulam Canariarum
...entem longitudinem computant, quia proprius astrorum motus per quem longitudinem
...casu in ortum tendit. Differentia autem longitudinis duorum locorum, ex distantia meri
...æquinoctiali parte fit, cognoscitur. Vt si Meridiani illorum 30. gradibus in æquatore à se
...tia longitudinis eorum 30. graduum, & duarum horarum differentia, ita ut cum in occi-
...ma, in orientali erit duodecima, duabus enim horis sol ab orientaliori meridiano perue-
...dentem motu diurno, etenim 24. horis totum globum terræ ambit. Præterea dividuntur
...quem ad modum æquinoctialis, & numerantur ab æquinoctiali utrimque ad polum 90.
...rcticum designant latitudinem boream, versus Antarcticum uero meridionalem, et quot
...demq; hemisphærio polis terminato sunt loca diuersæ latitudinis eandem semper eadem
...at cum unus computat horam 8. cum dimidia, reliqui omnes tantundē numerant. Par al-
...res uocant, quatenus planities non per centrum mundi transit) à Meridiani gradibus

designantur latitudinem, sic tropici duo, Cancri & Capricorni, gradum latitudinis 23. cum dimidio in meridianis omnibus occupant. Arcticum autem & Antarcticum circuli 66. cum dimidio, qui circuli zonas quinq; comprehendunt, inter duos tropicos sitam torridam uocant, quod sol perpetuo supra eã versans omnia distorreat & intensum calorem afferat, duæ inter tropicos et Arcticũ Antarcticumq; temperatæ dicuntur, quod medio modo inter calidissimam & frigidissimam se habeant, reliquæ intra Arcticũ una, & intra Antarcticum altera frigidæ sunt atque à sole remotissimæ. Rursum quia in diuersa latitudine etiam diuersa sit quantitas diei utriusq;, distinxerunt uniuersam latitudinem ab æquinoctiali ad polũ usq; per certos aliquot Parallelos, in quibus primus latitudinis notat in qua maxima dies maximaq; nox super perpetuam æqualitatẽ, quæ est in æquinoctiali quadrante unius horæ crescit, secundus illam in qua dimidia hora, tertius in qua tribus quadrantibus et sic deinceps donec parallelorũ interuallis per semihoras tantum differentias consideret, tandem etiam per horas integras, dies, hebdomadas, menses, ita ut sub polo unus tantum dies unaq; nox totum annũ emetiantur. Inter hos parallelos constituerunt Veteres quinq; spacia quæ climata appellarunt, primum à tertio parallelo ad quintum usq;, secundum hinc ad 7. tertium ad 9. quartum ad 11. quintum ad 13. Hucusq; putabant orbem habitari, ulterius non propter intensius frigus, ab æquinoctiali etiam usque ad tertium utrimq; parallelum (quod est medium torridæ zonæ) propter nimium æstum inhabitabilem credebant, posteriores tria climata versus polum addiderunt, at tandem inuentum est totam undique terram habitabilem esse, & sub æquinoctiali temperatiorem opinione calorem esse propter breuem Solis præsentiam, ut qui perpetuo 12. tantum horis supra horizontem manet, in frigidissima autem zona propter longissimos dies æstate calidiorem opinione æstem esse, noctuq; propter uentorum raritatem ac debilitatem minus infrigidari. Vale & fruere.

『메르카토르-혼디우스 아틀라스』에 수록된 메르카토르와 혼디우스 초상

자료: 위키피디아

프랑스어, 독일어, 영어, 이탈리아어로 출간했고, 소책자 형태 아틀라스인 『소아틀라스(Atlas Minor)』도 발간했습니다. 특히 『소아틀라스』의 프랑스어 버전에는 지도기호를 사용한 세계 첫 주제도가 포함되었는데, 세계의 종교 분포를 나타낸 지도였습니다.

1612년 그가 사망한 후 두 아들과 사위가 가업을 이어받았는데요, 특히 사위 요하네스 얀소니우스(Johannes Janssonius, 1588~1664년)는 17세기 중반까지 꾸준히 지도를 제작했습니다. 1646년 4권짜리 지도첩을 만들었고, 1650년 해도집(海圖集)을 추가했으며, 1658년에는 지도첩 총 6권을 완성했어요. 여기에는 지도 450점이 포함되었습니다.

혼디우스에서 얀소니우스로 이어지는 혼디우스 가문은 뒤에서 설명할 블라우 가문과 17세기 초반 동안 치열하게 지도집 제작 경쟁을 벌였고, 이러한 경쟁은 17세기 네덜란드의 지도학 황금기를 상징합니다. 그러나 1664년 얀소니우스가 사망함과 동시에 이러한 경쟁은 마감되었습니다.

명예와 부를 위해 제작한 『대아틀라스(Atlas Maior)』

블라우 가문에서는 빌럼 얀스존 블라우(Willem Janszoon Blaeu, 1571~1638년)가 지도를 제작하기 시작했어요. 청어 산업으로 부자가 된 집안에서 태어난 빌럼은 천문학과 수학에 재능이 있었습니다. 1594년 덴마크의 휀섬(Hven Island)에서 6개월간 천문학자 티호 브라허(Tycho Brahe)의 조수로 활동하면서 천문학, 지도학, 측지학, 관측기구 제작 등을 공부했고 이후 암스테르담으로 이주해 지구본과 관측기구를 제작하는 일을 했습니다.

『소아틀라스』에
실린 최초의
종교 주제도

자료: Courtesy,
The Barry
Lawrence
Ruderman
Collection,
David Rumsey
Map Center,
Stanford
Libraries

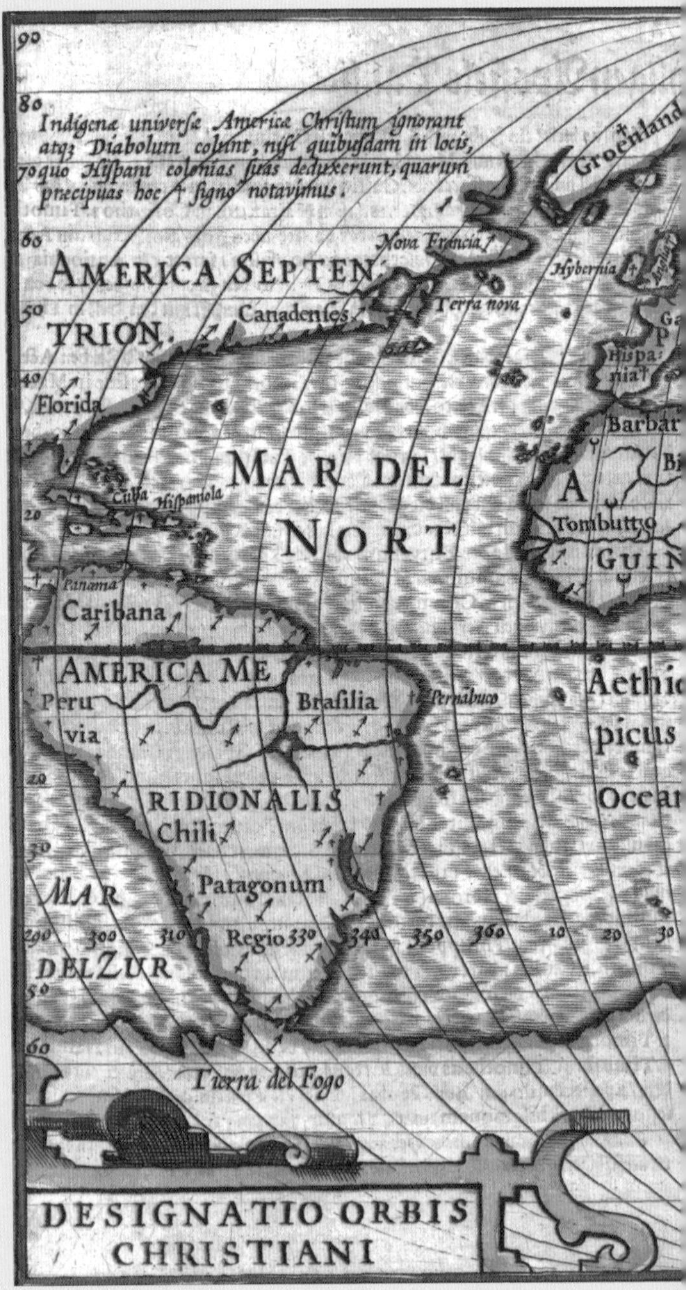

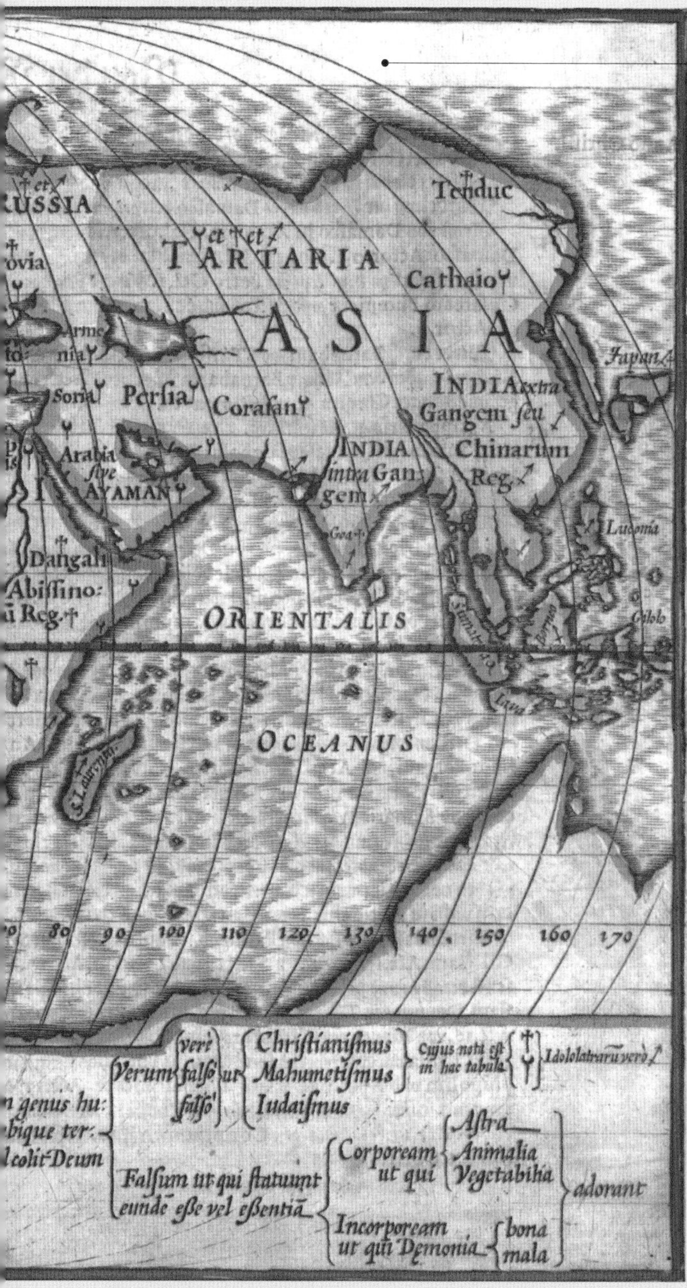

혼디우스는 『메르카토르-혼디우스 아틀라스』를 발간한 후, 소책자로 『소아틀라스』를 발간했다. 이 책자에는 세계의 종교 분표를 보여주는 지도도 있다.

빌럼 블라우는 1612년 요도쿠스 혼디우스 사망 이후 그가 쓰던 동판 37개를 입수하면서 지도 제작 사업에 뛰어들었고, 1621년에는 네덜란드 의회가 부여한 지도 발행 특권과 지도 동판을 발타사르 플로리스 판 베르켄로더(Balthasar Florisz van Berckenrode)로부터 인수했어요. 1629년에는 요도쿠스 혼디우스의 아들인 요도쿠스 혼디우스 2세의 동판 40개를 추가로 사들였습니다. 여기에 자신이 제작한 지도 23장을 합쳐 1630년 블라우 가문 최초의 지도집 『아틀란티스 어펜딕스(Atlantis Appendix)』를 완성했습니다. 이 지도집은 메르카토르와 혼디우스의 지도책을 보완한 형태였어요. 이는 빌럼 블라우를 저명한 지도제작가로 만들어 주었고, 그 결과 1632년 네덜란드 동인도회사의 공식 지도제작자가 되었습니다.

네덜란드 동인도회사의 공식 지도제작자가 되면 명예와 부를 모두 가질 수 있었는데, 네덜란드에서 제일가는 지도제작자라는 명예뿐만 아니라 네덜란드 동인도회사가 사용하는 지도를 독점으로 납품하는 이권 또한 얻을 수 있었지요. 한편 1635년에는 빌럼 블라우의 아들 요안 블라우가 진두지휘해 『세계의 무대 혹은 신 아틀라스(Theatrum Oribis Terrarum sive Atlas Novus)』라는 명작을 제작했습니다.

요안 빌럼스 블라우(Joan Willemsz Blaeu, 1598~1673

빌럼 얀스존 블라우 초상

자료: 위키피디아

요안 빌럼스 블라우 초상

자료: 위키피디아

년)는 1620년 레이던대학에서 법학 박사 학위를 받았고, 1631년부터 지도 제작에 본격적으로 합류한 이후 1635년에는 『세계의 무대 혹은 신 아틀라스』 제작에 중추적 역할을 했습니다. 가업이 번성하자 요안 블라우는 1637년에 지도 작업장을 확장 이전했는데, 지도 전용 인쇄기 6대를 포함해 인쇄기를 총 9대 설치하고, 40명이 넘는 인쇄작업자를 고용할 정도였지요.

1638년 아버지 빌럼 블라우가 사망하고 나서 그는 네덜란드 동인도회사의 공식 지도제작자 자리를 이어받았습니다. 이 지위는 명예와 부는 물론 최신 지리 정보를 독점적으로 확보할 수 있게 해 주었어요. 예를 들면 네덜란드 동인도회사 소속 선박의 항해 기록과 해도를 자유롭게 열람할 수 있었습니다. 그러한 이점 덕에 요안 블라우는 그가 작성하는 지도에서 남아메리카 남단과 뉴질랜드를 정확하게 묘사할 수 있었고, 오스트레일리아 서해안과 태즈메이니아를 표시한 세계지도를 최초로 제작할 수 있었습니다.

아울러 1650년에는 암스테르담 시의회 의원이 되었고, 도시 수비대 대장으로도 임명되었어요. 이처럼 그는 높은 지위를 발판 삼아 저명한 예술가들과 폭넓게 교류했고, 이들에게 도움을 받아 예술적으로 수준 높은 지도를 제작했습니다. 여타 지도제작자와는 차별화된 전략이라고 할 수 있는데, 그 정점이 바로 1662년 제작된 『대아틀라스(Atlas Maior)』입니다.

『대아틀라스』는 라틴어판(1662~1665년, 11권 593매)을 시작으로 프랑스어판(1663~1667년, 12권 596매), 네덜란드어판(1664~1665년, 9권 600매), 독일어판(1667년, 9권 612매), 스페인어판(1659~1672년, 10권 544매) 등 다양한 언어로 제작되었어요. 이 지도책은 정교한 활판인쇄, 우아한 장식, 화려한 색채, 고급스러운 제본으로 제작돼 당시에 출판된 다른 책들을 압도했습니다. 이러한 까닭에 네덜란드 정부에서는 유럽의 국왕들에게 제공하는 선물로 사용했는데, 신성로마제국의 레오폴트 1세, 프랑스의 루이 14세뿐만 아니라 오스만 술탄에게

『대아틀라스』

자료: 네덜란드 위트레흐트대학교 도서관

특별 제작된 보관함과 『대아틀라스』

자료: 세계지도학회

까지 전달되었지요. 이 지도책은 현재의 화폐 가치로 3만 달러(2022년 7월 기준 환율로 약 3,900만 원) 정도여서 당시에는 부유한 신흥 엘리트층인 정치인, 외교관, 상

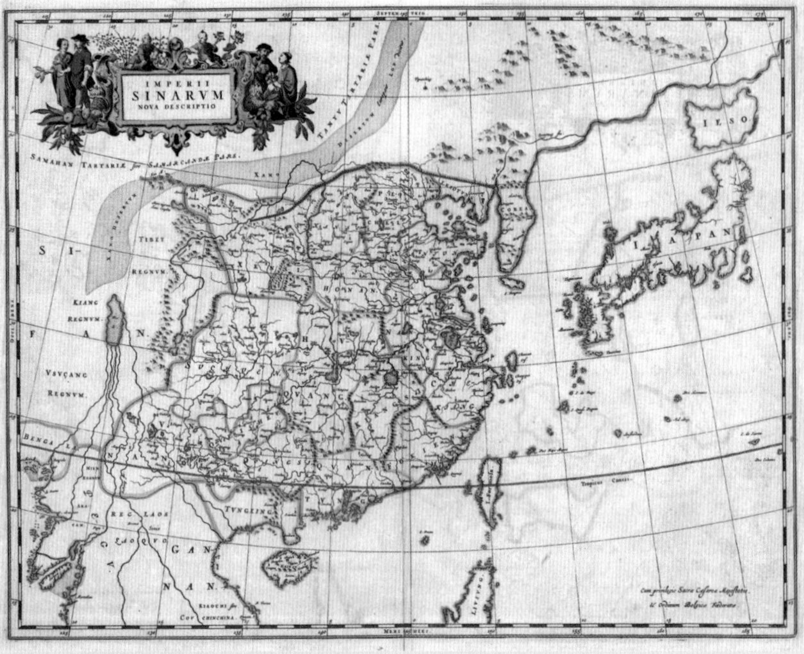

『대아틀라스』에 실린 중국 지도(상)와 일본 지도(하) 속의 한반도 자료: 서울역사박물관(상), 국립해양박물관(하)

인, 금융업자만 구매할 수 있었습니다. 그러나 비싼 가격에도 불구하고 이 책이 지닌 상징성 때문에 불티나게 팔렸습니다.

그러나 이 지도책의 화려함 이면에는 여러 가지 문제점도 있었습니다. 정확한 지리 정보를 제공한다는 본래의 기능은 등한시한 채 지도의 수와 크기, 외양과 장식에만 치중한 점이 그렇습니다. 17세기 초반에 작성된 지도를 그대로 수록하기도 했고, 독일 지도는 96장 중 29장만 새로 그린 것이었어요. 결국 신흥 부르주아 계층의 허영심과 욕망을 반영하여 만들어진 작품이었던 것이죠.

이러한 까닭에 지도학계에서는 『대아틀라스』가 학술적으로 큰 의미가 없다고 평가하기도 하는데요, 그러나 이와 같은 평가에도 불구하고 『대아틀라스』가 당대에 가장 많은 지도를 수록한 비싸고 화려한 책자였다는 사실은 분명합니다.

16세기 중반 아브라함 오르텔리우스와 헤라르뒤스 메르카토르로부터 시작된 네덜란드 지도학의 황금기에 이어 혼디우스 가문과 블라우 가문 간 지도집 제작 경쟁이 붙으면서 전성기를 누렸지만, 17세기 말 인쇄소 화재로 블라우 가문이 몰락하면서 지도학의 황금기도 서서히 저물었습니다. 비록 한 세기 만에 네덜란드의 지도학 황금기는 마감되었지만, '아틀라스(Atlas)'

가 근대적 지도집을 의미하는 보통명사로 굳어진 것과 메르카토르 도법이 현재까지도 지구를 표현하는 지도 투영법의 대명사로 가장 널리 사용되는 점은 네덜란드 근대 지도학이 남긴 유산이라고 할 수 있습니다.

7장

카시니의 프랑스 지도

지도는 어떻게 국가를 완성하는가

국가를 운영하는 데 있어 지도는 매우 중요한 역할을 합니다. 지도는 국가의 안전 확보와 효율적 운영이라는 두 가지 측면에서 중요하지요. 첫째, 국가의 안전에는 국방을 예로 들 수 있습니다. 전쟁 수행 시 전황 파악, 작전 계획 수립 등에 있어서 지도는 필수적인 매체

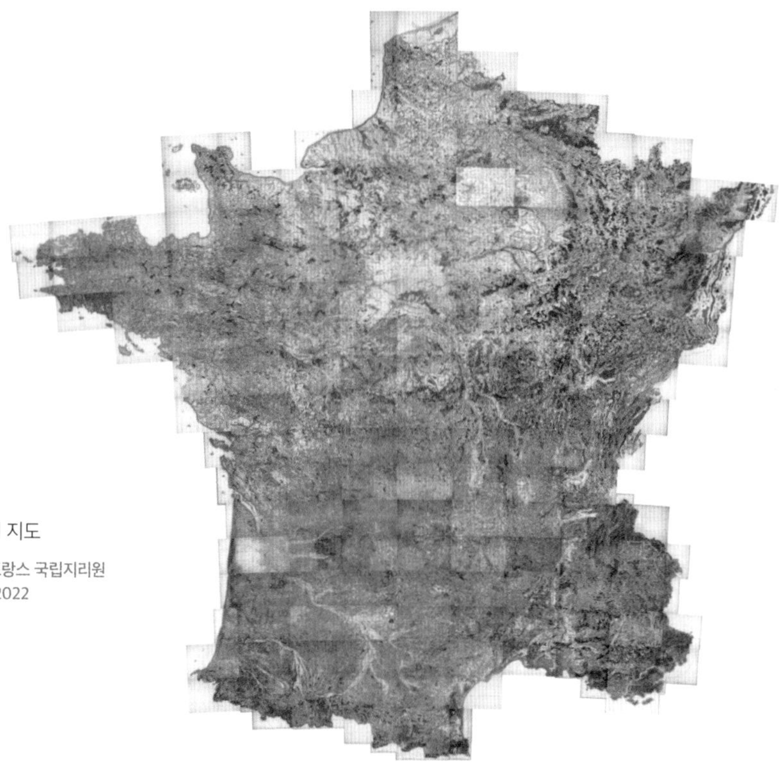

카시니 지도

자료: 프랑스 국립지리원
©IGN 2022

입니다. 평화 시에도 사고와 화재 등의 위치를 정확하게 파악하여 경찰이나 소방관이 문제를 해결하는 데 도움을 주고요. 둘째, 국가의 효율적 운영에 필요한데, 국토 계획과 도시 계획을 예로 들 수 있습니다. 도로나 다리, 상하수도 등 국가의 기반 시설을 확충하는 일뿐

카시니 지도 중 파리와
베르사유 궁전 일대

자료: 프랑스 국립지리원
©IGN 2022

아니라 토지 용도를 설정하고 도시를 건설하는 과정에서 지도가 필수적으로 사용됩니다.

그 외에도 다양한 이유로 각국에서는 '국가 기본도'라고 부르는 지도를 작성하고 있습니다. 이번 장에서 살펴볼 카시니의 프랑스 지도는 세계 최초로 만들

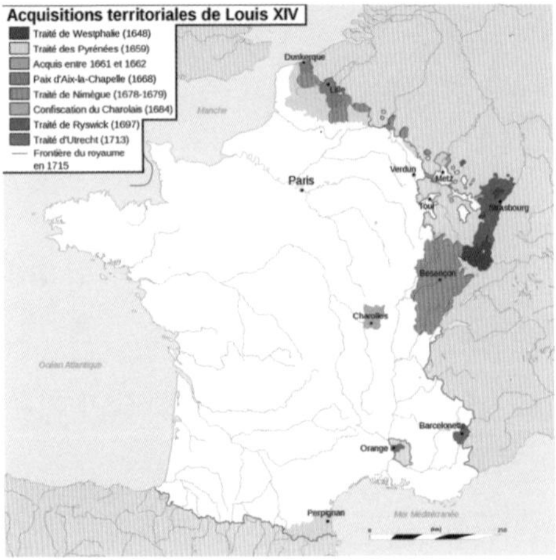

헤라르트 테르 보르흐(Gerard ter Borch)가 그린 베스트팔렌 조약 비준 광경

자료: 위키피디아

루이 14세 치하 프랑스의 영토 확장

자료: FlyingPC

어진 국가 기본도입니다. 카시니 가문을 중심으로 만들어서 '카시니 지도'라고 불리는 이 지도가 무슨 이유로, 어떻게 만들어졌는지 살펴보겠습니다.

영토 전쟁에 필요했던 카시니 지도

1648년 체결된 베스트팔렌 조약(Westfalen Friede)은 최초의 근대 조약이자 국제법의 출발점이라고 불립니다. 이 조약이 체결되면서 신성로마제국은 와해되었고, 합스부르크 왕가는 유럽 맹주의 지위를 상실했으며, 스페인도 몰락했지요. 그 대신 네덜란드와 스위스는 독립했고, 프랑스와 스웨덴은 영토를 확장하게 되었습니다. 아울러 루터파와 칼뱅파 개신교가 가톨릭과 동등한 국제법적 지위를 얻었습니다. 즉 가톨릭 중심이던 중세 질서가 와해하면서 종교개혁이 완결되고, 국가 간 경계가 전면적으로 재편되면서 유럽 근대국가 체제의 기틀이 마련되었습니다.

콜베르 초상화 자료: 위키피디아

카시니 지도와 관련하여 베스트팔렌 조약은

루이 14세 초상화
자료: 위키피디아

두 가지 측면에서 중요한 의미를 지닙니다. 첫째는 프랑스가 이 조약을 통해 영토를 확장하게 되었다는 점이며, 둘째는 조약을 체결하면서 지도상에 국경선을 그리기 시작했다는 점입니다. 베스트팔렌 조약을 맺던 당시 프랑스의 국왕은 루이 14세였고, 그는 이 조약을 맺음으로써 알자스 지역 일부를 점령했어요. 그가 생존한 동안 프랑스는 북부와 동부 지역 영토를 확장했는데, 많은 전쟁을 거치면서 평생 프랑스의 영토를 확장해 나간 루이 14세에게는 정확한 지도를 작성하는 일이 군사적인 측면에서 매우 중요했습니다.

루이 14세의 재무장관이었던 장 바티스트 콜베르(Jean-Baptiste Colbert, 1619~1683년)에게는 더 많은 이유로 프랑스 전역을 세세히 다룬 지도가 필요했습니다. 그는 국가가 부강하려면 수출을 많이 하고 수입을 억제하여 부를 축적해야 한다고 생각했는데, 일종의 보호무역주의를 담은 중상주의(重商主義)를 신봉한 사람이었어요.

콜베르는 프랑스를 중상주의적으로 운영하고자 했기에 프랑스 왕국에 분포한 국가의 자원을 지도상으로 확인하고 싶었습니다. 각 지역이 전쟁에 적합한지, 농업에 적합한지, 상업에 적합한지, 제조업에 적합한지를 판단하고, 각 지역에 도로와 수로와 강이 있는지, 만일 있다면 그것을 개선할 가능성이 있는지 등을 평가할 목적이었지요.

이에 콜베르는 각 지역의 관리에게 지역별 지도를 작성해 제출하라고 요구했습니다. 그는 지역 지도가 모두 모이면 저명한 지도학자인 니콜라 상송(Nicolas Sanson, 1600~1667년)에게 분석 의뢰를 할 계획이었지만, 지도를 제출한 지역은 고작 8곳이었어요. 생각지 못한 난관에 봉착한 콜베르는 니콜라 상송에게 이러한 상황을 타개할 방법을 모색하게 했고, 1665년에 니콜라 상송은 '프랑스 일반도'와 '상세한 지역 지도'를 작성해야 한다고 보고했습니다. 그러나 프랑스의 넓은 면적을 감안할 때 전통적인 측량 방식으로 이러한 지도를 작성한다는 것은 사실상 불가능한 일이었습니다.

나무 막대로 계산해 낸 지구의 지름

상세한 프랑스 전국 지도 작성 사업이 난관에 부딪히자 콜베르는 1666년 설립한 과학아카데미(Académie des sciences)를 돌파구로 적극 활용했습니다. 과학아카데미 창설 이후 처음으로 열린 회의에서 회원들에게 영토를 측량할 새로운 방법을 개발하라고 요청한 것인데요, 이에 과학아카데미는 천문학과 지리학을 결합한 방법을 제안했어요. 하늘의 별을 지도상에 옮길 때 사용하는 과학 기구를 지형 측정에 사용하고, 천문 관측을 통한 경도(經度) 측정 결과를 지도 작성에 사용하는 방법이었지요. 천문 관측을 통한 경도 측정에는 이탈리아에서 초빙한 카시니 1세가 당시 가장 정확한 목성 위성의 식(蝕, eclipse)을 이용해 확인하는 방식을 사용했습니다.

아카데미 회원이었던 장 피카르(Jean Picard, 1620~1682년)는 지형 측량 분야의 전문가였는데, 특히 그는 위도 1도의 거리를 계산하여 지구의 지름을 새롭게 측정해 학계의 주목을 받은 학자였습니다. 장 피카르는 새로운 측량기계를 준비한 뒤 1669년 파리 남쪽 말부아신(Malvoisine)과 아미앵(Amiens) 근처 수드롱(Soudron) 사이의 자오선을 측정했어요. 두 지점은 같은 자오선상에 있었는데, 4m짜리 나무 막대를 사용해 100km가 넘는 거리를 삼각측량으로 한 치도 오차 없이 계산한 것입니다. 계산 결과 위도 1도는 111km이고, 지구 지름은 1만 2,554km였어요. 실제 지구 지름이 1만 2,713km인 것과 비교하면 정확도가 매우 놀랍지요. 이러한 내용은 그가 1671년 발간한 『지구 측정(La Measure de la Terre)』에 실렸습니다.

피카르가 개발한 이 측량법은 이후 과학아카데미가 '파리 주변 특수 지도(Carte particulière des environs de Paris)'를 작성할 때 사용되었습니다. 이 지도의 축척은

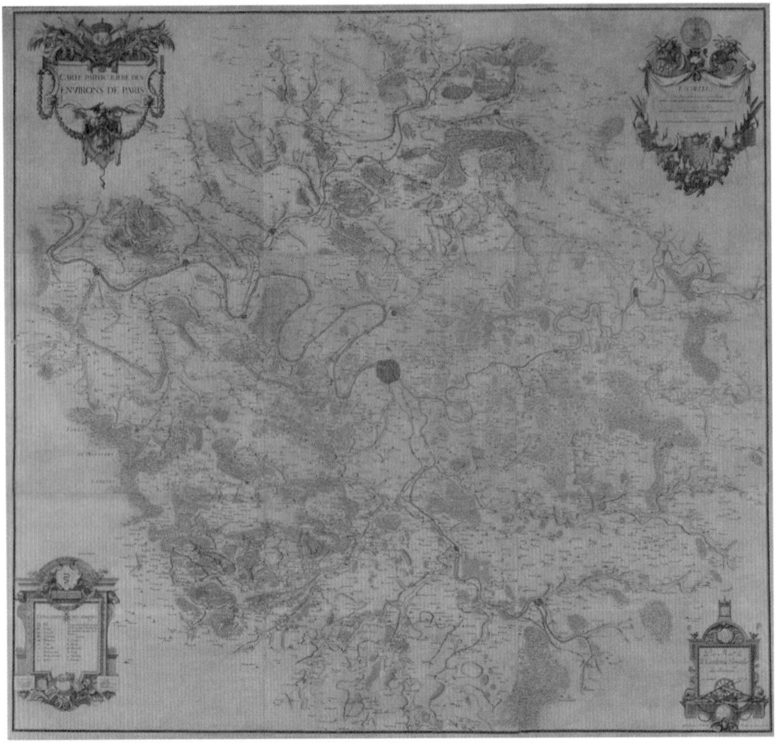

'파리 주변 특수 지도'(1678년) 전도
자료: 프랑스 국립도서관

1:86,400이었는데, 그 이유는 지도상의 1리뉴(ligne, 2.2㎜)가 지상의 100트와즈(toise, 1트와즈는 1.949*m*)에 해당하도록 계산되었기 때문입니다(1트와즈는 약 864리뉴, 100트와즈는 8만 6,400리뉴).

이처럼 과학아카데미에서는 기존에 사용하던 프랑스 전국 지도 작성법이 아닌 새로운 지도 작성법을 제시했습니다. 삼각측량 방식을 사용해 프랑스 전역을 추상적인 기하학 사슬로 덮은 지도를 작성하는 것이었는데, 정확한 경도 계산 결과가 반영된 위치 정보가 포함되는 것이 이 방식의 핵심입니다.

이 새로운 지도 작성법의 유용성을 확인하고자 과학아카데미에서는 1679년부터 3년간 프랑스 해안의 여러 지점 위치를 측량했어요. 1682년 마무리된 프랑스의 해안 측량 결과는 개정판 '프랑스 지도(Carte de France)'에 반영되었습니다.

이 지도에는 기존 방식으로 그린 프랑스 해안이 흐리게 나타나 있고, 그 위에 새롭게 측량된 프랑스 해안을 선명한 선으로 그려 놓았습니다. 이 지도를 받아 본 루이 14세가 "그자들 때문에 내가 손해만 봤다"는 우스갯소리를 했다고 전해지지만, 이러한 손해 덕에 지리학과 지도학이 발전했고 항해 또한 안전하게 할 수 있게 되었지요.

새로운 지도 제작 방식에 확신을 가진 루이 14세는 과거의 프랑스 지도를 버리고, 새로운 기하학적 측량 방식으로 지도를 다시 작성하라고 과학아카데미에 명령했어요. 그러나 루이 14세의 명령은 이후 잦은 전쟁 탓에 국고가 바닥을 드러냄으로써 시행할 수 없게 되었고, 1730년대에 들어서야 지도 제작을 다시 진행하게 되었습니다.

'파리 주변 특수 지도'(1678년) 전도 속 파리 주변 지역

자료: 프랑스 국립도서관

이 지도에는 프랑스 과학아카데미 회원인 장 피카르가 개발한 측량법이 사용되었는데, 정확한 경도 계산 결과가 반영된 위치 정보가 기재되어 있다.

le Bourget
le Coudray
S. Denis
S. Remy
S. Lucien
la Cour neuve
Creueccoeur
Dran[c]y
P. Drancy
Tremblay
Nonneville
Rougemont
Livry
Ab. de Livry
Clichy
N.D. des Anges
l'Isle S. Denis
la Garenne
S. Ouen
Aubervilliers dit les Vertus
Baubigny
Clichy
Bondy
Pantin
Merlan
les Rainces
la Chapelle
la Villette
Montmartre
Noisy le Sec
Villenomble
la maison rouge
la Maison Guiot
la Villette S. Denis
Londeau
le Pre S. Gervais
Ronainville
la Garenne
Gagny
les Bruyeres
Rhosny
Launay
Belleville
Bagnolet
la Boissiere
Auron
la Blanche Maison
le Mesnil Montant
Malassis
le Marais
S. Antoine
la Montagne
Montereau
Charonne
Montreuil
Tilment
Villeurart
Neuilly
PARIS
la Pissotte
la Maladerie
Fontenay
Noisy le grand
Marne R.
Vincennes
Nogent
le Perray
l'Observatoire Royal
S. Mandé
Bry sur marne
la Renouillere
Bercy
la Santé
Charenton
le Tremblay
Poulange
Villiers
Constant
le Cadran
P. St Maur
les Carmes
Maurice
Gravelle
la Landre
Gentilly
Ivry
le Bouquet
Cueilly
Alfort
Charentonneau
Champigny
Bicetre
Chau Gert
S. Maur
Champigny
Arcueil
les Bordes
Port à l'Anglois
Maisons
le Buisson
Bagneux
Creteil
Treu
Chenevieres
Villejuifue
les Pillets
S. Hilaire
Port de Chenevieres
Vitry
Amboile
N.D. des Mesches
Marne R.
Bourg la Reine
la Saussaye
Grand val
Noiseau
Lhay
Chevilly
le Folie
Bonnoeil
Sussy
Choisy
Thiais
l'Hospital
le Piple
Fresne
Boissy
Seyne R.
Valenton
Breval
Rungis
Orly
Limay
Grosbois
Marolles
Huissous
Villeneuve le Roy
Villeneuve S. Georges
la Poste
Ablon
Villecresne
Paret
Crosne
le Gryffon
Camaldoles
Mons
Courcelle
Yeres

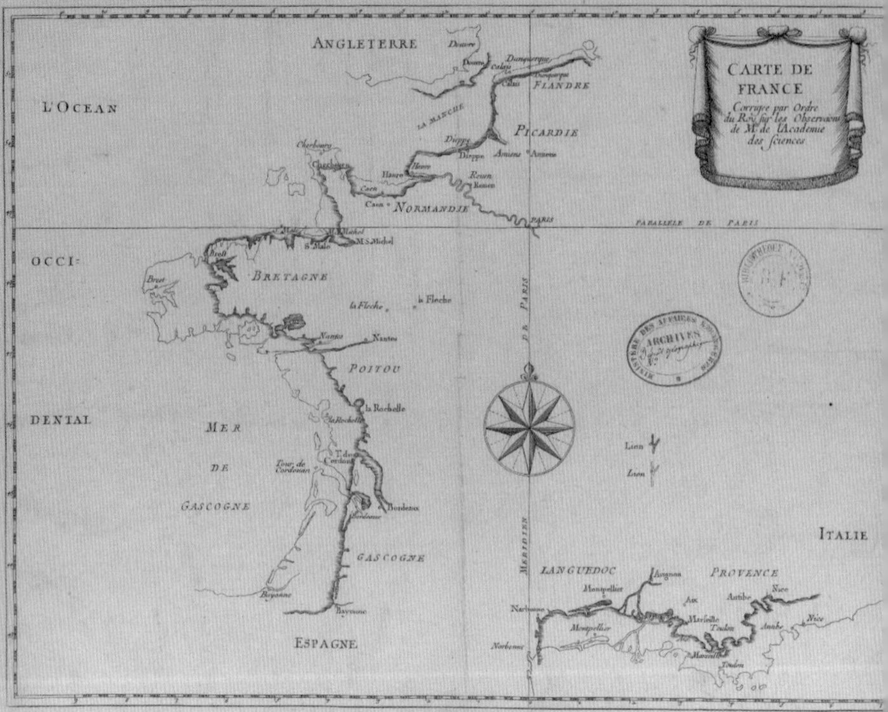

개정판 프랑스 지도

1693년, 자료: 프랑스 국립도서관

대를 잇는 카시니 가문의 지도 제작

카시니 1세는 이탈리아에서 천문학을 강의했는데, 목성 위성의 운행을 관측해 지구상 각 지점 간 경도 차이를 측정하는 방식을 개발했습니다. 콜베르가 그의 능력을 인정해 파리 천문대 대장으로 초빙했고, 그는 프랑스로 귀화해 파리 천문대 대장에 취임했어요. 이후 카시니 1세는 과학아카데미 회원으로 활동했고, 지도 제작 때는 파리 자오선 측량에 참여했습니다.

카시니 2세 역시 천문학자로서 1700년부터 1718년까지 이어진 파리 자오선 측량에 참여했으며, 1712년 그의 아버지가 사망하자 대를 이어 파리 천문대 대장에 취임했습니다. 파리 자오선 측량이 완성된 이후에는 자오선과 수직으로 교차하는 위선을 측량했습니다.

한편 1700년 이래 지지부진하던 프랑스 전국 지도 제작은 1730년 루이 15세의 새로운 재정감독관으로 필리베르 오리(Philibert Orry, 1689~1747년)가 취임한 이후 1733년에 재개되었습니다. 오리는 프랑스 전역의 도로와 운하 등 수송망 개발에 정확한 지도가 필요함을 깨닫고 1733년 카시니 2세에게 전국적인 삼각측량을 재개하라고 명령했습니다.

그러나 전국적으로 삼각측량을 재개하는 데는 여

카시니 집안 자료: 위키피디아

카시니 1세
(1625~1712년, Giovanni Domenico Cassini/Jean-Dominique Cassini)

카시니 2세
(1677~1756년, Jacques Cassini)

카시니 3세
(1714~1784년, César-François Cassini de Thury)

카시니 4세
(1748~1845년, Jean-Dominique, comte de Cassini)

러 가지 난관이 있었어요. 지형적으로 측량하기 어려운 평야 지대와 장비를 설치하기 어려운 산지 등이 측량 지역에 포함되었고, 측량을 부정적으로 바라보는 이들이 사는 마을에서 측량 팀이 죽임을 당하기도 했지요. 아울러 장비를 도난당하거나, 말을 빌리기 힘들거나, 지역 정보를 얻기 힘든 상황도 많았는데, 이는 측량 사업이 끝나면 세금만 높아질 뿐이라는 현지 여론 때문이었습니다. 실제 측량을 하면서도 무거운 장비를 매번 옮겨야 했기에 측량 작업은 매우 더디게 진행됐습니다.

드디어 측량이 재개된 지 만 7년 만인 1740년, 카시니 2세와 그의 아들이 포함된 측량 팀은 프랑스 전국을 삼각형 400개와 기선 18개로 표시하는 데 성공했습니다. 측지학보다 천문학에 더 관심이 많았던 카시니 2세는 이후 측량 작업에서 물러났습니다.

그러나 카시니 3세는 계속해서 측량 작업을 진행하여 마침내 1744년 프랑스 전역에 걸친 측량을 마무리했지요. 이 측량 사업 결과 프랑스 전역을 잇는 주요한 삼각형 800개와 기선 19개를 완성했고, 이 성과는 '프랑스 새 지도'(1744년)에 그대로 나타났습니다. 이는 앞서 과학아카데미가 만들어 낸 전국 지도 작성법을 그대로 실천한 것이었습니다.

이 지도에서 살펴볼 수 있는 바와 같이 카시니 3세

가 작성한 '프랑스 새 지도'는 이후 작성될 세밀한 지도의 뼈대에 해당합니다. 프랑스 전체를 상세하게 그리는 측량 작업에는 막대한 자금과 인원이 필요했기에, 카시니 3세는 그동안의 작업이 카시니 집안에서 할 수 있는 최대한이라고 생각했습니다.

그러나 루이 15세는 1746년 프랑스 북부와 동부 국경 지대에서 오스트리아 합스부르크가와 전쟁을 치렀고, 이때 카시니 3세는 리에주 외곽의 지형도 제작을 도왔습니다. 이때 만들어진 지도에 감동한 루이 15세는 카시니 3세에게 전국 상세 지형도를 제작하라고 명령했어요. 이에 카시니 3세는 루이 15세에게 제작 기간은 18년, 비용은 72만 리브르[10]가 든다고 보고했습니다. 이후 1748년 1차 비용이 카시니 3세에게 지급되었고, 그때부터 프랑스 전역을 담은 상세 지형도를 제작하기 위한 측량이 시작되었습니다.

프랑스를 축척 1:86,400인 상세 지형도 180장에 담아내는 일은 지도학과 지리학의 새로운 역사를 써 내려가는 작업이었어요. 카시니 3세는 새로운 투영법(횡축 등장방형 도법)을 고안해 모든 세부 지형도에 적용했지요. 이후 그는 지도를 제작하는 기술자들에게 측량에 필요한 측정과 관측 방법을 교육했습니다. 측량

10 프랑스의 옛 화폐 단위.

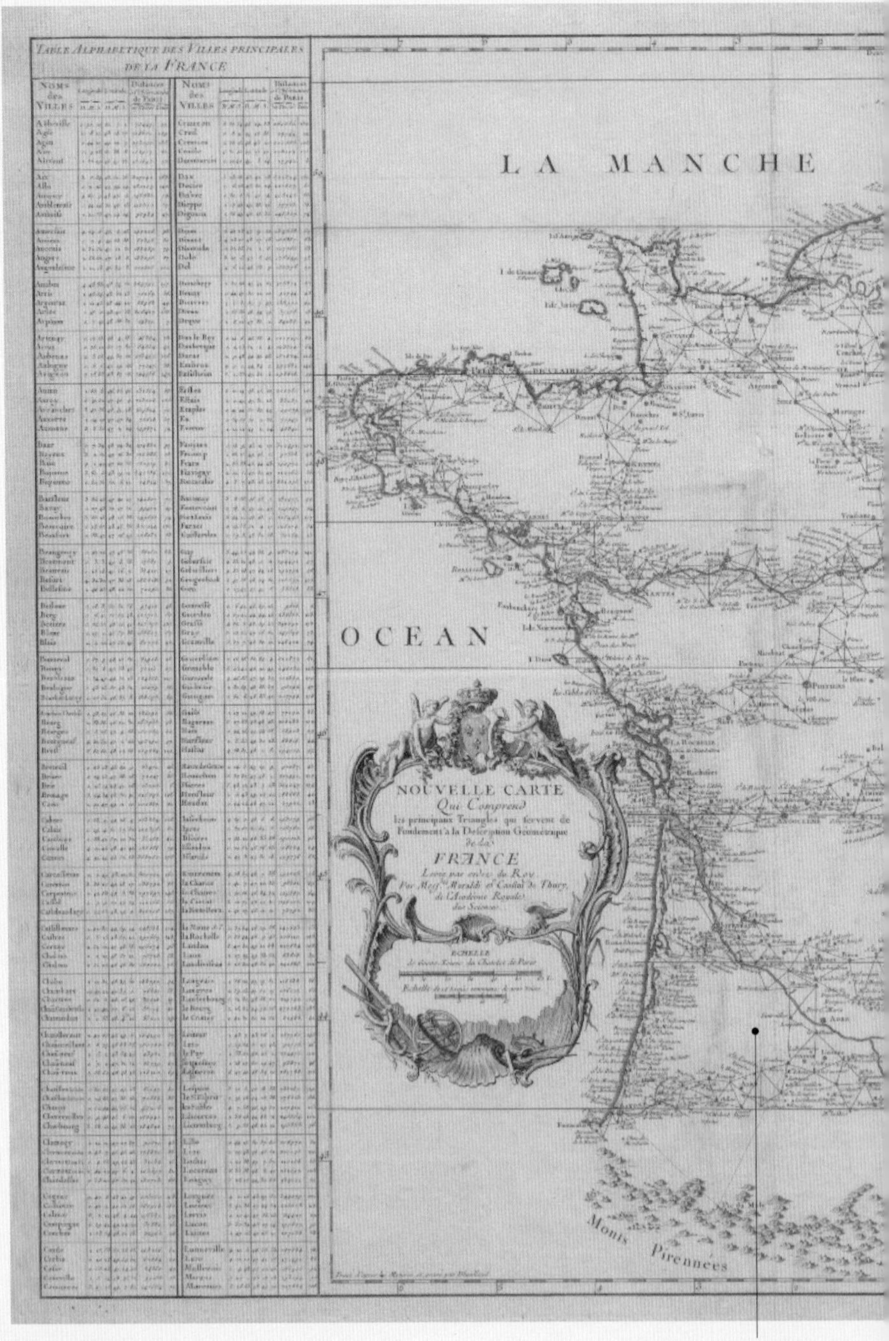

프랑스 새 지도 1744년, 자료: 프랑스 국립도서관

이 지도는 이후 작성되는 프랑스 지도들의 뼈대가 되었다.

LUXEMBOURG
PARIS
Mont Meulit
Les Alpes Montagnes
MER MEDITERRANEE
Noms des Villes
TABLE
des Lieux les plus remarquables

뿐만 아니라 지형지물과 지명 정보를 기록하는 방식을 통일한 것입니다. 더불어 이러한 정보를 정기적으로 파리로 보내 검토를 받으면서 정확도, 통일성, 검증가능성을 확보한 측량을 할 수 있게 되었지요.

이렇게 철저한 방식으로 지형도를 제작하다 보니 실제 지도 제작 기간은 카시니 3세가 처음 계산한 것보다 훨씬 느리게 진행되었어요. 1756년까지 고작 지도 2장을 발행했지요. 카시니 3세가 이 지도 2장을 들고 루이 15세를 알현했을 때 루이 15세는 카시니 3세가 진상한 지도의 정확도에 감탄했지만, 재정상의 이유로 더는 지도 제작 비용을 지원할 수 없다고 통보했습니다.

탁월한 사업가 기질을 지닌 카시니 3세는 이와 같은 상황을 타개하고자 민간 주주를 모으는 방식으로 지도 제작 사업을 전환했습니다. 국왕의 지원을 받아 '프랑스 지도 협회(Société de la carte de France)'를 조직했는데요, 50명으로 구성된 주주는 매년 각각 1,600리브르를 10년간 지원하는 대신 전체 지도가 완성되면 지도 2세트를 받고 지도 판매 이익을 지분에 따라 나눠받기로 했지요. 국왕의 지원을 받는 사업이었기에 귀족과 정부 주요 인사가 다수 동참했고, 그 결과 카시니는 지도 제작에 필요한 액수보다 더 많은 금액을 모을 수 있었어요. 동시에 사업을 민영화하면서도 측량과 지도 제작은 전적으로 과학아카데미가 관리하도록 명기해 지도를 제작하는 일에서 정부와 주주의 간섭을 배제할 수 있었습니다.

1756년 지도 2장을 제작한 후 카시니 3세는 4년간 지도 50장을 제작했고, 1760년대까지 45장을 제작했습니다. 이렇게 만든 지도는 8,000부가량 팔려 지도가 대규모로 유통되었어요. 1760년대 말이면 지도 제작이 완성될 거라고 예상했지만, 1780년까지 프랑스 중부와 서부 지역 지도 47매가 추가로 제작되었을 뿐이었습니다.

1784년 카시니 3세가 천연두로 사망한 후 그의 아들 카시니 4세는 파리 천문대 대장 자리를 이어받음과 동시에 지도 제작 사업을 이어 갔습니다. 성실하게 측량과 지도 제작 사업을 진행한 카시니 4세는 1780년대 말까지 지도 21장을 추가로 제작했고, 전체 지도 매수를 180장에서 182장으로 늘렸습니다. 프랑스 혁명 직후인 1790년에는 발행할 지도가 전체 182장 가운데 19장만 남은 상태였습니다.

그러나 1793년 9월 국민공회가 카시니의 지도를 국유화하고 말았습니다. 전쟁사무국에서 국가의 이익을 위한다는 명분을 내세워 지도 원판과 이미 발행된 지도를 모두 압수했고, 카시니 4세는 1794년 초 투옥되었지요. 얼마 지나지 않아 풀려나기는 했지만, 안타깝게도 그의 손에는 아무것도 남아 있지 않았습니다.

결국 카시니 4세는 튀리에 있는 집으로 돌아갔고, 1845년에 세상을 떠났습니다.

완성된 카시니의 프랑스 지도와 그 의미

프랑스 혁명 직후 국유화된 카시니의 지도는 이후 새롭게 개편된 지도를 작성하는 데 사용되었습니다. 그러나 이 지도의 완성에 직접적인 영향을 준 이는 나폴레옹 보나파르트(Napoléon Bonaparte, 1769~1821년)였어요. 1804년 12월 스스로 황제의 자리에 오른 나폴레옹은 카시니 지도의 우수성을 이미 알고 있었고, 군사작전에 사용할 수 있는 완벽한 도구로 인식하고 있었습니다.

나폴레옹 치하 전쟁사무국에서는 지도를 발행하고 관리하면서, 압수한 지도 원판에 새로운 정보를 추가하는 작업을 했습니다. 전쟁에서는 지도가 매우 중요했기에 지도 제작에 필요한 제도사나 제판공을 고용하는 비용은 충분히 조달되었지요. 1815년에 마지막 지도인 브르타뉴 지도까지 모두 182장이 완성되었지만, 제작이 시작된 지 이미 67년이 지난 지도였기에 완성과 동시에 과거 유물이 되는 아이러니한 상황이 연출되고 말았습니다. 아울러 카시니의 지도에는 오류도 적지 않았는데, 이러한 문제점은 1818년에 시작되어 1866년에 마무리된 새로운 측량 사업의 결과로 프랑스 지형도(1880년) 273장이 완성되면서 보완될 수 있었습니다.

제작을 위한 준비 기간까지 포함해 150여 년이 걸려 완성된 카시니의 프랑스 지도는 지도학사 측면에서 여러 가지 의미를 지닙니다. 첫째, 르네상스 이후 발달해 온 지도 제작 기술과 과학적 연구의 성과라는 점입니다. 천문학에서 발달한 경도 측정 방식과 삼각측량법이 지도 제작에 본격적으로 접목되어 지도의 정확도가 이전보다 월등히 높아진 점은 이 지도의 중요한 성과라고 할 수 있지요.

둘째, 주변 국가의 국가 지형도 제작을 촉진하게 된 점입니다. 영국, 독일, 러시아 등 유럽의 주요 국가들은 프랑스의 지도 제작 소식을 듣고 국가 지형도 제작을 시작했습니다. 그러면서 이 지도 제작에서 나타난 문제 해결 노하우 또한 주변 국가에 전수되었습니다.

셋째, 프랑스에서 우수한 지도학자와 지리학자를 양성하는 계기가 된 점입니다. 이 지도를 제작하면서 지도학의 수준이 급격하게 높아졌고 지도학, 지리학, 건축학 분야의 인재도 지도 제작 과정에서 함께 길러 내게 되었습니다.

넷째, 지방 지도와 주제도가 발달하게 된 점입니다. 사실 카시니 지도는 중앙집권적 방식을 따르는 지도였어요. 그러나 지방의 영주들은 자신들의 지역 정체성을 확고히 하고자 지방 역사서와 지역 지도 제작에 힘을 쏟게 되었고, 이런 역사서와 지도에 카시니의 지도가 활용되었습니다.

다섯째, 지도학에 대한 개인과 가문의 영향력이 약화하고 국가 기관이 국가 기본 지도를 제작하고 편찬하는 계기가 된 점입니다. 과학아카데미가 카시니 지도 제작의 기틀을 마련한 점, 1793년 카시니 지도가 국유화된 점 등은 결국 국가가 기본 지형도 제작의 주체가 되는 과정이었던 것이지요.

여섯째, 근대국가 형성에 지도가 실제적으로 활용된 점입니다. 동일한 방식으로 조사하고 표준화한 지역 정보는 지방의 특수성을 제거하고 국가의 균질화를 도모할 수 있게 해 주었습니다. 특히 프랑스 혁명 이후 카시니의 지도는 새로운 행정구역 개편에 활용되었던 것이지요.

일곱째, 개인에게 국가 또는 국민의 일부라는 인식을 심어 준 점입니다. 사람들이 카시니의 지도에서 '프랑스'라고 불리는 곳을 보면서 스스로를 그 안에 사는 '프랑스 시민'으로 여기게 해 준 것이지요. 또 국가라는 공간을 상상할 수 있게 해 주었으니 카시니 지도는 대단한 발명품이라고 할 수 있습니다.

8장

혼일강리 역대국도지도

새 나라 조선의 기틀을 세우다

과거 우리 조상들은 어떤 세계지도를 그렸을까요? 우리나라에서 그린 세계지도 가운데 현존하는 가장 오래된 지도는 현재 일본에 있으며, 이름은 '혼일강리역대국도지도(混一疆理歷代國都之圖)'입니다. 흥미로운 사실은 이 지도의 중요성을 서양에서도 인지하여 지도학계에서는 이미 널리 알려져 있다는 점입니다. 특히 콜럼버스가 아메리카 대륙을 발견한 1492년으로부터 500년이 지난 1992년에 열린 지도전시회에서 이 지도가 소개되었고, 미국 교과서에도 실린 바 있지요. 이처럼 세계가 인정하는 우리의 옛 세계지도를 상세하게 알아보겠습니다.

동아시아 최초의 세계지도, 혼일강리역대국도지도

1402년(태종 2년) 조선에서 만들어진 혼일강리역대국도지도는 조선 전기의 대표적인 지도이며, 동아시

혼일강리역대국도지도

자료: 서울대학교 규장각한국학연구원

이 사본은 일본 류코쿠대학교 도서관에 소장된 것을 필사한 것이다. 원본 지도는 류코쿠대학교 홈페이지(www.afc.ryukoku.ac.jp/kicho/collections/kyourizu.html)에서 볼 수 있다.

混一疆理歷代

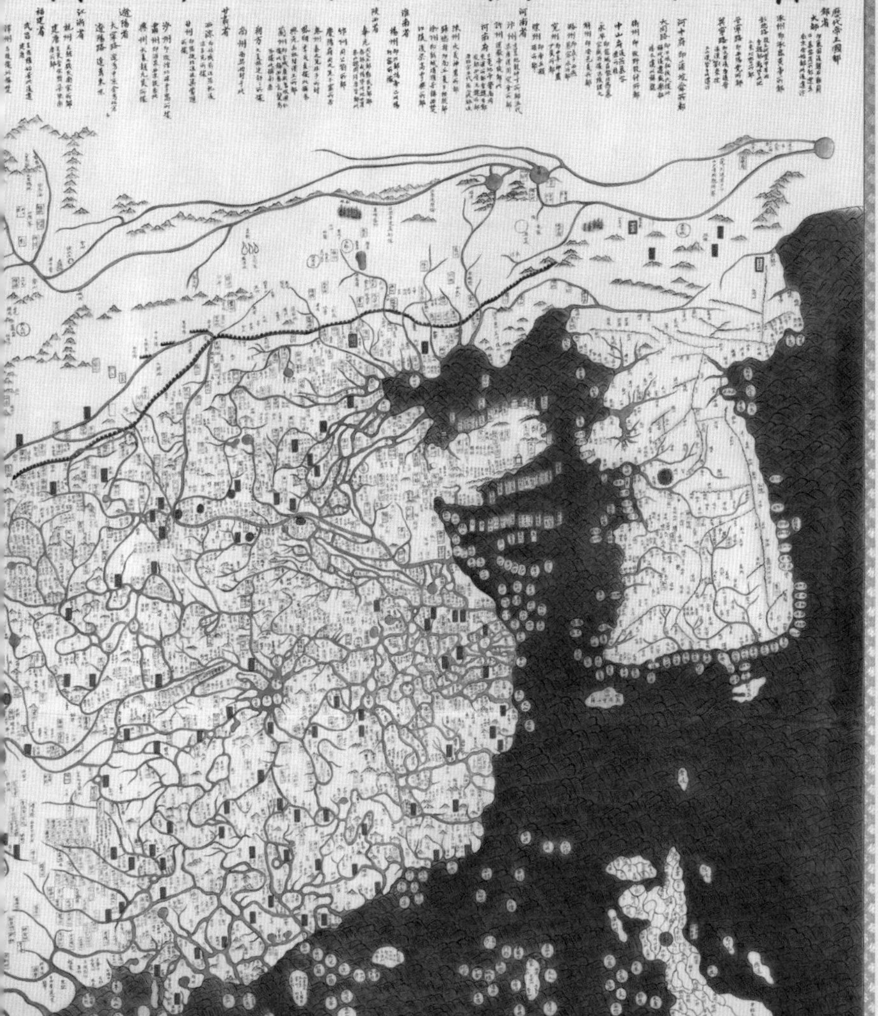

天下至廣也内自中國外薄四海不知其幾千萬里也約而圖之於數尺之幅其致詳難矣故爲圖者率皆疎略惟吳門李澤民聲教廣被圖頗爲詳備而歷代帝王國都沿革則天台僧淸濬混一疆理圖備載焉建文四年夏左政丞上洛金公右政丞丹陽李公燮理之暇參究是圖命檢詳李薈更加詳校合爲一圖其遼水以東及本國疆域澤民之圖亦多闕略今特增廣本國地圖而附以日本勒成新圖井然可觀誠可以不出戶而知天下也夫觀圖籍而知地域之

아에서 만들어진 세계지도 가운데 가장 오래되었어요. 열 글자로 된 이 지도의 제목은 '혼일강리(混一疆理)'와 '역대국도(歷代國都)'로 나눌 수 있는데, 혼일강리는 '통일된 영토' 혹은 '세계 영토', 역대국도는 '과거 나라의 수도'라는 뜻이에요. 즉 과거 국가들의 수도가 표시된 세계지도를 말하며, 여기에서 과거 국가들은 중국에 있던 국가들을 가리킵니다.

현재 이 지도의 원본은 남아 있지 않고 사본 4장이 일본에 있는데 류코쿠대학교, 덴리대학교(대명국도), 혼묘지(대명국지도), 혼코지(혼일강리역대국도지도)에 있습니다. 사본 가운데 가장 대표적인 류코쿠대학교 소장 지도는 1480년과 1534년 사이에 제작한 것으로 평가되며, 크기가 가로 163㎝, 세로 150㎝에 달해요. 우리에게 익숙한 TV 크기로 계산하면 87인치가량이지요. 그리고 이 지도는 종이가 아닌 견포, 즉 비단에 그린 것입니다.

이 지도가 학계에 처음 소개된 것은 1910년으로 알려져 있는데, 교토대학교 오가와 다쿠지(小川琢治)의 연구에서 소개되었어요. 그는 지도의 채색과 인도의 해안선 등을 근거로 이슬람 지도의 영향을 받았다고 주장했습니다. 이후 아오야마 사다오(青山定雄)는 지도에 기재된 발문(跋文)을 근거로 제작 경위와 시기를 추정했으며, 김사형(1341~1407년)이 1399년에 입수한 중국 지도와 1402년에 입수한 일본 지도를 참고해 이 지도를 작성했다고 추정했지요. 일본인 학자 츠지 료조(辻稜三)에 따르면 도요토미 히데요시(豊臣秀吉)가 이 지도를 입수한 뒤 일본 불교 정토진종(淨土眞宗)의 혼간지(本願寺)에 지도를 하사했고, 혼간지의 종주인 오타니(大谷)가의 사자대문고(寫字台文庫)에서 지도를 소장하고 있다가 1904년 류코쿠대학교로 이관했다고 합니다.

천상열차분야지도, 천문도와의 관계

이제 혼일강리역대국도지도가 작성된 시대적 맥락을 살펴보겠습니다. 태조 이성계(1335~1408년)가 역성혁명(易姓革命)으로 조선을 연 때는 1392년이에요. 이성계의 아들인 태종 이방원(1367~1422년)은 왕권 강화를 위해 무척 노력했습니다. 당시 조선은 막 개국한 상황이었기에 국가의 안정을 위해 대내외적으로 심혈을 기울였지요. 그는 세자 시절 명나라에 직접 사신으로 다녀온 적도 있습니다.

혼일강리역대국도지도 제작은 새로운 국가를 안정시키려는 일환으로 이해할 수 있습니다. 세계지도 제작과 국가 안정이 무슨 관계가 있느냐고 생각할 수도 있는데요, 이에 대해 자세히 짚어 보겠습니다.

혼일강리역대국도지도를 잘 이해하려면 다른 지도를 한 장 추가해서 보아야 하는데, 바로 '천상열차분야지도(天象列次分野之圖)'라고 불리는 천문도(天文圖)입니다. '하늘의 모습을 차례로 늘어놓고 그 하늘 아래 땅을 구분한 그림'을 뜻하지요. 1만 원권 지폐 뒷면에 그려져 있어 대중에게 잘 알려진 이 그림에는 북극성을 중심으로 24절기 별자리가 새겨져 있습니다. 시기별로 남중하는 별자리를 나타낸 것으로 이해하면 됩니다. 천문도가 중요한 이유는 1년이라는 시간을 별자리로 확인할 수 있기 때문이에요. 이를 바탕으로 책력[11]을 작성하는데, 책력은 농사와 밀접한 관련이 있습니다. 전통 사회에서 농업은 가장 중요한 산업이었기에 책력 또한 매우 중요했습니다.

천상열차분야지도는 1395년에 제작되었고, 7년 뒤인 1402년에 혼일강리역대국도지도가 완성되었습니다. 이 두 지도의 발문을 모두 권근(1352~1409년)이 작성했다는 점이 흥미로운데요, 권근이 작성한 발문에는 두 지도가 작성된 배경이 설명되어 있습니다.

---

11 일 년 동안의 월일, 해와 달의 운행, 월식과 일식, 절기, 특별한 기상 변동 따위를 날의 순서에 따라 적은 책.

천상열차분야지도의 원본
자료: 국립고궁박물관

〈천상열차분야지도 발문〉

천문도의 석본(石本)은 옛날 평양성(平壤城)에 있었는데, 병란(兵亂)으로 강물에 잠겨 유실되었으며, 세월이 오래되어 그 남아 있던 인본(印本)까지도 없어졌다. 우리 전하께서 즉위하신 처음에 어떤 이가 한 본을 올리므로, 전하께서는 이를 보배로 귀중히 여기고 서운관(書雲觀)에 명하여 돌에다 다시 새기게 하매, 본관(本觀)이 상언(上言)하기를,

"이 그림은 세월이 오래되어 별(星)의 도수가 차이가 나니, 마땅히 다시 도수를 측량하여 사중월(四仲月 음력 2·5·8·11월)의 저녁과 새벽에 나오는 중성(中星)을 측정하여 새 그림을 만들어 후인에게 보이소서."

하니, 상께서 옳게 여기므로 지난 을해년(1395년, 태조 4년) 6월에 새로 중성기(中星記) 한 편을 지어 올렸다. 옛 그림에는 입춘(立春)에 묘성(昴星)이 저녁의 중성이 되는데 지금은 위성(胃星)이 되므로, 24절기가 차례로 어긋난다. 이에 옛 그림에 의하여 중성을 고쳐서 돌에 새기기가 끝나자 신(臣) 권근에게 명하여 그 뒤에다 지(誌)를 붙이라 하였다.

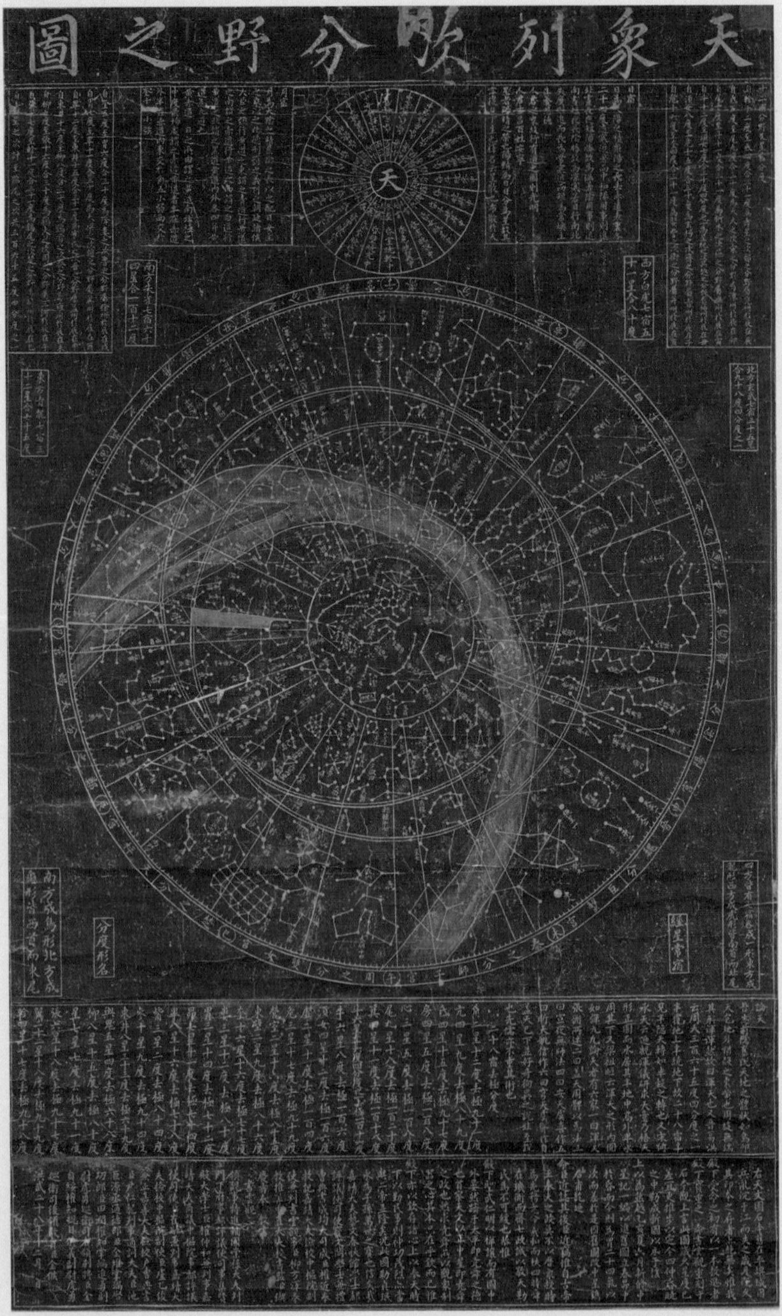

숙종 때 작성된 천상열차분야지도 목판본 자료: 서울대학교 규장각한국학연구원

신 권근은 삼가 생각건대, 자고로 제왕이 하늘을 받드는 정사는 역상(曆象 달력)으로 천시(天時)를 알려주는 것을 급선무로 삼지 않는 이가 없다. 요(堯)는 희화(羲和)를 명하여 사시(四時)의 차례를 조절하게 하고, 순(舜)은 기형(璣衡)을 살펴 칠정(七政)을 고르게 하였으니, 진실로 하늘을 공경하고 백성의 일에 부지런함을 늦추어서는 안 되기 때문이다. 삼가 생각건대, 전하께서는 성스럽고 인자하시므로 선위를 받아 나라를 두신지라, 중외가 안일하여 태평을 누리니 이는 곧 요순(堯舜)의 덕이며, 먼저 천문(天文)을 살펴 중성(中星)을 바루니 이는 곧 요순의 정치이다. 그러나 요순이 천문을 보고 기구를 만들던 마음을 구한다면 그 근본은 다만 공경에 있을 뿐이니, 전하께서도 또한 공경을 마음에 두어 위로 천시(天時)를 받들고 아래로 민사(民事)를 부지런히 하시면, 그 신성한 공렬(功烈)이 또한 요순과 같이 높아질 것이다. 하물며 이 그림을 정민(貞珉)에 새겼음에랴! 길이 자손 만대에 보배로 삼을 것이 분명하다.

〈혼일강리역대국도지도 발문〉

천하는 지극히 넓다. 안으로 중국에서 밖으로 사해에 닿아 몇천만 리나 되는지 알 수 없는 것을, 요약하여 두어 자 되는 폭(幅)에다 그리니 자세하게 기록하기가 어렵다. 그러므로 지도를 만든 것이 대개 소략(疏略)한데, 오직 오문(嗚門) 이택민(李澤民)의 성교광피도(聲教廣被圖)는 매우 상세하게 갖춰졌으며, 역대 제왕의 국도 연혁(國都沿革)은 천태승 청준(天台僧淸濬)의 혼일강리도(混一疆理圖)에 갖추 실렸다. 건문(建文 명 혜제(明惠帝)의 연호) 4년(1402년, 태종 2년) 여름에 좌정승 상락(上洛 본관) 김공 사형(金公士衡)·우정승 단양(丹陽 본관) 이공 무(李公茂)가 정사를 보살피는 여가에 이 지도를 참고 연구하여 검상(檢詳) 이회(李薈)를 시켜 다시 더 상세히 교정하게 한 다음에 합하여 한 지도를 만들었다. 요수(遼水) 동쪽과 우리나라 지역은 이택민의 광피도에도 또한 많이 궐략되었으므로, 이제 특별히 우리나라 지도를 더 넓히고 일본(日本) 지도까지 붙여 새 지도를 만드니, 조리가 있고 볼만하여 참으로 문밖을 나가지 않고도 천하를 알 수 있다. 대저 지도를 보고서 지역의 멀고 가까움을 아는 것도 또한 나라를 다스리는 데에 한 도움이 되는 것이니, 두 공이 이 지도에 정성을 다한 데에서도 그 규모와 국량의 방대함을 알 수 있다. 근(近)은 변변치 못한 재주로 참찬(參贊)이 되어 두 공의 뒤를 따라 이 지도가 완성됨을 보고 기뻐하였으며 매우 다행하게 여기는 바이다. 평일에 책에서 강구하여 보고자 하던 나의 뜻을 이미 이루었고, 또 내가 다른 날 물러가 시골에

있으면서 누워서 유람하는 뜻을 이루게 됨을 기뻐하며 이 말을 지도 아래 쓴다.

두 지도의 발문에는 천문(天文)과 지리(地理)가 제왕의 학문임이 나타나 있습니다. 즉 천문은 천체의 운행을 관찰하고 예측하여 정확한 달력을 제작하는 일과 연결되고, 지리는 국토의 지형지세와 토지, 인구, 물산을 파악하는 국정의 기초 자료와 관련되지요. 우러러 천문을 보고 아래로 지리를 살피는 것은 제왕이 갖추어야 할 기본 덕목이기도 했습니다.

나아가 발문에는 태조 이성계의 역성혁명을 정당화하는 부분도 보이는데요, 대표적인 것이 사라졌던 천문도의 사본을 가진 사람이 나타났다는 내용입니다. 이러한 하늘의 뜻에 더해 시간의 흐름을 반영해 천문도를 수정하는 일과, 아울러 세계지도를 보완해서 작성하는 작업은 새롭게 세운 조선 왕조를 과시하는 부분이기도 했습니다.

혼일강리역대국도지도의 참조 지도

이 지도는 한 장짜리이지만, 지도가 만들어지는 데는 최소 4가지 지도가 활용되었습니다. 원나라 이택민

대명혼일도
자료: 위키피디아

의 성교광피도(聲敎廣被圖), 명나라 청준의 혼일강리도(混一疆理圖), 조선 지도, 일본 지도가 그것입니다. 우선 성교광피도에서는 전체 윤곽과 당시 지명과 외역 지방을 참조했습니다. 현재 남아 있는 대명혼일도(1391년)가 이와 유사합니다. 혼일강리도에서는 한반도와 일본 지역의 역대 제왕 국도와 주군 연혁을 참조했다는 사실을 확인할 수 있습니다.

조선 지도는 이회(李薈)가 그렸다고 알려진 '팔도지도(八道地圖)'를 사용했으리라고 추정합니다. 그 이유는 혼일강리역대국도지도 제작의 실무를 이회가 담당했다고 권근이 쓴 발문에 나타나 있기 때문이에요. 다만 이회의 지도는 실물이 현존하지 않아 정확한 형태를 파악할 수는 없습니다. 일본 지도는 당시 조선이 가지고 있었던 다소 간략한 지도로 추정됩니다.

달의 산에서 나온 나일강과 알렉산드리아 등대의 존재가 중세 이슬람 지도와의 관련성을 보여 준다는 점에서 매우 흥미롭습니다. 학자들은 이 부분에 대해 원나라 시기에 들어온 중동, 유럽, 아프리카 지역의 지리 정보가 담긴 이슬람 지도가 원나라의 성교광피도 등에 반영되었고, 이것이 혼일강리역대국도지도에까지 이어졌다고 보고 있습니다.

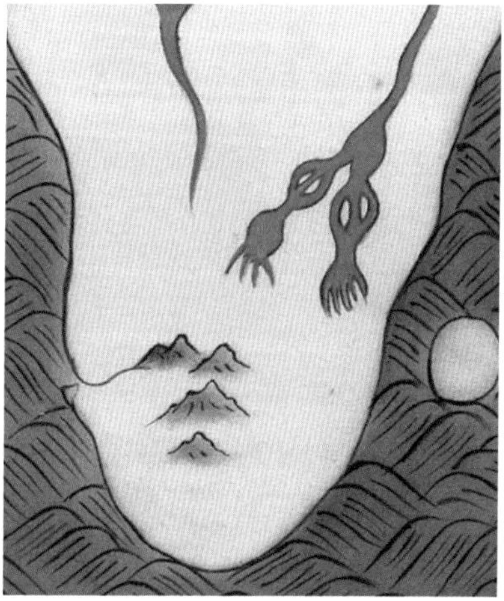

혼일강리역대국도지도에 그려진 나일강 발원지

자료: 서울대학교 규장각한국학연구원

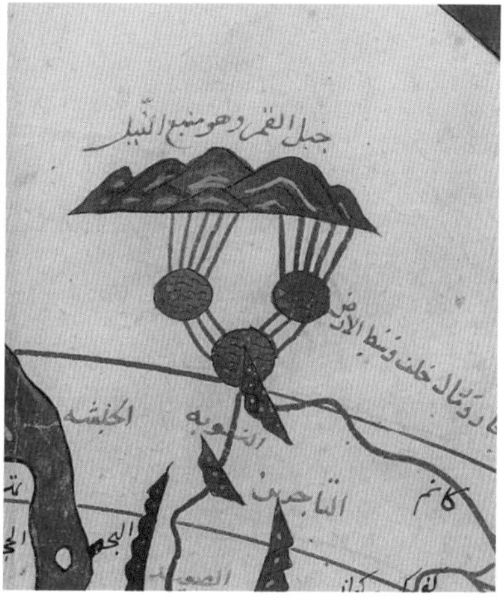

이슬람 지도(알 이드리시)에 그려진 나일강 발원지

자료: 게티이미지코리아

조선의 중요성을 나타내다

한반도의 모습은 중국과 비교해 볼 때 매우 과장되어 있습니다. 중국이 지도의 한가운데를 차지했다는 점은 중국의 중요성이 드러나는 부분이지만, 조선의 중요성은 그 크기로 나타납니다.

한반도에서도 압록강과 두만강이 이어지는 북쪽 지역은 실제와 다르게 일직선 형태로 간략하게 묘사되었습니다. 이러한 형태의 북부 지방 묘사는 18세기 중반에 정상기(1678~1752년)가 동국지도를 작성할 때까지 크게 달라지지 않고 이어집니다. 평안도 남부에서 함경도 남부를 이은 선 아래 지역은 비교적 묘사가 잘된 편이에요. 산줄기는 다소 미약하게 표현되었지만 연맥식, 즉 끊어지지 않고 이어지게 표현했습니다.

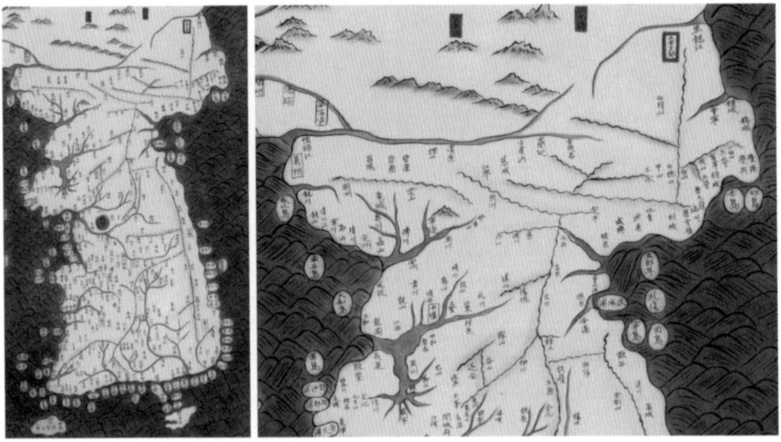

혼일강리역대국도지도에 그려진 한반도(좌)와 북부 지방(우)

산맥보다는 하천을 더 명확하게 그렸는데 압록강, 청천강, 대동강, 임진강, 한강, 금강, 섬진강, 낙동강 등 주요 하천이 명확하게 그려져 있어 인상적입니다. 해안가에 표시된 섬 모양에는 진짜 섬도 있고, 해군기지인 진(鎭)도 있어요. 동남쪽에 진이 집중적으로 분포하는 것은 조선 초기까지 활동한 왜구(倭寇)의 침입을 막고자 설치한 군사기지로 이해할 수 있습니다.

한반도의 도시 중에서는 수도인 한양만 둥근 모양으로 성첩(城堞, 성 위에 낮게 쌓은 담. 성가퀴라고도 함)이 그려져 있고, 붉은색으로 수도를 표현하고 있습니다. 한편 쓰시마섬이 한반도 인근에 그려져 있어 흥미롭습니다.

중국 묘사 부분은 기본적으로 원나라 시기의 지리 정보가 반영된 형태예요. 다만 예외적인 것은 명나라의 수도였던 난징에 황도(皇都)가 표시되어 있고, 과거

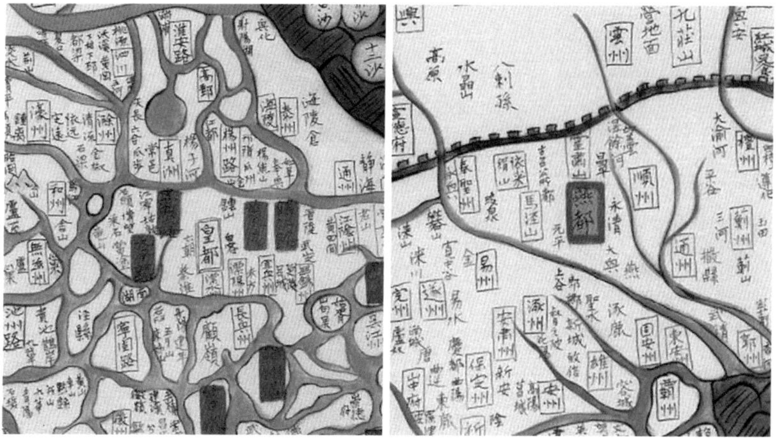

중국의 수도들. 명나라 수도 황도(좌)와 원나라 수도에 표기된 연도(우)

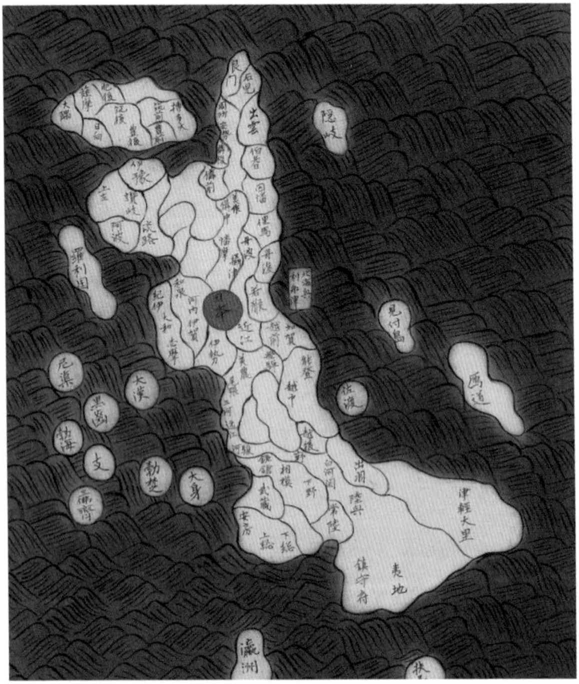

일본 지도

원나라의 수도에는 연도(燕都)라고 표시되어 있다는 점입니다.

일본 지도는 홋카이도가 제외된 3개 지도이며 고대부터 중세 시기까지 일본에서 주로 사용된 행기도(行基圖) 계열 지도입니다. 동북부 지방이 돌출된 형태이고, 혼슈와 시코쿠 사이의 바다 표시가 빠졌습니다.

중국 서쪽에는 인도와 아라비아반도, 아프리카, 유럽이 표시되어 있어요. 아프리카에는 나일강 원류인 '달의 산'을 의미하는 '제벨 알 카말'을 '저불노합마(這

不魯哈麻)'라고 표기한 점, 파로스 등대를 표시한 점, 지중해 부분에 바다 표시가 안 된 점 등이 특이합니다.

당시 이 지도를 제작한 조선인들은 아라비아반도, 아프리카, 유럽 등지를 어떻게 알고 있었을까요? 현재까지의 연구에 따르면 당시 조선인들은 이들 지역에 대한 지리 지식이 사실상 전무했는데요, 따라서 이들 지역은 지식 없이 모사만 했다고 생각할 수 있습니다. 이 때문에 지명이 잘못 쓰인 경우도 많았으며, 16세기 후반 이후 제작한 세계지도에서는 유럽과 아프리카 지역을 더는 묘사하지 않게 된 것이지요.

당대의 가장 뛰어난 지도

새로운 왕조를 연 조선은 자신들의 역성혁명을 정당화하고자 다양한 사업을 펼쳤습니다. 이 가운데 천상열차분야지도와 혼일강리역대국도지도를 제작한 것은 천문과 지리가 제왕의 학문이라는 성격을 지니기 때문이에요.

한편 이 지도는 당시 동서양에서 제작된 지도 가운데 가장 뛰어났습니다. 조선에 잘 알려진 중국과 일본뿐 아니라 동남아시아, 인도를 넘어 아라비아반도, 아프리카, 유럽 등 구대륙에 해당하는 모든 지역이 이 지도에 망라되었지요. 이는 원나라, 명나라, 조선, 일본 등지의 지리 정보가 통합되었기에 가능한 일이었습니다. 즉 동아시아를 중심으로 지도를 교류했기 때문에 이 지도가 만들어질 수 있었던 것입니다.

그러나 16세기에 이르러 동아시아에서 제작된 세계지도에서는 아프리카와 유럽이 다시금 사라지게 되었고, 동아시아의 지도 제작 주도권은 서양으로 넘어갔습니다.

9장

김대건의 조선전도와 김정호의 대동여지도

서방에 한반도를 알린 지도들

2021년은 김대건 신부 탄생 200주년이 되는 해였습니다. 이를 기념하여 2021년 8월 김대건 신부의 출생지인 충남 당진 솔뫼성지에서는 가톨릭 대전교구와 당진시 주최로 다채로운 행사가 열렸습니다. 아울러 유네스코가 김대건 신부를 '2021년 세계 기념 인물'로 선정해 더욱 뜻깊었는데요, 유네스코가 김대건 신부를 선정한 이유는 무엇일까요?

평등사상과 박애주의를 실천하고, 더불어 '조선전도'를 제작해 유럽 사회에 알리는 데 기여한 김대건 신부의 공로를 인정한 것이지요. 이에 이번 장에서는 김대건 신부가 제작한 조선전도에 관해 살펴보려고 합니다. 또 동시대를 살았던 김정호와 그가 작성한 지도도 알아보겠습니다.

격변의 시기 동아시아와 김대건 신부

한반도를 포함한 동아시아에서 19세기는 말 그대

솔뫼성지 내 김대건 신부 동상

자료: 김종근

로 격변의 시기였어요. 우선 서구 세력이 동아시아로 본격 진출하기 시작했고, 1840년과 1856년 두 차례에 걸쳐 아편전쟁을 일으켜 중국에서의 영향력을 확대하고 있었지요. 이어 조선으로도 영향력을 확대하려고 병인양요(1866년)와 신미양요(1871년) 등을 일으킨 바 있습니다.

동아시아에서 서구의 영향은 전쟁으로 대표되는 무력으로만 한정되지 않고, 천주교나 개신교 등 기독교의 확대로도 나타났습니다. 1876년(고종 13년) 강화도 조약으로 개항하기 이전까지 조선 정부는 서양의 무력 침공뿐만 아니라 기독교의 확산 또한 엄금했으며, 이와 관련해 신유박해(1801년), 기해박해(1839년), 병오박해(1846년), 병인박해(1866년) 등 총 네 차례에 걸쳐 천주교 박해가 일어났지요.

일련의 박해 가운데 특히 병오박해는 우리나라 최초의 천주교 사제인 김대건 신부가 순교한 사건인 까닭에 중요한 박해로 기록되고 있습니다. 먼저 김대건 신부가 어떤 삶의 궤적을 거쳤는지 한번 살펴볼까요?

김대건 신부는 1821년 충청도 면천군(현재 충남 당진시)에서 아버지 김제준 성 이냐시오와 어머니 고우르술라의 장남으로 태어났습니다. 조부모와 부모가 모두 가톨릭 신자였던 김대건은 15세이던 1836년에 모방(Pierre Philibert Maubant, 1803~1839년) 신부에 의해 신학

생으로 선발되어 최방제(?~1837년), 최양업(1821~1861년)과 함께 마카오의 파리외방전교회(Missions étrangères de Paris)로 떠났어요. 그곳에서 리브와(Napoléon Liboias, 1805~1872년) 신부의 지도하에 중등 과정과 철학, 신학 등을 이수했는데, 이 과정에서 1839년 마카오에 민란이 일어나 필리핀으로 잠시 피신하기도 했습니다.

이후 1842년 프랑스 해군 세실(Jean-Baptiste Thomas Médée Cécille, 1787~1873년) 함장이 요청해 통역 요원으로 함선에 승선했으나, 이후 세실 함장이 계획을 변경하면서 하선했습니다. 김대건 신부는 요동반도 일대의 백가점(白家店)과 소팔가자(小八家子)로 이동하여 육로로 조선에 입국하려다가 실패했고, 1844년에는 중국 훈춘(琿春)에서 경원[12]을 통해 입국을 시도했어요. 이러한 노력 끝에 김대건 신부는 변문[13]을 통과해 1845년 1월 15일 조선에 입국하게 되었습니다.

그해 4월에 해로를 통해 상하이로 출국할 때까지 페레올(Jean Joseph Jean Baptiste Ferréol, 1808~1853년) 주교를 맞이하기 위해 거처를 마련하고, 상하이로 갈 배를 마련했으며, 이때 '조선전도'도 작성했습니다. 그해 8월 페레올 주교와 함께 상하이에서 다시 배를 타고 조

---

12 함경북도.

13 변문은 현재 중국 랴오닝성 단둥시(丹东市) 내 펑청시(凤城市)의 비엔먼진(邊門鎭) 비엔먼촌(邊門村) 일대이다.

선으로 건너오다가 풍랑을 만나 제주에 표착했고, 이후 충청도 강경을 거쳐 서울로 돌아왔습니다.

김대건 신부는 페레올 주교의 지시로 선교사의 입국을 모색하기 위해 1846년에 황해도 해안으로 이동하여 중국 어부와 접촉했는데, 이 과정에서 1846년 5월 황해도 순위도(巡威島)에서 관원에게 체포돼 서울로 압송되었어요. 그리고 1846년 9월 16일 용산의 새남터에서 생을 마감했습니다.

순교 이후인 1857년에 교황 비오 9세(Papa Pio IX)가 김대건 신부를 가경자(Venerable)[14]로 선포했고, 1925년에는 교황 비오 11세(Papa Pio XI)가 복자(the Blessed)[15]로 선정했으며, 1984년에는 교황 요한 바오로 2세가 성인(the Saint)[16]으로 시성(諡聖)[17]했습니다.

---

14 로마 가톨릭교회에서, 신앙과 덕행이 뛰어난 사람이 죽었을 때 그에게 내리던 칭호.

15 죽은 사람의 덕행과 신앙을 증거하여 공경의 대상이 될 만하다고 교황청에서 공식적으로 지정하여 발표한 사람을 높여 이르는 말.

16 교회에서 일정한 의식에 따라서 성덕이 뛰어난 사람으로 선포한 사람.

17 죽은 후에 성인품(聖人品)으로 올리는 일.

김대건 신부가 제작한 조선전도

1845년 4월 7일 김대건 신부는 서울에서 마카오 주재 파리외방전교회 극동지부장이었던 리브와 신부에게 서신 한 통을 보냈어요. 이 서신의 내용에 따르면 김대건 신부는 리브와 신부에게 지도를 함께 보냈는데, 그 지도가 바로 '조선전도'입니다. 김대건 신부가 1845년 1월 중순에 서울로 왔으니 이 지도는 1845년 1월 중순 이후와 서신을 보낸 4월 7일 사이에 제작했다고 할 수 있겠지요.

프랑스 국립도서관에서 소장하고 있는 이 지도의 공식 명칭은 'Carte de la Corée: faite par André Kim(avant 1846)', 즉 '조선전도: 김대건 제작(1846년 이전)'입니다. 이 지도의 크기는 가로 64㎝, 세로 117㎝이며, 지도상에는 한반도 전역과 주변 지역이 그려져 있습니다. 주요 지리 정보는 해안선, 하천, 섬, 도 경계선, 국경선, 수도, 군현 등이고요. 지명은 400여 개인데, 자연 지명은 섬 104개, 하천 5개 등 114개이며, 인문 지명은 군현 명칭이 259개이고 수도와 도 9개, 포구 9개 등 286개입니다.

김대건 신부는 무슨 목적으로 조선전도를 작성했을까요? 당시 파리외방전교회에서는 조선에 육로로 가톨릭 성직자를 보내는 것이 거의 불가능했던 까닭에

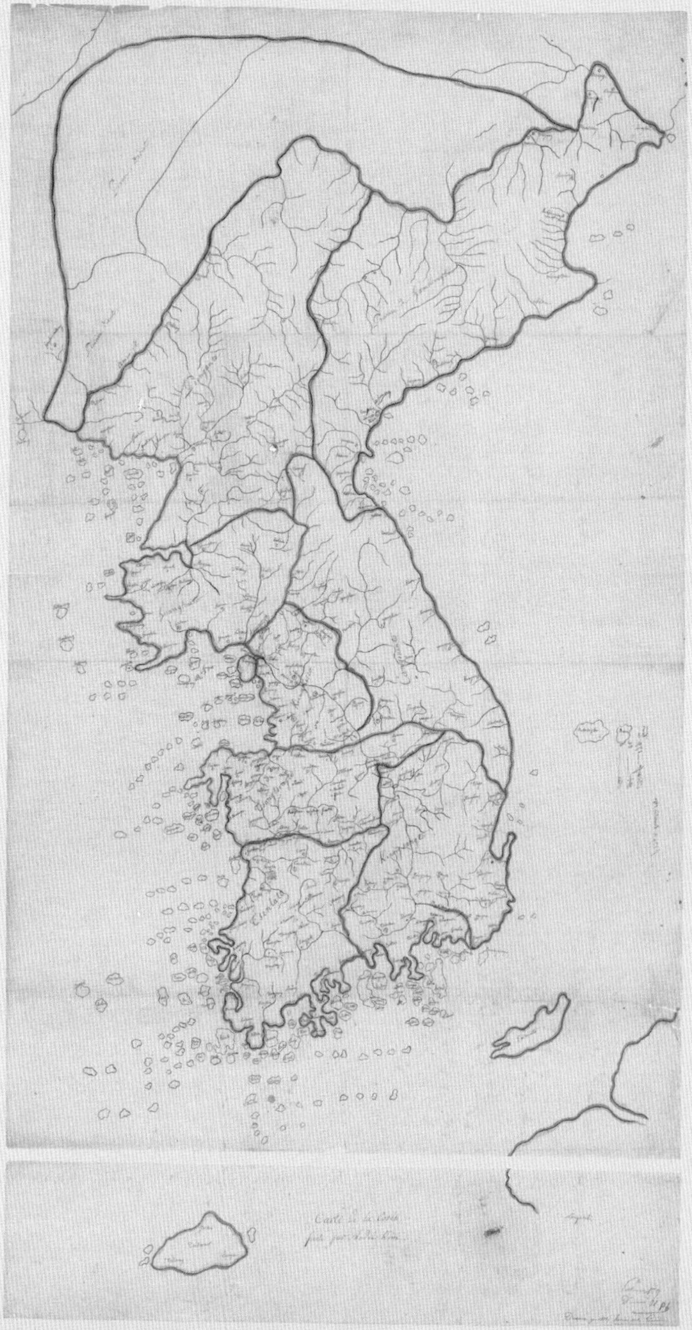

김대건 신부가 제작한 조선전도 자료: 프랑스 국립도서관

해로로 성직자를 보내려고 노력했어요. 해로로 선교사를 파견하려면 조선의 지리 정보가 필요했고, 조선에서 포교 활동을 하는 데도 마찬가지로 지리 정보가 필요했지요. 이러한 이유로 김대건 신부는 조선 정부가 보관하고 있던 세밀한 지도를 복제하여 조선전도를 작성했던 것입니다.

이 지도는 서울이 'Seoul'이라는 로마자로 처음 표기되었고, 한글 발음 방식으로 지명이 기재되었으며, 독도인 우산도가 쓰여 있다는 점에서 매우 중요한 가치를 지닙니다.[18] 참고로 말씀드리면 조선 시대에 독도는 우산도(于山島)로 불렸고, 개화기에 석도(石島)라는 명칭을 거쳐 독도(獨島)로 확정되었습니다.

조선전도 제작에 참고한 지도

프랑스의 선교사 클로드 샤를 달레(Claude-Charles Dallet, 1829~1878년)가 작성한 『한국천주교회사』에 따르면 김대건 신부는 한성부 서고에 보관되어 있던 지도를 필사하여 조선전도를 작성했습니다.[19] 그렇다면

18 박경, 2015년, 「근대 유럽 지도에 나타난 우리나라 지명 표기의 변천에 대한 연구」, 『한국지도학회지』 15(2), 25~37쪽.

19 클로드 샤를 달레 원저, 안응렬 · 최석우 역주, 1979년, 『한국천

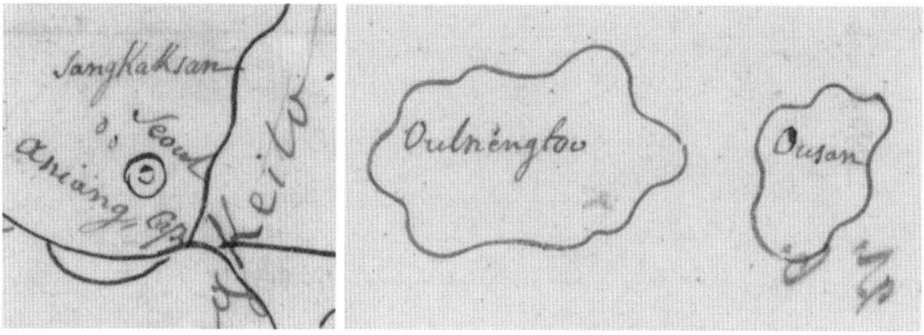

조선전도에 나타난
서울과 울릉도,
우산도 표기

자료: 프랑스 국립도서관

김대건 신부는 한성부 서고에서 어떤 지도를 보고 필사했을까요? 조선전도의 형태는 정상기의 동국지도 계통이 분명하기에, 국내에 존재하는 정상기의 동국지도 계통 12장[20]을 모두 확보해서 비교해 보았습니다.

분석해 본 결과 김대건 신부의 조선전도와 100% 완벽하게 일치하는 지도를 발견하지는 못했습니다. 그러나 해안선과 하천, 다수의 섬 묘사가 매우 유사한 지도를 확인했는데요, 바로 영남대학교 박물관에 소장된 『팔도지도』의 '팔도전도'입니다.

우선 해안선은 동해안의 강릉-삼척 구간, 서해안의 태안반도 일부와 황해도 일부 해안을 제외하고는

주교회사』 상, 26쪽.

20 아동여지도, 좌해여도, 해동여지도(이상 국립중앙도서관 소장), 조선전도(숭실대학교 박물관 소장), 조선전도, 『여지도』의 아국총도(이상 서울대학교 규장각한국학연구원 소장), 동국전도, 『해동도』의 조선전도(이상 삼성미술관 리움 소장), 『각도지도』의 조선전도, 『고지도첩』의 조선전도, 『도리도표』의 팔도전도, 『팔도지도』의 팔도전도(이상 영남대학교 박물관 소장).

두 지도가 매우 유사했어요. 하천은 함경도와 평안도 사이, 황해도와 강원도 사이의 도별 경계선과 겹쳐지는 하천과 경상도 북부 지역의 일부 하천을 제외하고는 모두 일치했고요. 섬은 울릉도, 우산도, 대마도, 거제도, 남해도, 완도, 진도, 홍도, 흑산도, 위도, 고군산도, 영종도, 강화도, 연평도, 백령도, 대청도, 덕도, 신미도, 신도 등 주요 섬이 동일한 위치에 흡사한 형태로 두 지도 모두에 그려져 있었습니다. 다만 제주도는 위치와 형태가 모두 일치하지 않았답니다.

아울러 동해안과 남해안, 서해안에 걸쳐 다수의 무명 섬이 조선전도에는 그려져 있으나 팔도전도에는 없었고, 산지와 교통로는 팔도전도에는 있으나 조선전도에는 기재되어 있지 않았어요. 지도의 크기는 조선전도가 세로 117㎝, 가로 64㎝이고, 팔도전도는 세로 98㎝, 가로 62㎝인데, 조선전도의 하단에 제주도와 지도 명칭 등이 기재되어 좀 더 길어진 것을 감안하면 매우 비슷합니다.

따라서 현재까지 파악되는 정상기의 동국지도 계통 지도 중에서는 영남대학교 소장 『팔도지도』의 팔도전도가 김대건 신부가 작성한 조선전도와 가장 유사하다는 것을 알 수 있지요.

조선전도와 팔도전도 비교

조선전도(Carte de la Corée)

두 지도 비교

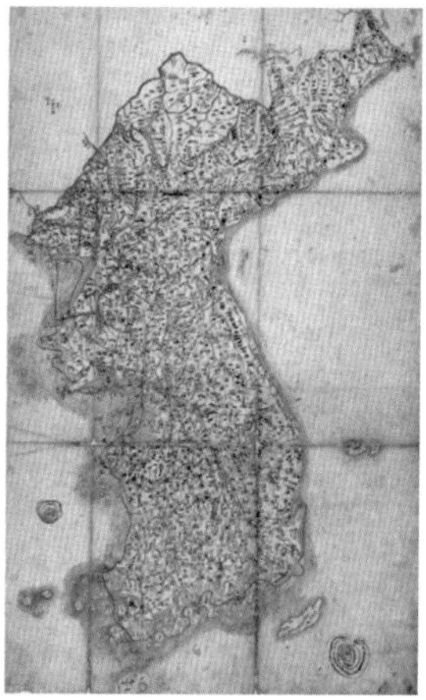

영남대 소장 팔도전도

이처럼 김대건 신부가 그린 조선전도는 정상기의 동국지도 계통 중에서 하나를 모사한 것임을 알 수 있습니다. 조선 후기의 대표적인 지도인 정상기의 동국지도는 백리척을 사용해 제작했기에 산지가 많은 한반도 북부 지방의 지리적 위치가 실제와 매우 근접하게 묘사되어 있어요. 현재 이 지도의 원본은 남아 있지 않지만 동국지도를 모사했다고 알려진 '동국대지도'가 국립중앙박물관에 소장되어 있습니다.

김대건의 조선전도를 모사한 지도들

한편 김대건 신부가 제작한 조선전도는 당시 동아시아에 진출했던 서구 제국주의 국가들에도 조선과 관련해 매우 중요한 지리 정보였어요. 이에 사본 지도가 다수 제작되었는데, 현재까지 확인된 바로는 두 종류입니다. 하나는 1845년 제작된 김대건 신부의 조선전도를 모사한 지도이고, 다른 하나는 현재까지 실물은 파악되지 않고 사본만 존재하는, 1848년에 제작된 또 다른 조선전도입니다.

김대건 신부가 제작한 조선전도의 계열 분류

계열 1845년 제작 조선전도 계열

지도 프랑스 국립도서관 소장 조선전도 (Carte de la Corée) 원본과 사본

특징
- 산지 지형 표시가 없음
- 산, 고개, 바다, 명승지 명칭이 없음
- 제주도가 표시됨

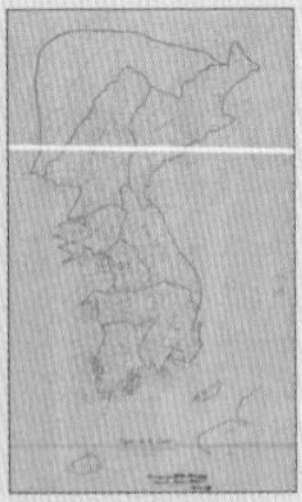

계열 1848년 제작 조선전도 계열

지도
- 라틴어본 조선전도(Carta Corea)
- 펠란 제작 조선전도(Carte de la Coree)

특징
- 산지 지형 표시가 있음
- 산, 고개, 바다, 명승지 명칭이 있음(특히 동해가 표기됨)
- 제주도가 표시되지 않음

우선 1845년 제작된 조선전도 계열 사본은 두 장이 남아 있습니다. 이 사본 지도는 파리외방전교회 소속 선교사 메스트르(Joseph Ambroise Maistre, 1808~1857년) 신부가 제작한 것으로 추정되는데, 그 근거는 다음의 서신 내용입니다.

> **"안드레아(김대건) 신부가 신부님에게 보낸 조선 지도 한 장을 중국인을 시켜 제 비용으로 복사해 줄 수 있다면 감사하겠습니다. 이 지도는 지리학적으로 정확하지 않지만 섬과 해안들을 인지하는 데는 많은 도움이 될 것입니다.[21]**

메스트르 신부의 서신에서 확인할 수 있는 것처럼 김대건 신부가 제작한 조선전도는 해로로 조선에 입국하는 데 많은 도움을 주는 지도였어요. 이 사본이 만들어진 시기는 1848년 9월 이후로 추정되는데, 이 시점에 메스트르 신부가 이 지도를 복제한 것은 1847년에 있었던 사건과 관련됩니다.

1847년 7월 프랑스 해군 라피에르 대령은 1846년 9월 프랑스 해군 세실 제독이 조선 정부에 전달한 서한

---

21 Lettre de M. Maistre a M. Libois. Sep. 8. 1848.; 한국교회사연구소 편, 1996년, 『성 김대건 신부의 활동과 업적 – 성 김대건 신부 순교 150주년 기념 전기 자료집 제2집』, 303쪽.

의 답장을 받기 위해 군함 글로아르(Gloire)호와 빅토리외즈(Victorieuse)호 두 척을 이끌고 조선의 서해안 고군산도 일대로 향했습니다. 이 배에는 조선에 상륙하여 포교 활동을 개시하려 했던 메스트르 신부도 함께 타고 있었지요.

그런데 이 배들은 조선 해안의 지형과 조수 간만의 차에 익숙하지 않아 고군산 군도에 좌초했고, 결국 1847년 8월 상하이로 되돌아갔습니다. 이 과정에서 메스트르 신부는 해로로 조선에 입국하는 데 어려움을 느꼈을 것이고, 이에 조선에서 만들어진 지도를 번역한 김대건 신부의 조선전도를 확보해야겠다고 판단했을 테지요. 그래서 서신의 내용과 같이 1848년에 사본 지도를 작성한 것으로 보입니다.

한편 1845년 제작된 조선전도의 원본과 사본 2매는 모두 프랑스 국립도서관에서 소장하고 있습니다. 우선 원본 지도는 김대건 신부가 제작하여 마카오의 리브와 신부에게 전달했고, 리브와 신부가 1849년까지 소장하고 있다가 동아시아 수로 조사차 마카오를 방문한 프랑스 해군 라 베요내즈(La Bayonnaise)호의 그라비에(Jean Pierre Edmond Jurien de La Gravière, 1812~1892년) 함장에게 전달한 것으로 보입니다.

1845년 제작한 조선전도의 원본과 사본 2매의 프랑스 전래 과정

원본	김대건 신부 → 리브와 신부 → 프랑스 해군 그라비에 함장 → 프랑스 해군 지도창 → 프랑스 해군 수로국 → 프랑스 국립도서관
사본 I	메스트르 신부 → 몽티니 총영사 → 프랑스 해군 지도창 → 프랑스 해군 수로국 → 프랑스 국립도서관
사본 II	메스트르 신부 → 몽티니 총영사 → 프랑스 국립도서관

그라비에 함장 초상화 자료: 위키피디아

몽티니 총영사 자료: LSF(Le Souvenir Français)

당시 그라비에 함장은 라 베요내즈호를 이끌고 1846년부터 1849년까지 동아시아 수역에 대한 수로 조사를 수행했습니다.[22] 프랑스로 돌아온 그라비에 함장은 프랑스 해군 지도창에 이 지도를 기증했고, 이 지도는 이후 프랑스 해군 수로국을 거쳐 프랑스 국립도서관으로 이관되었습니다.

그리고 메스트르 신부가 사본 지도 2장을 작성해 상하이 초대 총영사 몽티니(Louis Charles de Montigny, 1805~1868년)에게 전달한 것으로 보입니다.[23] 두 지도 중에서 사본 I은 몽티니 총영사가 프랑스 해군 지도창으로 보낸 것이 이후 프랑스 해군 수로국을 거쳐 프랑스 국립도서관에 이관된 것이고, 사본 II는 몽티니가 귀국 후 직접 프랑스 국립도서관(당시는 왕립 도서관)에 기증한 것이지요.

이처럼 김대건 신부가 제작한 조선전도의 원본뿐만 아니라 사본까지 프랑스로 보내진 것은 당시 프랑스 정부가 구하기 힘들었던 조선의 지리 정보를 확보하여 향후 조선으로 진출할 때 사용하려는 준비 과정이었습니다.

한편 1848년에 제작된 조선전도는 미국 국립문서기록보관청(NARA: National Archives and Records Administration)에 소장된 펠란(J. R. Phelan)이 제작한 조선전도(Carte de la Coree)와 프랑스 국립도서관에 소장된 라틴

---

22 Jean Pierre Edmond Jurien De La Gravier, 1872, Voyage de la corvette "La Bayonnaise" dans les mers de Chine, Henri Plon, Paris.

23 현재까지 조선전도의 사본을 작성했다는 기록은 메스트르 신부의 서신에만 나타난다. 이에 두 지도 모두 메스트르 신부가 사본을 작성한 것으로 추정하였다.

어본 조선전도(Carta Corea)입니다. 이 두 지도가 중요한 이유는 독도인 우산도가 'Ousan'이라는 로마자로 기재되었을 뿐 아니라 동해 수역에 동쪽 바다(동해)를 가리키는 'Mare Orientale' 역시 로마자로 기재되어 있기 때문입니다.

이제 이 두 지도가 김대건 신부와 어떤 관련성이 있는지 확인해 보겠습니다. 미국 NARA에 소장된 조선전도에는 셰넌도어(Shenandoah)호에 탑승한 미국 해군 초급장교(midshipman) 펠란이 이 지도를 1868년에 모사한 것이며, 모사한 지도의 원본은 1848년 김대건 신부(Andrea Kimhai Kim)가 작성한 것이라는 기록이 있습니다.

이 지도를 직접 분석해 본 결과, 펠란이 제작한 조선전도는 기본적으로 김대건 신부가 1845년에 제작한 지도의 하천과 해안선, 섬, 도 경계 등과 상당 부분 일치한다는 점이 확인되었습니다. 그런데 두 지도 간에 차이점도 보이는데요, 대표적으로 산지 지형 표시가 1845년 제작 원본 지도에는 전혀 표시되어 있지 않지만, 펠란의 조선전도에는 짧은 털 모양으로 산지를 표시하는 우모식(牛毛式) 형태로 표시되어 있습니다. 특히 1845년에 제작된 조선전도에는 없는 백두산이 표현된 것은 중요한 차이점이지요.

아울러 지명도 1845년에 제작된 지도에는 총 400

개가 나오는데, 펠란이 제작한 지도에는 467개가 나와 훨씬 많습니다. '울릉도'와 '우산도'는 두 지도에 모두 기재되어 있지만, 펠란의 지도에는 '동해'와 '서해' 등 바다 이름, '관동팔경' 등 명승지 지명이 기재되어 있습니다.

이러한 점을 종합해 볼 때 펠란이 제작한 조선전도가 1845년에 작성된 김대건 신부의 조선전도를 단순히 모사해서는 만들어질 수 없는 지도라는 결론에 이르렀습니다. 이는 결국 기존에 파악된 1845년 조선전도가 아닌, 1848년에 만들어진 알려지지 않은 또 다른 조선전도가 있다는 것을 말해 줍니다.

그렇다면 1848년에 만들어진 조선전도는 어떤 지도였을까요? 앞서 소개한 두 지도 중 프랑스 국립도서관에 소장된 라틴어본 조선전도는 현재까지 확인된 지도 가운데 1848년에 만들어진 조선전도에 가장 근접하는 지도로 보입니다. 왜냐하면 라틴어본 조선전도에는 김대건 신부가 작성한 지도를 모사한 지도라는 흔적이 여러 곳에서 나타나기 때문이에요. 우선 이 지도는 1845년에 작성된 조선전도의 하천과 해안선, 섬, 도 경계가 똑같습니다. 이를 통해 두 지도의 뿌리가 기본적으로 동일하다는 것을 알 수 있습니다.

그다음으로 라틴어본 조선전도에 한글 지명과 라틴어 문장이 기재된 점을 주목할 필요가 있습니다. 이

라틴어로 작성된 조선전도(1860년)

자료: 프랑스 국립도서관

펠란이 제작한 조선전도(1868년)

자료: 미국 국립문서기록관리청

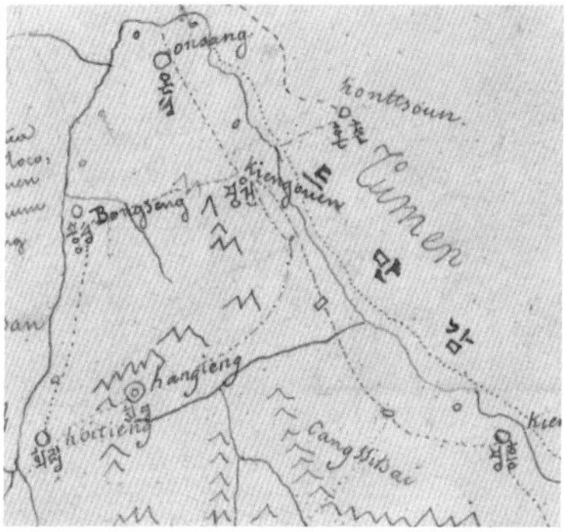

라틴어본 조선지도에 쓰인 한글 지명

지도에는 ‘강령’, ‘경원’, ‘경흥’, ‘길듀’, ‘대마도’, ‘드만감’, ‘명텬’, ‘무산’, ‘부령’, ‘뷘들이라’, ‘신도’, ‘신미도’, ‘안변’, ‘연평’, ‘영유’, ‘온성’, ‘우슈’, ‘일본 나라 지경’, ‘종성’, ‘행영’, ‘혼춘’, ‘회령’ 등 총 22개 한글 지명이 있어요. 아울러 백두산 동쪽 부분에는 청나라의 발상지에 대한 설명이 라틴어로 적혀 있습니다.

1845년에 작성된 조선전도와 형태상으로 매우 유사한 점, 한글 지명과 라틴어 지명, 라틴어 문장 등이 기재된 점을 감안한다면, 이 지도는 김대건 신부가 작성한 지도를 모사한 지도일 가능성이 높지요. 여러 가지 사항을 종합해 볼 때 김대건 신부가 1845년에 조선전도를 작성하면서 또 다른 지도 한 장을 추가 제작했을 것이라고 판단됩니다. 그리고 이 지도는 알 수 없는 이유로 1848년에 작성된 조선전도로 명명되고, 이후

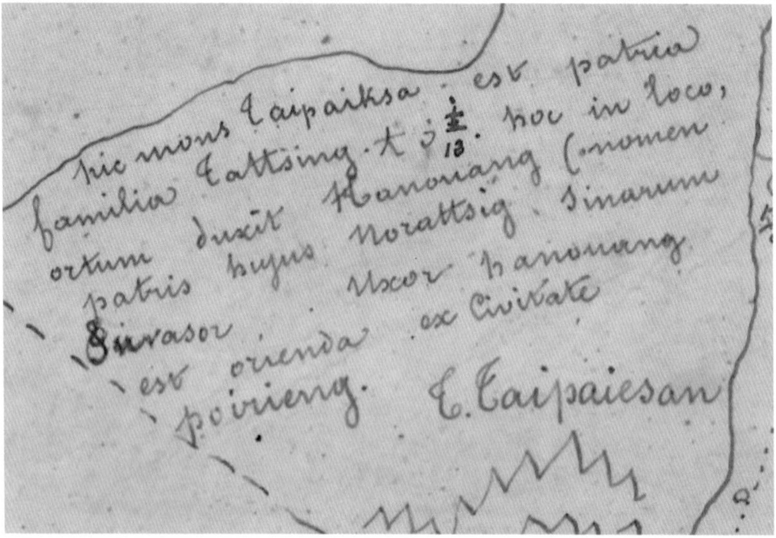

청나라 발상지에 대한 라틴어 설명
(탈초와 번역: 최우철 신부)

hic mons Taipaiksa est patria familia[e] Tattsing, hoc in loco, ortum duxit Hanonang (nomen patris hujus Norattsig, sinarum invasor.[)] Uxor hanonang est orienda ex civitate poirieng.

이 산(태백산)은 청나라 왕족의 발상지로 이 장소에서 하노낭이 이끌었다. 시조의 이름은 중국을 강점한 누르하치이다. 하노낭 부인은 포이령시에 그 기원을 두고 있다.

1860년에는 이를 모사한 라틴어본 조선전도가 만들어졌을 것으로 보입니다.

흥미로운 사실은 이 라틴어본 조선전도를 프랑스 해군이 소장하고 있었다는 점이에요. 당시 조선에 대한 지리 정보가 매우 부족한 상태에서 김대건 신부가 제작한 조선전도는 프랑스 해군에게 매우 중요한 정보였습니다. 그리고 1866년 발생한 제너럴셔먼호 사건을 조사하기 위해 조선의 서해안으로 함정을 보내야 했던 미국 해군은 프랑스 해군으로부터 조선전도를 입수했을 것입니다.

프랑스 해군이 소장했던 라틴어본 조선전도는 미국 해군이 작성한 조선전도보다 크고, 기재된 지명 정보도 더 많아요. 즉 라틴어본 조선전도는 폭 65㎝, 높이 105㎝이지만, 펠란의 조선전도는 폭 16㎝, 높이 26.67㎝이고, 지명의 개수도 라틴어본 조선전도는 576개이고, 펠란의 조선전도는 466개여서 100개가량 차이가 납니다. 이 점은 프랑스 해군이 라틴어본 조선전도보다 간략하게 조선전도를 새로이 작성하여 미국 해군에 제공했을 가능성을 시사합니다.

앞서 살펴본 바와 같이 김대건 신부는 천주교 신부들이 한반도에 안전하게 입국하여 포교 활동을 펼치는 데 도움을 줄 목적으로 조선전도를 작성했습니다. 아울러 그가 작성한 조선전도는 서구인들에게 미지의 땅으로 알려진 조선의 지리 정보를 제공하는 데 큰 역할을 했지요. 실제로 1855년 발간된 프랑스 지리학회 학회지(Bulletin de la Société de géographie) 4집 9권에 김대건 신부의 조선전도를 모사한 지도가 소개되었습니다.

이처럼 김대건 신부의 조선전도는 19세기 말 서구와 일본이 한반도의 해안선을 실제 측량하기 전까지 조선의 지리 정보를 나타내는 중요한 지도로 인정받았습니다. 그러면 동시대 조선에서는 어떤 이가 새로운 지도를 제작하고 있었는지 살펴보겠습니다.

김정호가 만든 여러 지도들

김정호(1804~1866년)는 김대건 신부와 동시대를 살았던 조선의 지도제작자입니다. 김정호가 우리에게 잘 알려진 이유는 『대동여지도』 때문이지만, 실제 그는 『대동여지도』를 제작하기 전에 이미 『청구도』와 『동여도』를 제작했고, 그 외에 『동여도지』, 『여도비지』, 『대동지지』와 같은 지리지까지 제작한 바 있어요. 이 중에서도 그가 제작한 지도를 중심으로 살펴보고자 합니다.

김정호가 만든 첫 전국 지도는 『청구도』입니다. 김정호의 친구였던 최한기는 『청구도』의 서문에 '김정호는 어릴 적부터 지도 제작에 뜻을 두고 많은 지도를 접하였으며, 지도를 만드는 법을 고민하였다'고 기록했어요. 이러한 서문에서 짐작할 수 있는 바와 같이 김정호는 새로운 방식으로 필사본 전국 지도를 제작했습니다.

즉 남북으로 29층을 나누고, 건(乾) 권에는 1, 3, 5, 7, 9 등 홀수 층의 지도를, 곤(坤) 권에는 2, 4, 6, 8 등 짝수 층을 수록했습니다. 이는 아래위층을 겹쳐서 봐야 할 경우를 감안한 것이었지요. 아울러 각층은 22판으

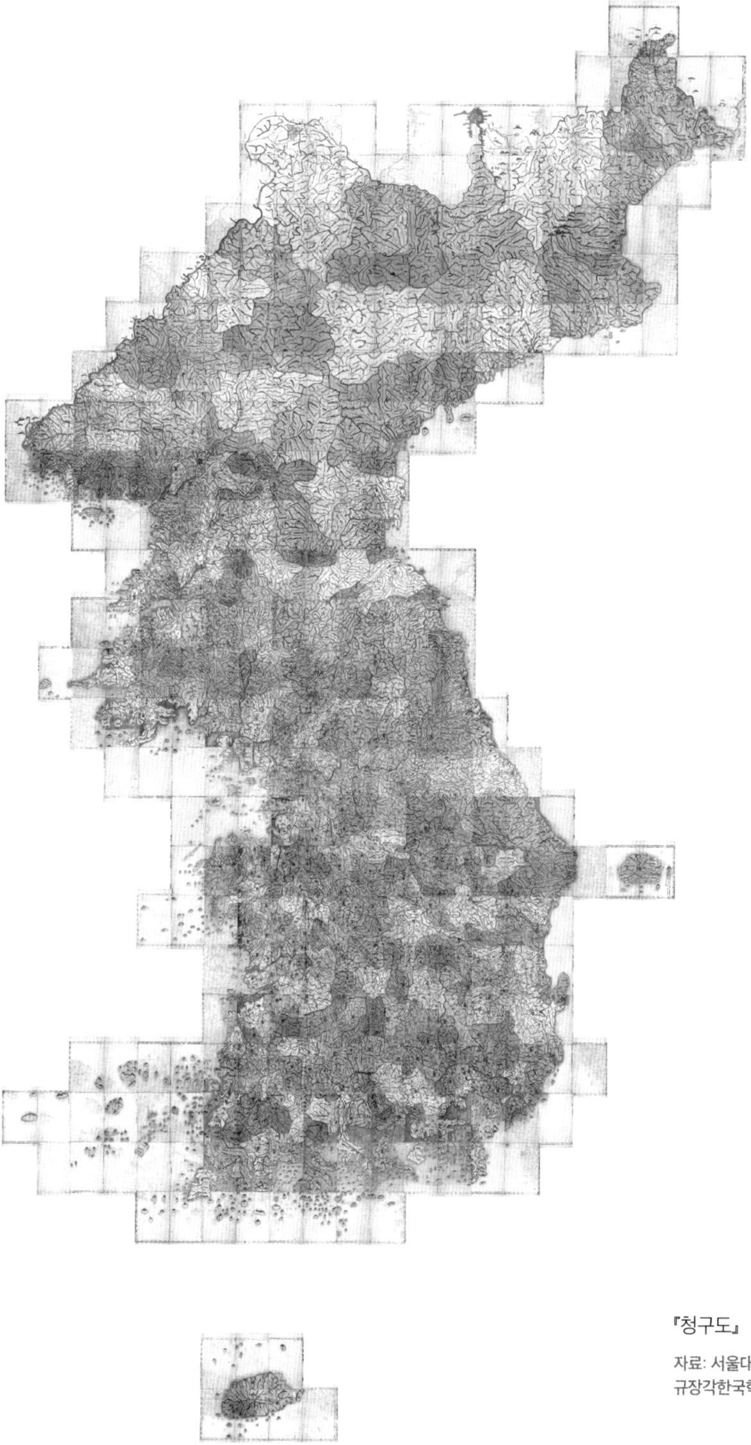

『청구도』

자료: 서울대학교
규장각한국학연구원

『청구도』 내 한양과 인근 지역

자료: 서울대학교 규장각한국학연구원

산지를 연맥식이 아니라
띄엄띄엄 끊어지게 그렸다.

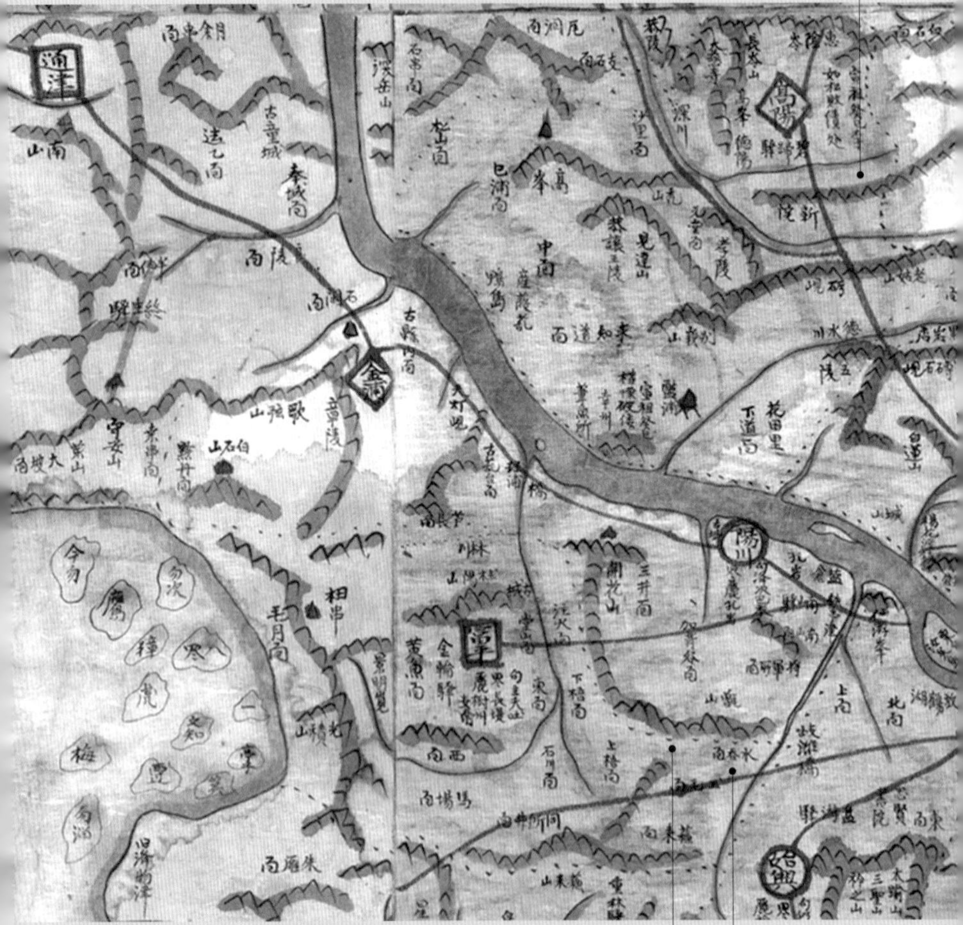

점과 지명을 이용해
지리 정보를 표현했다.

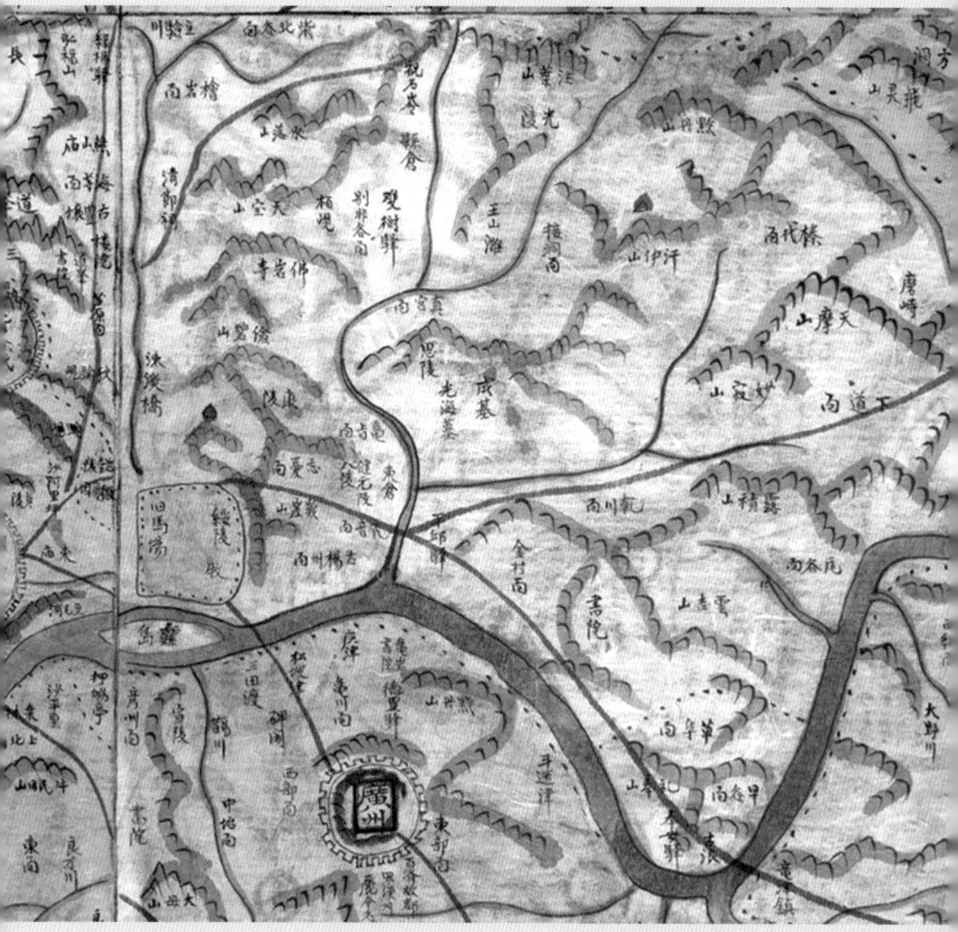

檜岩面
水落山
佛岩寺
眞官面
思陵
光海墓
成墓
東倉
平邱驛
金村面
乾川面
天摩山
妙寂山
下道面
露積山
雲吉山
草阜面
旧馬場
古楊州面
廣州
東部面
西部面
大野川

로 구성되었습니다. 이와 같은 방식을 지도 제작에 적극적으로 활용한 것은 상세한 대축척 지도의 필요성이 증대된 결과였습니다.

이러한 지도 제작 방식은 이후『동여도』와『대동여지도』로 이어집니다.『청구도』에는 산세와 수계, 해안선과 도서 등 자연 지리 내용과 성곽, 창고, 역, 도로, 봉수, 나루터, 교량, 고개, 시장, 제언, 사찰, 능원 등 인문 지리적인 내용이 그려졌으며, 지명 1만 5,400여 개가 기재되었습니다.

이 지도의 특징적인 점은 인문 지리 정보에 대해 지도 기호를 사용하지 않는 대신 지명(예: 진, 보, 사, 원, 역, 창)을 우선적으로 사용한 것이에요. 또 군현 중심지에 호구(戶口), 전결(田結), 곡총(穀總), 군정(軍丁), 도리(道里) 등을 기재하여 지리지적인 특징도 지니지요. 그리고 주요 산을 연결하지 않고 띄엄띄엄 그렸는데, 이러한 산지 표현 방식은 이후의 지도에서는 산줄기를 연결하는 연맥식으로 바뀌었습니다.

김정호가 그린 두 번째 전국 지도는『동여도』예요. 이 지도는 1857년부터 1861년 사이에 제작된 것으로 추정되며, 필사본입니다. 남북으로 총 23첩이며, 이 중 1첩에는 지도 목록이 기재되었고, 나머지 22첩은 지도입니다. 실제『대동여지도』와 형태와 내용이 매우 유사한 까닭에『대동여지도』판각을 위해 선행한 지도로

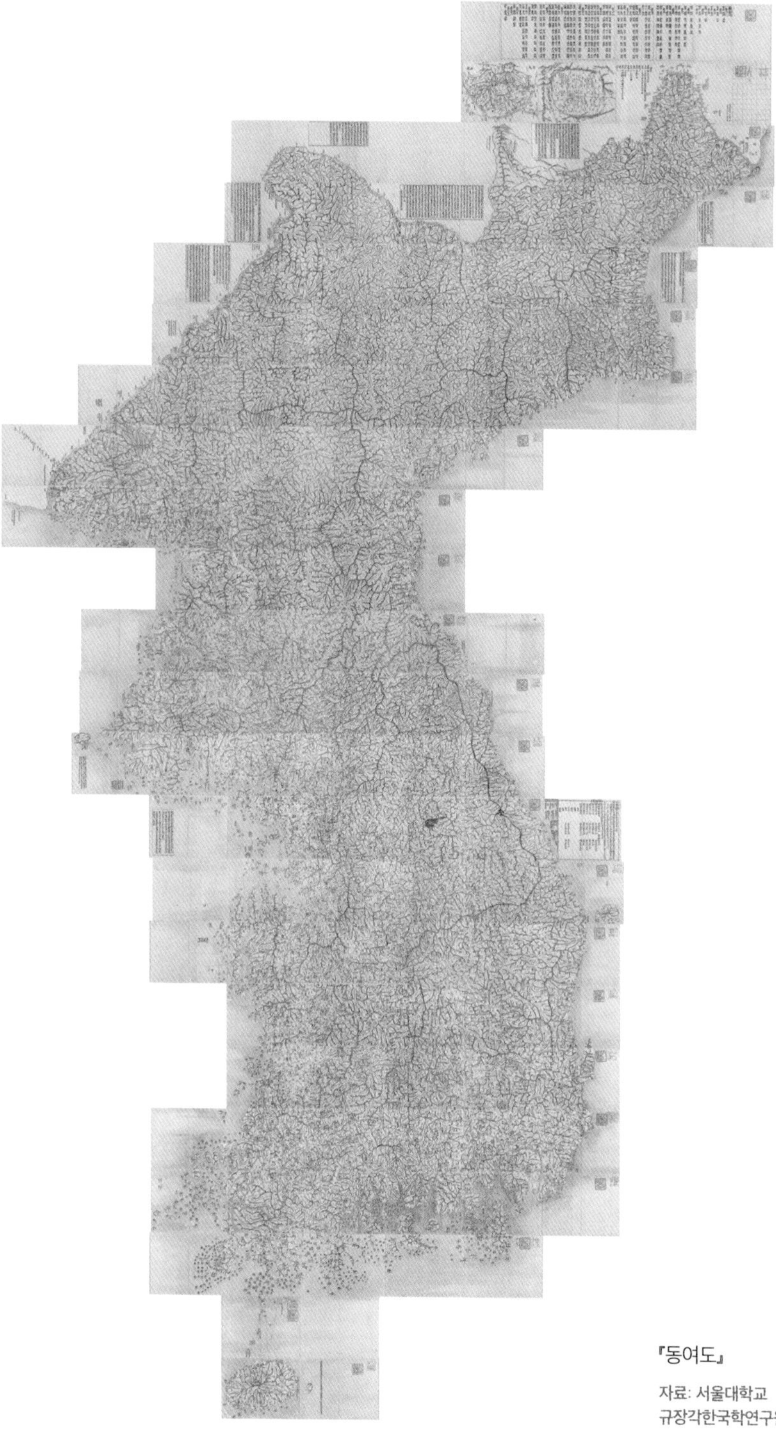

『동여도』

자료: 서울대학교 규장각한국학연구원

『동여도』 중 서울 인근 지역

자료: 서울대학교 규장각한국학연구원

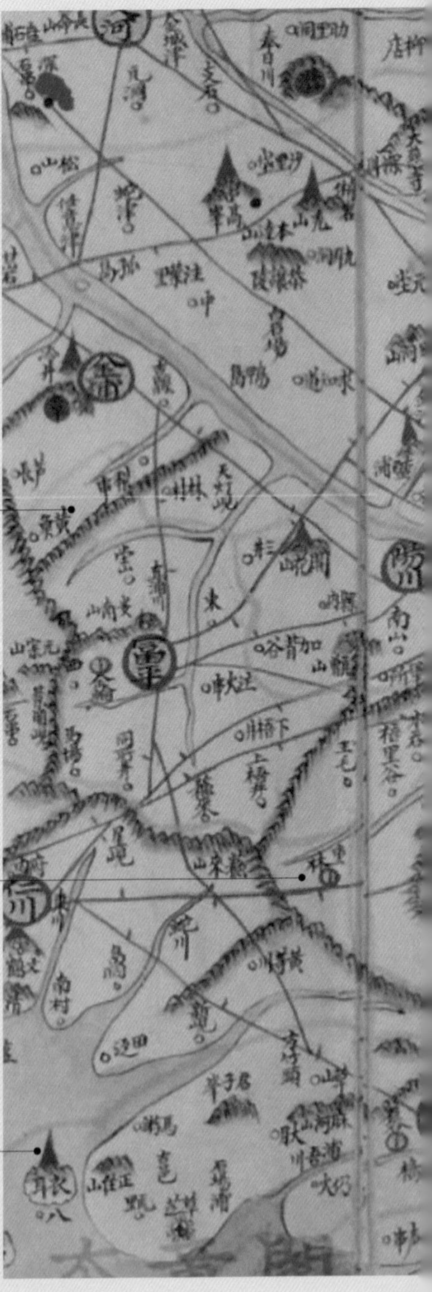

산지를 연맥식으로 그렸다.

지리 정보를 기호로 표현했다.

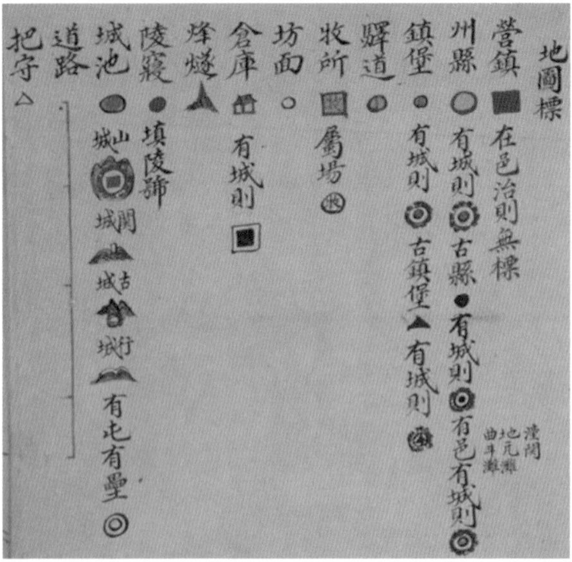

『동여도』의
지도표(범례)

평가받고 있어요. 총 12개 항 26종 지도표, 즉 범례를 새롭게 사용했고, 연맥 형태로 산줄기를 표시하는 등 지형 표현을 정교화했습니다. 도로도 10리마다 표시했고, 『청구도』에서는 건(乾)과 곤(坤) 권으로 묶었던 것을 첩별로 묶는 방식으로 바꾸었습니다.

김정호가 세 번째로 그린 지도인 『대동여지도』는 1861년에 제작되었습니다. 당시 청나라는 제2차 아편전쟁에서 패해 베이징이 서구 국가들에 함락되었고, 조선의 해안에도 다수의 서양 선박이 자주 출몰하고 있었지요. 『대동여지도』 제작을 후원한 신헌(1810~1884년)은 당시 고위급 무관인 삼도수군통제사였으며, 이러한 점은 김정호가 『동여도』와 『대동여지도』를 작성한 주요 계기가 되었을 것으로 보입니다.

이 지도는 분첩절첩식으로 작성되었는데, 남북으로 120리 기준으로 총 22층을 구분하여 하나의 층을 1첩으로 구성했으며, 이를 '분첩'이라고 해요. 그리고 1첩을 동서 80리 간격으로 꺾어(折)서 접고 펼 수 있게 했는데, 이를 '절첩'이라고 합니다. 이렇게 지도를 구성하여 차곡차곡 접으면 가로 20㎝, 세로 30㎝ 책자 형태로 지도가 접혀서 정리됩니다.

『대동여지도』에 사용된 범례는 총 14항목인데 영아(營衙), 읍치(邑治), 성지(城址), 진보(鎭堡), 역참(驛站), 창고, 목소(牧所,) 봉수(奉受), 능침(陵寢), 방리(坊里), 고현(古縣), 옛 진보, 옛 산성, 도로 등입니다. 군사 항목이

분첩절첩식
『대동여지도』
자료: 국립중앙박물관

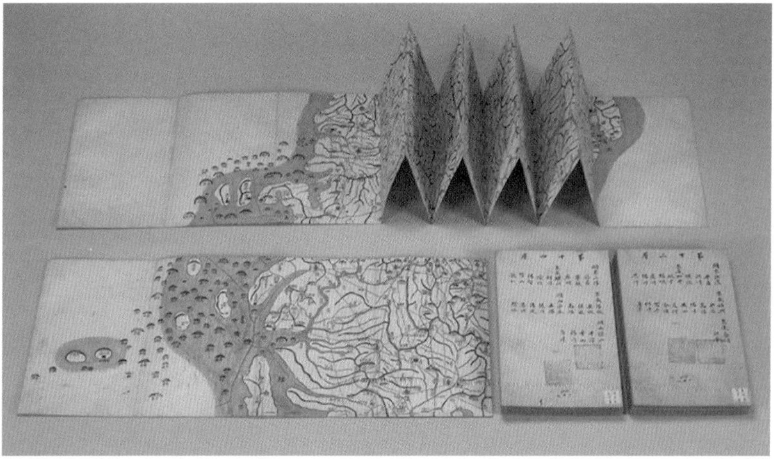

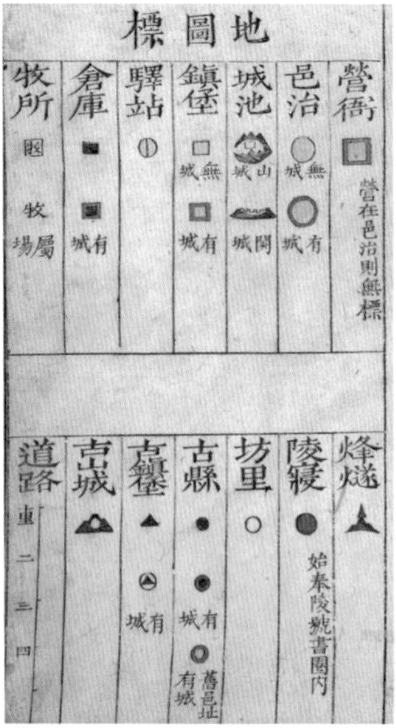

『대동여지도』 지도표(범례)

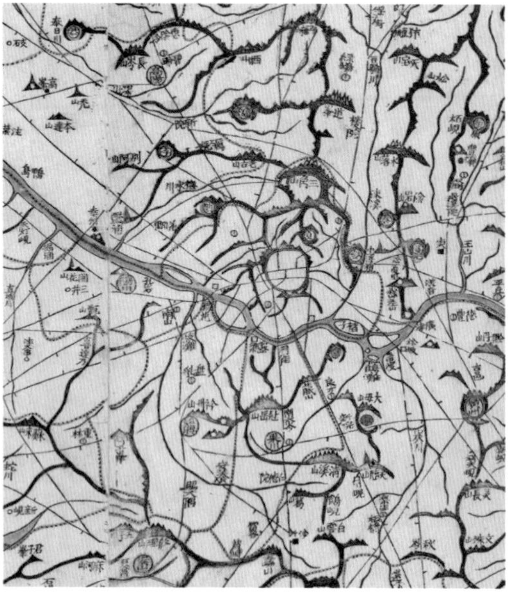

『대동여지도』에 그려진 서울 인근

많은 이유는 이 지도를 제작한 목적이 국방용이었기 때문이지요.

도로는 10리마다 표시했고, 산지는 연맥식으로 표현했습니다. 아울러 산지의 높낮이, 험한 정도를 세심하게 구분하여 표현했는데, 이러한 점은 『동여도』보다 체계적입니다. 그리고 하천은 가항 여부에 따라 가능하면 쌍선을, 불가능하면 단선을 사용해 표현했습니다.

『대동여지도』는 19세기 당시 조선 지도학의 최고봉으로 평가받고 있지만 서구에서 발달한 삼각측량법, 즉 정밀한 경위도 측량이나 거리, 방위 측정에 기반하

『대동여지도』

자료: 서울대학교 규장각한국학연구원

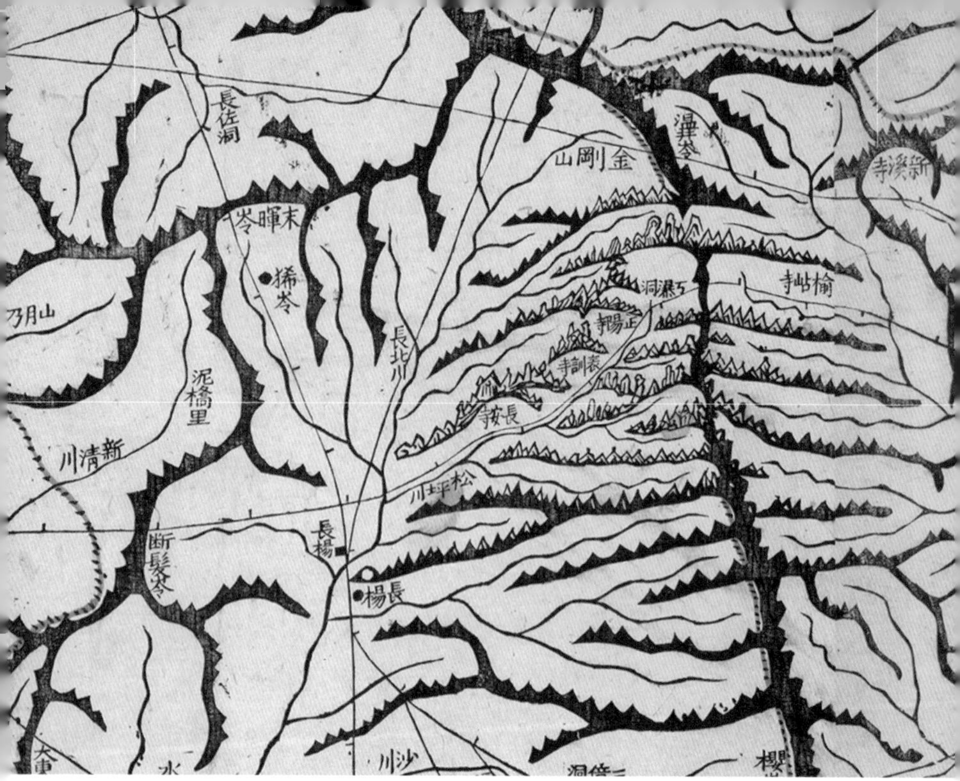

『대동여지도』의 산지 표현

여 제작된 지도는 아니에요. 따라서 현재의 지도에 비해 정확성이 떨어지는 점은 부정할 수 없지요. 예를 들어 북부 지방, 특히 함경도 지방은 오차가 매우 큽니다. 그러나 나머지 지역은 현재 지형도와 비교했을 때 오차가 비교적 적은 편입니다.

'신화'가 된 김정호의 대동여지도

『대동여지도』라는 걸작을 만들어 낸 김정호에 대

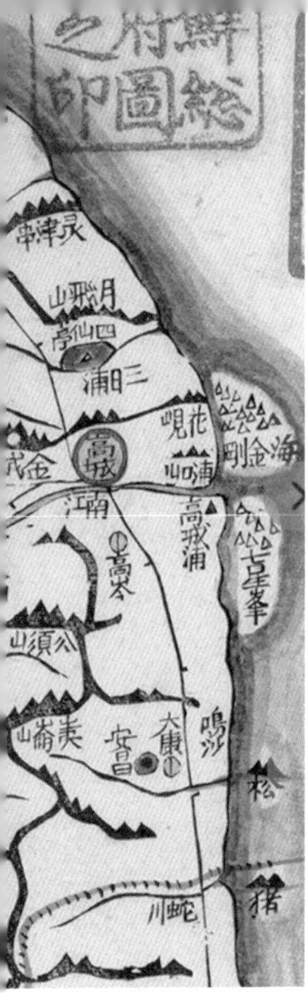

해 사람들은 언제부터 많은 관심을 가졌을까요? 현재까지 알려진 바로는 1925년 〈동아일보〉에 김정호의 일대기를 그린 '고산자를 회함'이라는 사설이 그 시작으로 알려져 있습니다. 그리고 그 이야기에 담긴 극적인 내용 때문에 최근까지도 소설이나 드라마, 영화의 소재로 자주 활용되었지요.

그래서 많은 일반인이 김정호에 대해 상세하게 알고 있지요. 특히 소설이나 영화에서는 김정호가 전국을 세 번 답사하고, 백두산은 여덟 번이나 올라 국토를 측량할 정도로 위대한 인물이었지만, 조선 정부에 지도 판목을 몰수당했고 불살라졌으며, 그와 그의 딸은 옥사했다는 극적인 내용이 담겨 많은 이가 기억하는 계기가 되었습니다.

이러한 전국답사설, 백두산 등정설, 판목몰수설 등은 1925년 〈동아일보〉의 '고산자를 회함'이라는 사설, 1934년 조선총독부에서 발간한 『조선어독본』 등에 실려 있는 내용이며, 1945년 광복 이후 교과서 등에 자주 등장한 바 있습니다.

그렇다면 이런 내용이 모두 검증된 사실일까요? 최근의 연구에 따르면 김정호에 대한 기록이 남아 있는 것은 최한기의 『청구도제』, 이규경의 '만국경위지구도변증설'과 '지지변증설', 신헌의 『대동방여도서』, 유재건의 『이향견문록』에 수록된 '김고산정호' 등인데요,

공교롭게도 이 기록들에는 전국답사설, 백두산 등정설, 판목몰수설, 판목소각설 등이 전혀 나오지 않습니다.

아울러 어떤 기록물에도 김정호가 죄인으로 투옥되었다거나, 김정호를 도와준 이들이 관련 죄목으로 벌을 받았다는 기록이 존재하지 않습니다. 따라서 앞서 언급한 여러 설(說)은 실제가 아니라 '신화'일 가능성이 높아 보입니다. 즉 김정호가 전국 답사 과정을 거쳐 지도를 제작했다기보다 신헌이라는 고위 관료의 도움으로 정부의 문서고에 보관된 많은 지도와 서적을 열람하여 지리 정보를 확보했고, 그 정보를 바탕으로 지도와 지리지 서적을 작성했다고 보는 편이 타당하겠지요.

그리고 조선 정부로부터 어떠한 핍박도 받지 않고 사망한 것으로 보입니다. 오히려 일제강점기 동안 조선 정부의 무능함을 부각하고 그들의 지배를 합리화하고자 식민 정부에서 이와 같은 '신화'를 만들었다고 여겨집니다.[24]

---

24 오상학, 2015년, 『한국전통지리학사』, 들녘, 299~310쪽.

10장

존 스노의 콜레라 지도

전염병을 다스리다

코로나19와 역학이라는 학문

2019년 12월 코로나바이러스감염증-19(코로나19)가 중국에서 발생한 이후 우리는 삶의 전반에 걸쳐 큰 변화를 겪었습니다. 일상생활에서 마스크를 계속 써야 하고, 사적 모임에 인원 제한을 두어 몇 명 이상 모이지 못하며, 실내에서 진행하던 각종 행사는 사실상 금지되었지요.

이렇게 개인의 자유를 침해하는 방역 지침을 국가 차원에서 추진하는 이유는 침방울과 함께 공기를 타고 전파되는 코로나바이러스의 확산을 방지하기 위해서입니다. 우리나라뿐만 아니라 세계 곳곳에서 코로나바이러스가 급격하게 확산하는 것을 막기 위해 이와 같은 정책을 펼쳤습니다.

코로나19와 같은 전염병의 확산을 파악하고 대처하는 일은 역학(疫學, Epidemiology)에서 다룹니다. 역학은 전염병 발생과 유행, 종식에 미치는 자연적 · 사회적 조건을 밝히고, 그에 따른 전염병의 예방이나 제압

방식을 연구하는 의학의 한 분야입니다. 이 연구에서는 특히 전염병이 확산하는 방식에 많은 관심을 기울여요. 역학조사에서는 의학뿐 아니라 통계학 등 여러 학문 분야가 활용되는데, 특히 지도는 병의 확산을 공간적으로 나타내는 데 중요한 역할을 합니다.

역학은 언제부터 학문 분야로 정립되었을까요? 1850년 영국 런던에서 '런던 역학 협회(London Epidemiological Society)'가 발족했습니다. 당시 런던에서는 콜레라가 확산하고 있었고, 의사들이 이를 막으려고 이 학회를 구성한 것입니다. 학회의 창립 멤버 가운데 마취 전문의사 존 스노(John Snow)가 있었는데요, 그는 나중에 콜레라의 발병 원인이 오염된 식수임을 밝혀낸 사람입니다.

근대 역학의 아버지라고도 불리는 존 스노는 콜레라의 발병 원인을 밝혀내려고 현지 조사를 철저히 시행했습니다. 특징적인 점은 그가 콜레라 관련 연구에 지도를 활용했다는 거예요. 그의 저작물 『콜레라 전염 방식에 대하여(On the mode of communication of Cholera)』(1855년, 제2판)에는 콜레라 환자 발생 지도가 포함되어 있는데, 이 지도는 전염병 확산 연구의 상징물로 자리 잡았습니다. 존 스노와 그가 연구한 콜레라 확산 방식 그리고 그의 콜레라 지도를 살펴보겠습니다.

존 스노가 처음 만난 콜레라

존 스노
자료: 위키피디아

존 스노는 1813년 영국 요크 지방에서 석탄 야적장 노동자의 아들로 태어났습니다. 비록 가난한 집에서 태어났지만, 그는 호기심이 많고 탐구하기를 좋아했어요. 이에 그의 어머니는 가난한 사정에도 불구하고 아들을 학교에 보냈습니다. 14세가 되던 해에 존 스노는 뉴캐슬에서 한 의사의 견습생으로 일하면서 의사의 길을 걷기 시작했고, 그곳에서 평생 그가 함께할 콜레라를 처음 만나게 되었습니다.

콜레라는 인도의 벵골 지방에서 기원한 풍토병이에요. 영국이 인도를 식민지로 삼은 이후 이 병은 점차 인도 이외 지역으로 확산하기 시작했지요. 인도를 벗어난 콜레라는 이후 서남아시아와 러시아를 거쳐 유럽으로 넘어갔습니다. 콜레라는 1831년에 영국의 선덜랜드에 도달한 후 전국으로 퍼져 나갔는데, 존 스노가 견습생으로 일하던 뉴캐슬에서도 환자가 나왔습니다.

18세에 킬링워스(Killingworth) 탄광촌에서 그가 처음 겪은 콜레라는 정말 무서운 병이었습니다. 이 병에 걸리면 환자는 순식간에 비참한 몰골이 되었고, 건강

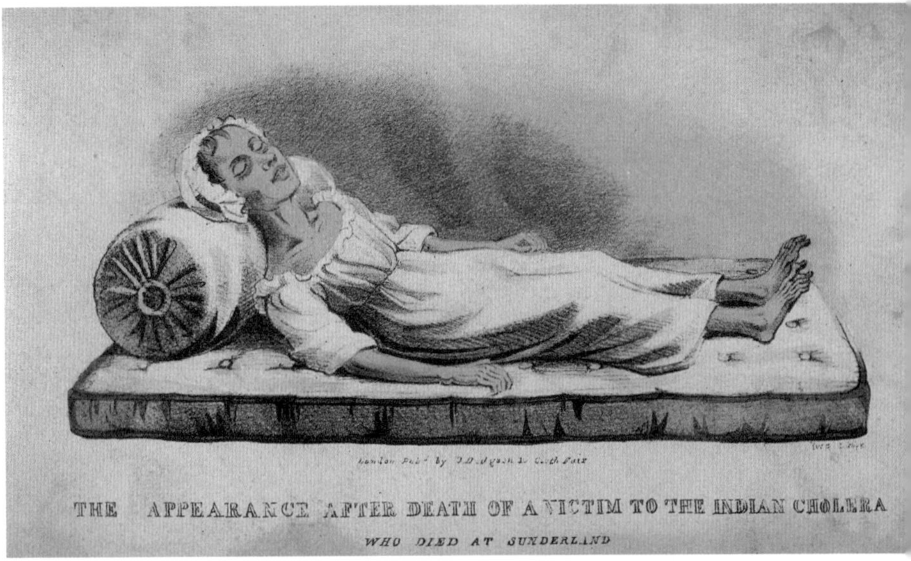

선덜랜드에서 콜레라로 죽은 환자

1832년,
자료: 웰컴 컬렉션

한 사람도 하루만 지나면 피골이 상접한 채로 피부가 푸르게 변했습니다. 이는 구토와 설사에 따른 탈수 증상 때문이었는데, 하루에 약 20리터에 달하는 체액이 빠져나간 탓이에요. 이처럼 심각한 탈수 현상이 나타나면 혈액이 슬러지(sludge)처럼 끈적끈적해지고 혈액순환이 불가능해집니다. 결국 신장 등 장기가 제 기능을 못 하게 되면서 죽음에 이르게 되지요.

존 스노가 견습의로 일하던 때는 콜레라 치료 약이 개발되기 전이었는데, 당시 사용한 치료법인 방혈(放血, blood-letting), 아편, 독기를 차단하는 약재 등은 아무런 효과가 없었습니다. 이 때문에 환자들은 푸른 피부를 한 채 죽어 갔습니다. 당시 존 스노는 환자들에게 물을 주는 방법을 생각했지만, 물을 마시고 얼마간 좋아

콜레라에 걸리기 전후 양상 비교: 콜레라에 걸려 죽은 젊은 여성

자료: 웰컴 컬렉션

졌다가도 환자들은 다시 상태가 나빠져 죽어 갔어요. 결국 콜레라에 의한 탈수 현상은 20세기에 들어와서 물과 나트륨, 당 성분이 포함된 포도당과 식염수 용액이 발명될 때까지 해결되지 못했습니다.

존 스노는 무기력하게 콜레라 환자들을 보낼 수밖에 없었지만, 그가 돌보던 환자들을 세심하게 관찰하고 관련 연구 성과를 열심히 조사했어요. 특히 그는 탄광의 광부들이 땅속 깊은 막장에서 콜레라에 걸린 점에 주목했습니다. 그곳은 당시 의사들이 콜레라의 원인이라고 생각한 독기(毒氣, miasma)가 나오는 무덤, 습지, 하수 웅덩이 등과는 거리가 먼 장소였지요.

이에 존 스노는 콜레라를 일으키는 다른 원인이 있을 것이라는 가설을 세웁니다. 구체적으로 그는 물속에 들어 있는 무엇인가가 사람에게 옮겨 가서 콜레라를 일으켰다고 생각한 것이지요. 그의 이러한 생각은 이후 그의 인생에서 두 차례 더 일어난 콜레라 확산 시기에 확신으로 바뀌었습니다. 한편 1831년에 퍼진 콜레라는 1832년에 이르러 영국 전역에서 3만 2,000명이 죽고 난 후에야 잠잠해졌습니다.

콜레라가 잠잠해진 후 존 스노는 다시 의학 공부에 매진했어요. 1836년 런던으로 이주해 본격적으로 의학을 공부한 그는 1838년 헌터리안 의학교를 졸업한 후 의사 면허를 취득했고, 왕립 외과 의사회(Royal College of Physicians)에 가입했습니다. 이후 런던 소호의 프리스가 54번지에 자신의 병원을 차렸고요.

다양한 의학 연구를 진행하여 논문을 다수 작성했던 그는 1843년에 런던대학에서 의학 학사 과정을 마치고 1년 뒤인 1844년에 의학 박사(Medical Doctor) 학위를 취득했습니다. 1850년에는 영국 내 최고 의사들의 모임인 왕립 내과 학회(Royal College of Physicians)에도 가입했습니다.

이러한 일련의 의학 교육 과정을 거치는 동안 존 스노는 마취에 대한 연구를 진행했습니다. 당시 의사들은 헝겊에 클로로포름을 적셔 마취를 했어요. 존 스노는 마취약의 용량에 대해 과학적인 연구를 진행한 끝에 무엇을 섞고 시간은 얼마나 해야 마취가 효과적인지를 입증했습니다. 그가 마취에 관심을 가지게 된 계기는 외과 수술과 산부인과 수술 등 극심한 고통을 동반하는 수술에 마취가 필요했기 때문이에요. 이 마취 연구는 영국의 저명한 의학 잡지 〈란싯(Lancet)〉에 게재되었지요.

그의 마취술은 환자에게 매우 도움이 되는 의술이었지만, 출산 시 마취에 대해 다수의 외과 의사와 영국국교회는 비윤리적이라고 생각했어요. 하지만 이러한 영국 사회의 분위기는 존 스노가 1853년 빅토리아 여왕[25]의 8번째 아이인 레오폴드 왕자를 출산할 때와 1857년 베아트리스 공주를 출산할 때 여왕을 마취한 이후 완전히 바뀌었습니다.

빅토리아 여왕이 출산할 때 존 스노가 직접 마취한 일이 그를 런던 의학계의 주요 인사로 성장시키는 데 큰 역할을 한 것입니다.

---

25 빅토리아 여왕의 재위 기간은 1837년부터 1901년까지인데, 재위 기간이 영국의 최전성기와 일치하여 '빅토리아 시대'라고 부른다.

런던에서 다시 만난 콜레라

존 스노가 런던에서 마취과 의사로 명성을 날리던 1848년, 영국에서는 콜레라가 다시 유행하기 시작했어요. 런던에서 1만 4,000명 이상이 콜레라로 죽었고, 영국 전역에서는 5만 2,000여 명이 사망했지요. 존 스노는 이 시기 동안 콜레라가 공기 전염이 아니라는 것을 증명하고자 했습니다. 이를 위해 우선 런던에서 발병한 첫 환자를 찾아내는 데 집중했습니다.

1848년 런던에서 발병한 첫 콜레라 환자는 존 하널드(John Harnold)라는 선원이었어요. 그는 독일 함부르크에서 배를 타고 왔는데, 런던 호슬리다운(Horsely-down) 지역의 셋방에 머물렀지만 콜레라에 걸려 죽고 말았지요. 존 스노는 이 환자를 치료한 의사를 만나 관련 정보를 파악하던 중 존 하널드가 머물렀던 방에 이어서 살았던 사람도 콜레라에 걸렸다는 사실을 파악했습니다. 이를 통해 존 스노는 더러워진 침구류 때문에 콜레라가 확산했을 것이라는 가정하에 '접촉 전염'을 의심했습니다.

그러나 이러한 의심을 확신으로 바꾸고 다른 의사들을 설득하려면 더 명확한 증거가 필요했어요. 이에 존 스노는 런던 곳곳에서 나타난 환자들과 의사들을 인터뷰했으며, 그 결과 콜레라의 통증이 장에서 시작되었다는 사실을 확인했습니다. 존 스노는 콜레라가 공기보다는 섭취물 때문에 발병했다고 인식했지요. '만약 콜레라가 독기로 확산하는 것이라면 왜 코나 목, 폐에서 병이 시작하지 않았을까'라는 의심을 시작으로 콜레라의 원인을 다른 곳에서 찾기 시작한 것입니다.

아울러 그는 콜레라 환자들의 설사가 단지 병의 증상일 뿐 아니라 콜레라를 전파하는 매개일 수도 있다고 추정했어요. 그는 콜레라 환자의 배설물에 함유된 물에서 자가 증식한 독 때문에 콜레라가 발병하기 시작했다고, 그의 소논문 「콜레라의 확산 방식에 대해」(1849년)에 썼습니다. 존 스노는 물이 콜레라의 매개임을 입증하는 중요한 사례 분석 결과를 이 논문에 담았던 것이지요.

그는 동일 지역이면서도 생활 하수가 식수원인 우물로 향하는 주거지와, 생활 하수가 우물 쪽에서 다른 방향으로 흘러나가는 주거지 두 지역을 비교 조사했습니다. 그 결과 우물 쪽으로 하수가 흐른 주거지에서는 12명이 콜레라에 걸린 반면, 반대쪽으로 하수가 흐른 주거지에서는 1명만 콜레라에 걸린 사실이 확인되었어요. 독기가 발병 원인이라면 똑같이 누추하고 가난한 집에서 다른 쪽보다 10배 이상 높은 사망률을 보일 수 없었겠지요.

이 사례와 더불어 존 스노는 런던 전역의 수돗물

1848~1849년 런던의 지역별 콜레라 사망자 통계

런던 내 구역	인구수(1841년)	콜레라 사망자 수	거주자 100명당 사망자 수
서부	300,711명	533명	1~77명
북부	375,971명	415명	1~10명
중부	373,605명	920명	2~48명
동부	392,444명	1,597명	4~86명
남부	502,548명	4,001명	7~95명
합계	1,945,279명	7,466명	3~83명

공급 회사별 콜레라 발병률을 조사해 그의 소논문에 게재했습니다. 조사 결과에 따르면 템스강(Thames River) 남쪽에 거주하는 사람들이 다른 지역에 비해 더 높은 발병률을 보였어요. 사우스 런던 상수 회사가 이 지역에 수돗물을 공급하고 있었는데, 이 회사에서는 생활 오수가 모이던 템스강에서 물을 뽑아 올리고 있었지요. 그러나 다른 상수 회사들은 다른 하천에서 물을 끌어오고 있었습니다.

이 두 가지 사례를 들어 존 스노는 독기가 아니라 오염된 물이 콜레라의 원인이라고 주장했어요. 그러나 당시 사람들은 그의 주장에 귀 기울이지 않았고, 얼마 지나지 않아 런던에 다시 콜레라가 찾아왔습니다.

수인성 질병을 의심한 존 스노

1854년에 런던에서 발생한 콜레라는 도시 전역에 걸쳐 계층에 상관없이 나타났습니다. 이 때문에 당시 사람들은 콜레라가 무작위로 발생하고, 특정 체질이나 습관 때문에 감염된다고 생각했으며, 결국 운명이라고 여겨 체념하기에 이르렀지요. 그러나 존 스노는 이미 콜레라가 오염된 물을 통해 전염된다는 가설을 세웠고, 이를 증명하기만 하면 되었습니다.

그가 처음으로 조사를 시도한 지역은 템스강 남부였는데, 이 지역에서는 1848년 콜레라 발생 당시 사망자가 다수 발생했습니다. 사우스워크와 복스홀(Southwark & Vauxhall, S&V) 수도 회사 그리고 램버스(Lambeth) 수도 회사가 이 지역에 물을 공급했고, 당초 두 회사 모두 템스강 물을 사용했습니다. 그러다 1854년 직전에 램버스 수도 회사가 취수 지점을 템스강 상류로 옮기는 바람에 존 스노의 콜레라 발생 실험 조사에 도움을 주었지요.

존 스노는 '성별, 연령, 직업, 계급, 지위에 상관없이 런던의 하수를 취수한 상수 회사의 물을 공급받는 집단은 콜레라에 걸릴 것'이라고 가정하고 콜레라 발생에 대한 조사를 시작했어요. 그는 템스강 남부 지역의 가정에서 각각 어느 수도 회사의 물을 공급받는지부터 확인했습니다. 이론상으로는 쉬워 보이는 일이지만, 실상은 매우 힘든 작업이었어요. 거주자들은 대부분 자신이 어느 회사에서 물을 공급받는지 몰랐는데, 그 이유는 물 공급 계약을 한 사람이 세입자가 아닌 집주인들이었기 때문이지요. 이에 존 스노는 런던 전역에 퍼져 있던 집주인들을 찾아다니며 물 공급 회사를 알아내려 했지만 그 사실을 세세하게 기억하는 집주인은 많지 않았습니다.

그래서 존 스노는 물 자체를 분석해 공급 회사를 구분하는 방식을 고안했는데, 조사 결과 S&V사의 물이 램버스사의 물보다 염분이 4배 많았습니다. 이를 바탕으로 조사 지역의 사망자 44명 가운데 38명이 S&V사의 물을 공급받았다는 사실을 확인했습니다.

브로드가의 펌프 손잡이

존 스노가 템스강 남부 지역에 대한 조사를 시행하던 1854년 8월 말, 브로드가에서는 사람들이 콜레라에 감염돼 갑자기 죽어 나가기 시작했습니다. 그런데 이 지역에서는 일반적인 경우보다 콜레라가 매우 급속도로 퍼졌어요. 예를 들어 9월 4일 자 기사에 실린 내용은 매우 충격적입니다. 시체를 담은 관을 걸어 가려고 영구차들이 브로드가에 들어왔는데, 관이 너무 많아서 영구차 내부뿐 아니라 지붕에까지 쌓아서 실어 갔다는 내용이었습니다.

이 광경은 마치 21세기의 우리가 얼마 전 세계 뉴스를 통해 접한 내용과도 유사합니다. 코로나19가 창궐하자 뉴욕에서는 시신을 냉동차에 임시 보관하고, 인도에서는 시신을 하천에 버리는 사건도 있었다는 뉴스 말입니다.

브로드가에서 발생한 콜레라에 대해 존 스노는 처음에는 현지 조사를 통해 실상을 파악하려 했지만, 한계점이 명확했어요. 이에 그는 일반 등록소(General Register Office)에 가서 사망자 관련 기록, 즉 주소와 명단을 구했습니다. 이 자료를 바탕으로 질병 발생에 대한 패턴을 정리했는데, 자신이 직접 발로 뛰어 조사한 기록과 정부의 자료를 비교, 대조, 조합하여 질병 확산 정보를 파악한 것입니다. 그 결과 콜레라가 브로드가에서 시작하여 방사상으로 퍼졌고, 거리가 멀수록 사망자가 감소한다는 결론을 얻었지요.

특히 브로드가의 중심부에는 물을 퍼 올리는 펌프가 있었습니다. 펌프 자체가 원인이었다는 점은 콜레라가 수인성 전염병이라고 생각하던 존 스노에게는 쉽게 확인될 수 있는 부분이었어요. 이 데이터를 바탕으로 그는 9월 7일 세인트 제임스 교구 이사회 회의에서 펌프 근처에 사는 사람들의 생존율이 낮고, 물을 마시지 않은 사람들은 멀쩡하다는 점을 설명했습니다. 그리고 멀리 떨어져 있으면서도 브로드가의 물을 마시고 사망한 경우도 제시했고, 아울러 브로드가 펌프 인근인데도 사망자가 발생하지 않은 양조장과 사망자가 매우 적게 발생한 구빈원(救貧院)[26] 사례도 이야기도 했습니다.

독기 이론을 맹신하고 있었던 이사들은 존 스노의 말에 회의적이었지만 그의 주장에는 설득력이 있었고, 콜레라 확산을 막을 다른 방법이 없었기에 결국 이사회에서는 펌프의 손잡이를 제거하기로 결정했습니다. 하지만 이 결정은 인간 대 콜레라균 간의 싸움에 있어 획기적인 반환점이 되었지요. 물론 브로드가의 펌프 손잡이를 제거하기 전부터 사망자 수가 감소하고 있기는 했지만, 펌프 손잡이를 제거하고 얼마 지나지 않아 브로드가에서는 콜레라 환자가 완전히 사라졌습니다.

존 스노가 제작한 콜레라 지도

한편 존 스노는 1855년에, 브로드가에서 발생한

26 생활 능력이 없거나 가난한 사람들을 수용하여 구호하는 공적 · 사적인 시설.

콜레라에 대한 내용을 추가하여 『콜레라 전염 방식에 대하여(On the mode of communication of Cholera)』 2판을 발간했습니다. 그리고 이듬해에는 세인트 제임스 교구에서 구성한 콜레라 조사 위원회의 보고서[27]에 자신의 조사 내용을 다시금 소개했습니다. 이 두 보고서에는 지도가 포함되어 있는데, 그 유명한 '콜레라 지도'입니다. 사실 존 스노는 9월 6일 펌프 손잡이를 뗄 때까지는 콜레라의 발병 정보가 담긴 지도를 그리지 않았어요. 그러나 1854년 9월에 브로드가 지역의 콜레라 발병 상황을 조사하면서 이미 머릿속에 이러한 지도를 그리고 있었겠지요. 상황이 급박하게 돌아가던 시기가 지나자 머릿속에 담아 두었던 지도를 작성한 것입니다.

존 스노가 그린 콜레라 지도가 최초의 것은 아닙니다. 브로드가에서 콜레라가 발생했을 당시 지역민들은 그 이유가 당시에 진행하던 하수도 시설 공사와 관련 있다고 생각했습니다. 브로드가 인근 지역에는 17세기 당시 흑사병으로 사망한 사람들을 매장한 묘지가 있었는데, 이 지역 사람들은 하수도 공사를 하면서 묘지에 있던 독기가 새어 나와 콜레라가 발생했다고 생각한 것이지요.

---

27 「1854년 8월 웨스트민스터 지역 세인트 제임스 교구에서 발생한 콜레라 발병 보고서(Report on the Cholera Outbreak in the Parish of St. James, Westminster, during the autumn of 1854)」

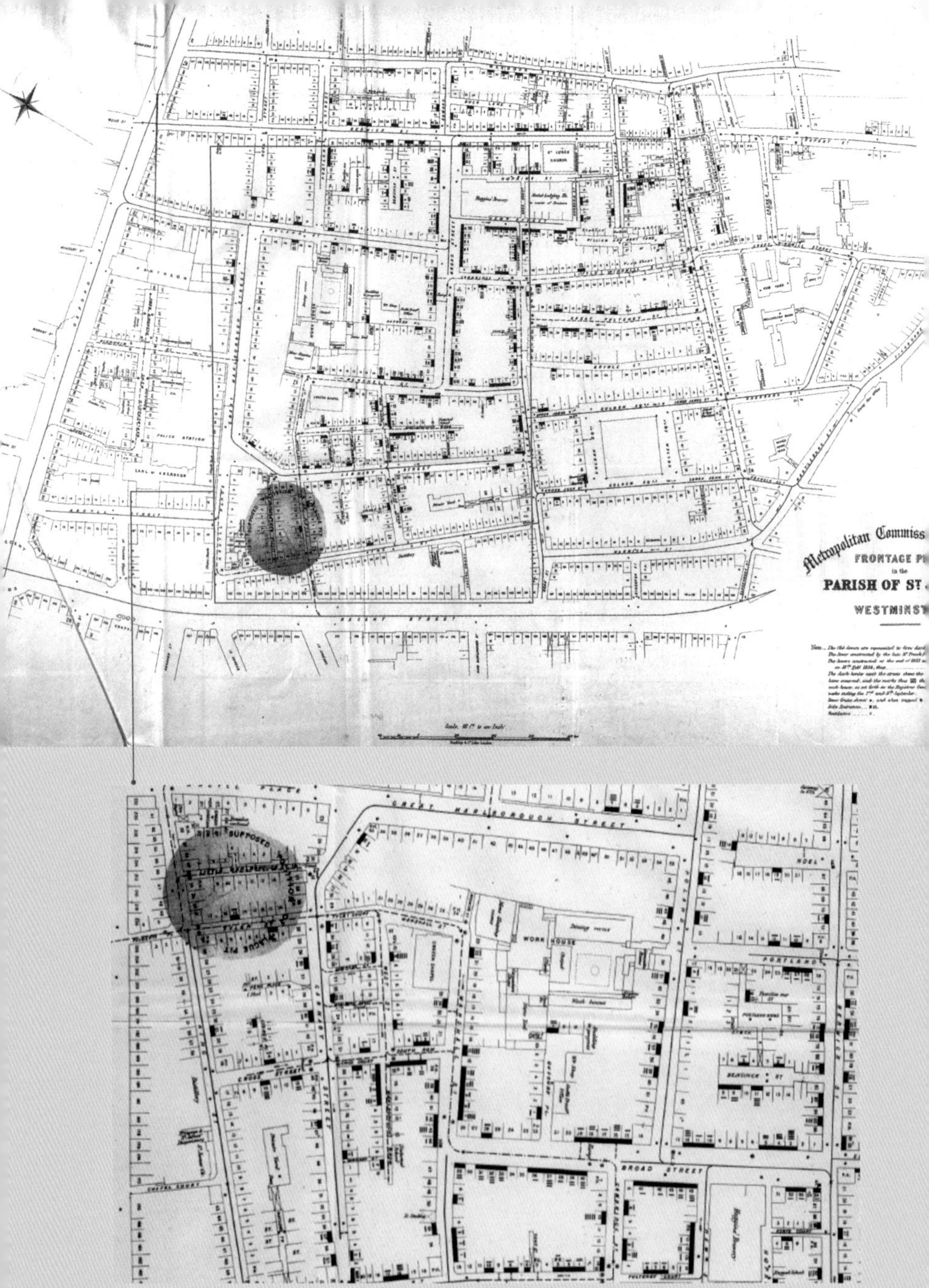

에드먼드 쿠퍼의 콜레라 지도

자료: 에드먼드 쿠퍼의 보고서

하수도 공사를 하던 당국에서는 이 이야기의 사실 관계를 확인하고자 1854년 9월 에드먼드 쿠퍼(Edmund Cooper)라는 기술자에게 조사를 의뢰했고, 쿠퍼는 흑사병으로 사망한 사람들이 매장된 위치와는 관련이 없다는 결론을 내렸습니다. 그의 보고서에 지도 한 장이 포함되었는데, 이 지도는 과거 페스트 환자들이 묻힌 곳이 콜레라 발병 장소와 별 상관이 없음을 보여 주는 데 사용된 것이었습니다.

그렇다면 존 스노가 제작한 '콜레라 지도'와 쿠퍼가 제작한 지도는 어떤 차이가 있을까요? 존 스노의 지도는 쿠퍼의 지도보다 사실 더 단순합니다. 두 지도에는 모두 콜레라 사망자와 지역의 블록이 표시되어 있습니다. 쿠퍼의 지도에는 하수도, 흑사병 희생자의 묘지와 함께 블록 안에 각 집의 번지까지 표시되어 있습니다. 존 스노의 지도보다 더 자세한 지도이지요.

그런데도 왜 우리는 존 스노의 콜레라 지도가 더 중요하다고 여길까요? 그 이유는 존 스노가 콜레라의 발병 원인이 오염된 물 때문이라고 주장했고, 그 주장을 입증하는 데 이 지도를 제작하고 활용했기 때문이에요. 이 콜레라 지도에 담겨 있는 존 스노의 생각을 한번 읽어 볼까요?

존 스노의 콜레라 지도에서 가운데 부분에 보이는 '⊙ PUMP'가 바로 유명한 브로드가의 펌프예요. 주

존 스노의 콜레라 지도

1854년, 자료: 웰컴 컬렉션

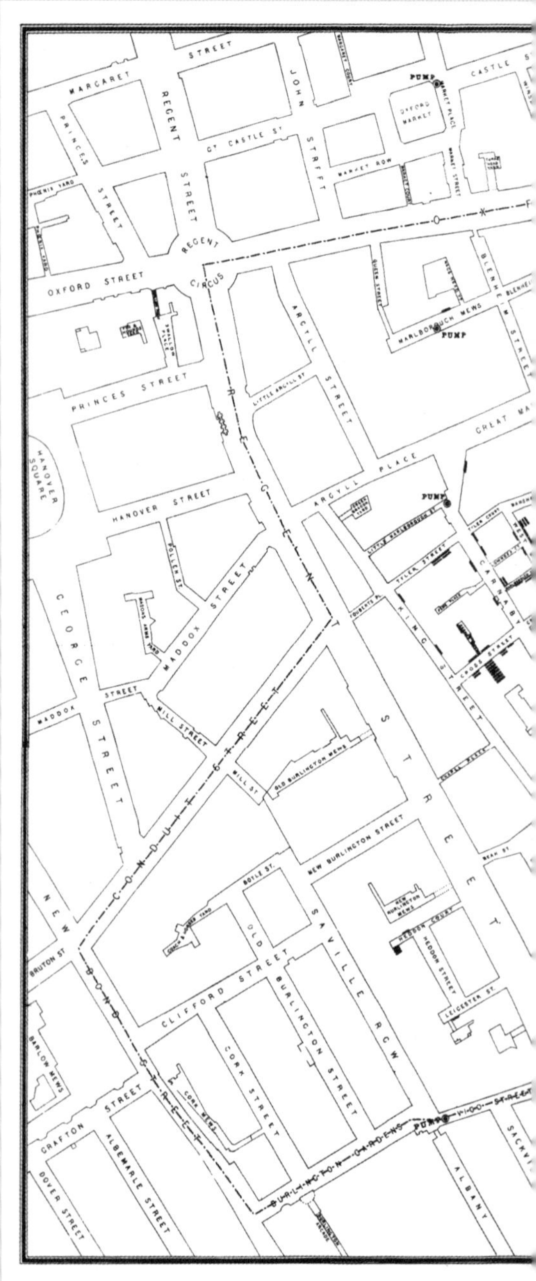

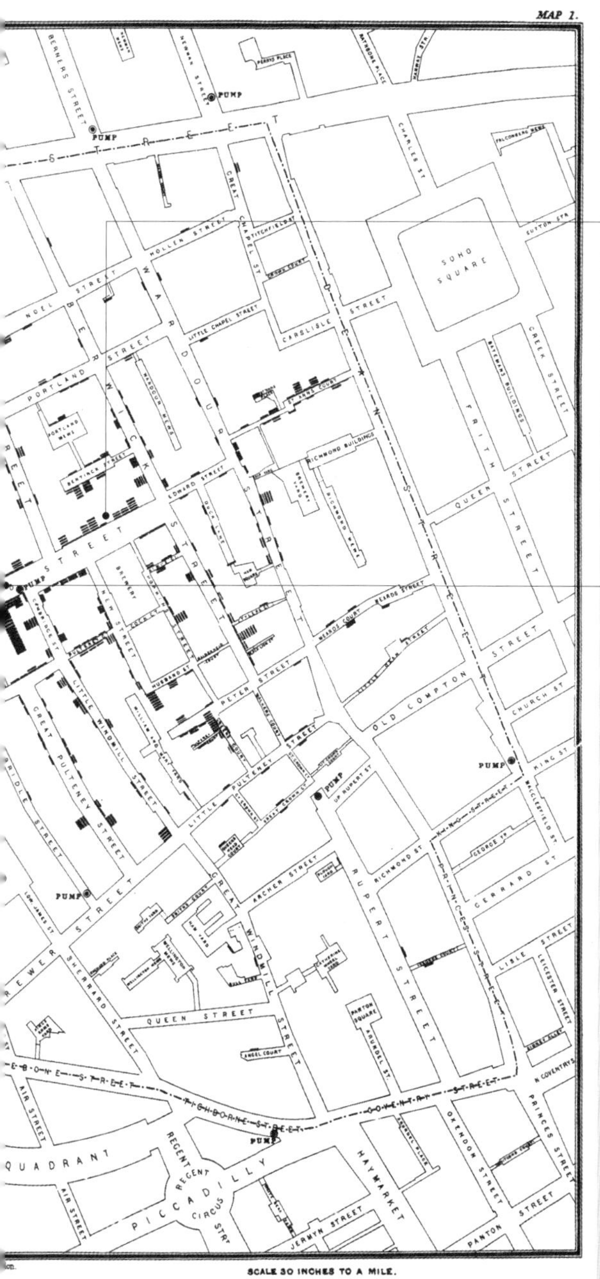

존 스노는 독기 이론과 관련된
정보를 배제하고, 펌프와 콜레라
사망자 정보만 나타냄으로써
지도의 목적을 명확히 했다.

존 스노의 콜레라 지도에서
가장 중요한 부분은
가운데에 그려진
브로드가의 펌프이다.

브로드가의 펌프와 주변의 콜레라 사망자 분포도

1854년, 자료: 웰컴 컬렉션

변에 그려진 막대는 콜레라 사망자를 나타냅니다. 쿠퍼의 지도에도 펌프가 기재되어 있기는 하지만 크기가 매우 작고, 하수도 정보까지 함께 제공되어 있어 펌프의 중요성이 부각되지 않지요. 그러나 존 스노의 지도에서는 하수도나 무덤 등 독기 이론과 관련된 정보는 없고, 단지 펌프와 콜레라 사망자라는 두 가지 주제만 제시함으로써 콜레라의 중요한 원인이 펌프임을 명확하게 나타냈습니다.

그러나 이것만으로는 독기론자들을 설득하기에 부족한 점이 많았어요. 왜냐하면 독기론자들은 펌프 주변에서 해로운 독기가 흘러나와 사람들이 콜레라에 걸리게 되었다고 주장할 수 있었기 때문이지요. 그래서 콜레라 사망자의 지리상 특이점을 발견해야만 했습니다. 이에 존 스노는 1855년 7월에 작성된 「1854년 8월 웨스트민스터 지역 세인트 제임스 교구에서 발생한 콜레라 발병 보고서」에 포함된 그의 지도에 한 가지 정보를 더 추가했습니다.

콜레라가 발생한 지역에는 지도에 보이는 것처럼 펌프가 여기저기에 있고, 일반적으로 사람들은 자신들의 거주지 인근에 있는 펌프에서 물을 길어다가 먹었습니다. 하지만 예외적으로 자신의 집에서 거리가 멀어도 브로드가의 펌프에서 물을 먹는 경우가 있었어요. 존 스노의 조사에 따르면 자신의 집 근처 펌프에서 나오는 물을 싫어해서 브로드가의 펌프 물을 먹은 사람이 2명이었고, 브로드가 근처에 있는 학교에 다니면서 등하교 시에 브로드가의 펌프에서 물을 먹은 아이가 3명이었습니다. 그리고 다른 3명은 출근하면서 브로드가의 정류장에서 물을 마셨습니다.

특히 주목할 만한 사례는 이 지도상에 나타나지 않았는데, 헴스테드 지역에 거주하던 부인이 콜레라로 사망한 경우였어요. 아들이 매일 브로드가의 펌프에서 물을 길어 그의 어머니에게 배달시켰는데, 헴스테드 지역에서는 그 물을 먹은 그녀와 그녀의 조카만 콜레라에 걸려서 사망했던 것이지요. 이와 같은 사례는 브로드가의 펌프가 콜레라 발생과 전염의 직접적인 원인

브로드가의 펌프 구역선이 포함된 존 스노의 콜레라 지도

자료: 웰컴 컬렉션

존 스노가 다시 제작한 콜레라 지도에는 브로드가의 펌프가 가장 가까워 이 펌프를 사용할 것으로 추정되는 구역을 구분한 점선이 표시되어 있다. 이러한 구역 분할 방식을 '보로노이 다이어그램'이라 부른다.

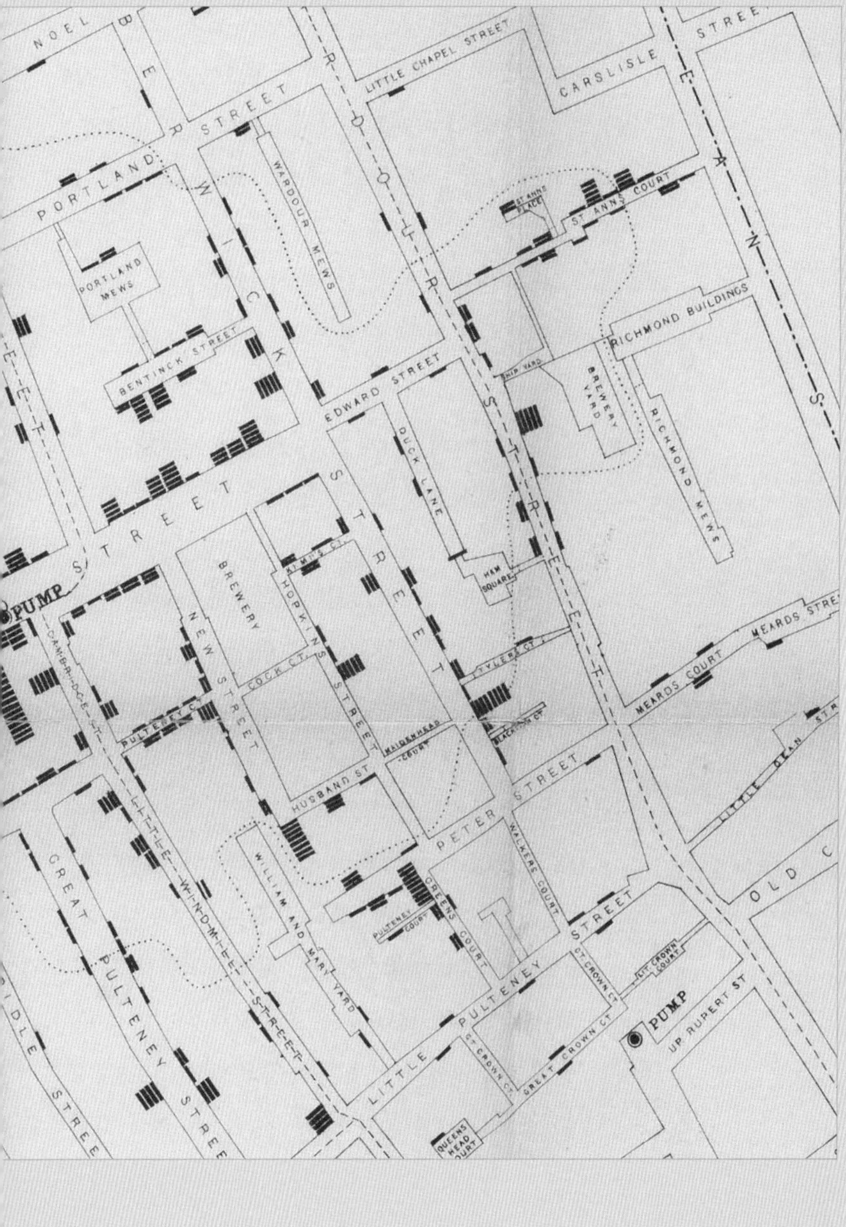
NOEL
BERWICK
PORTLAND STREET
LITTLE CHAPEL STREET
CARSLISLE
STREE
DEAN S
PORTLAND MEWS
WARDOUR MEWS
ST ANNS PLACE
ST ANNS COURT
RICHMOND BUILDINGS
SHIP YARD
BREWERY YARD
RICHMOND MEWS
BENTINCK STREET
EDWARD STREET
DUCK LANE
STREET
HAM SQUARE
PUMP
BREWERY
HOPKINS STREET
NEW STREET
COCK CT.
PULTENEY CT.
TYLERS CT.
MEARDS COURT
MEARDS STRE
MAIDENHEAD COURT
HUSBAND ST
PETER STREET
LITTLE DEAN STR
OLD C
WALKERS COURT
GREENS COURT
PULTENEY COURT
WILLIAM AND MARY YARD
LITTLE WINDMILL STREET
GREAT PULTENEY STREET
LITTLE PULTENEY STREET
GT. CROWN CT.
LIT. CROWN COURT
GREAT CROWN CT.
PUMP
UP RUPERT ST
QUEENS HEAD COURT
DLE STREE

일 가능성을 높여 주었습니다.

이와 더불어 존 스노는 독기 이론으로는 설명되지 않는 두 가지 특이 사례도 발견했습니다. 그가 확인한 사례는 브로드가 급수 구역 내에서 희생자가 없거나 매우 적은 경우였어요. 독기 이론을 따른다면 펌프와 가까운 거리 때문에 희생자가 많이 나와야 할 곳인데도 그렇지 않은 곳이 두 군데였는데, 바로 브로드가 인근의 구빈원과 양조장이었습니다. 구빈원에서는 500여 명이 살았는데 사망자가 5명밖에 나오지 않았고, 양조장에서는 70여 명이 근무했지만 한 명도 콜레라 발생자가 나오지 않았지요.

구빈원은 거주 환경이 매우 열악해서 콜레라 같은 전염병이 발생하면 사망자가 다수 발생하는 것이 일반적인 현상입니다. 그러나 이 지역의 구빈원에서는 매우 적은 수의 사망자만 발생했던 것이지요. 존 스노는 그 이유가 구빈원 사람들이 브로드가 펌프의 물을 먹지 않고, 그랜드정크션(Grand Junction)이라는 수도 회사의 물을 먹었기 때문이라고 판단했습니다.

두 번째 사례인 양조장에서는 직원들 가운데 한 명도 콜레라에 걸리지 않았는데, 그들 모두 회사에서 지급하는 맥주만 마셨다는 점이 특이했어요. 이 사례에 대해서도 존 스노는 이들이 브로드가 펌프의 물을 먹지 않았기에 콜레라에 걸리지 않았다고 주장했습니다.

한편 존 스노가 밝히지는 못했지만, 그의 주장을 입증할 수 있는 사실이 1854년 11월에 발족한 '콜레라 발병에 대한 조사 위원회(Cholera Inquiry Committee)'의 활동과 더불어 드러나게 되었습니다. 위원회에 참여한 이 지역의 교구 담당 헨리 화이트헤드 목사는 처음에는 존 스노의 주장에 동조하지 않았습니다. 그러나 스스로 지역에서 취합한 정보를 정리하여 검토한 결과 독기 이론보다는 오염된 물 때문에 콜레라가 확산했다는 존 스노의 주장이 더 설득력 있다는 점을 확인했고, 그 후부터는 존 스노의 이론에 동조하게 된 것이지요.

나아가 화이트헤드 목사는 존 스노가 발견하지 못한 지역 내 콜레라 발생의 첫 사례(지침 증례, Index Case)와 브로드가의 펌프가 오염된 원인을 발견했어요. 즉 브로드가 펌프 인근에 살던 5개월 아기가 콜레라로 사망한 사례가 이 지역의 첫 콜레라 환자라는 것과, 아기의 어머니가 기저귀 빤 물을 브로드가 40번지 지하의 오물 구덩이에 버린 점을 화이트헤드 목사가 확인해 조사 위원회에 보고한 것이지요.

이에 교구 이사회에서는 지역 검사관 요크에게 브로드가 40번지의 지하 오물 구덩이를 점검하게 했고, 그 결과 40번지 지하 오물 구덩이와 브로드가 펌프의 거리가 매우 가깝다는 사실과 오물 구덩이의 벽이 심각하게 부식되어 있다는 점을 확인했습니다.

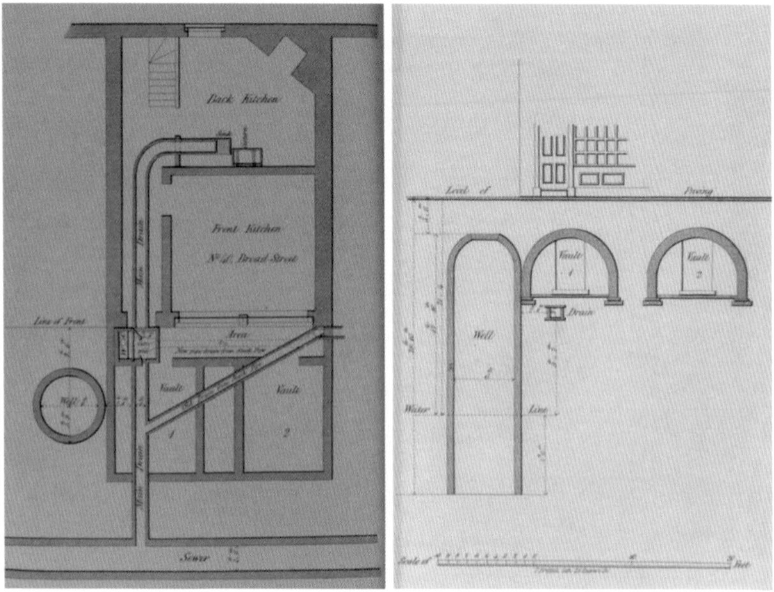

브로드가의 펌프 아래 우물(좌)과 40번지 집 지하 오물 구덩이 모식도(우) 자료: 웰컴 컬렉션

이처럼 콜레라가 발생한 세인트 제임스 교구 지역에서는 1855년 7월 「1854년 8월 발생한 콜레라 발병 보고서」 발간과 함께 존 스노가 주장한 오염된 물이 콜레라의 원인이라는 점을 인정했습니다. 그런데도 이러한 존 스노의 주장에 대해 영국 정부 측에서는 보건국 위원회의 조사를 바탕으로 '근거가 없다'고 주장하며 독기 이론 때문에 콜레라가 확산했다는 주장을 채택했어요. 오랫동안 단단하게 굳어져 있던 독기 이론에 대한 확증 편향적인 경향은 이처럼 쉽게 바뀌지 않았습니다.

사후에야 인정받은 역학의 아버지 존 스노

교구 위원회에서 「1854년 8월 발생한 콜레라 발병 보고서」를 발간했는데도 불구하고 콜레라가 수인성 전염병이라는 존 스노 박사의 주장을 영국 사람들이 받아들이는 데는 추가적인 사건이 필요했습니다.

첫 번째 사건은 존 스노 박사가 45세 나이에 사망했던 1858년 여름에 벌어진 '대악취(Great Stink)' 사건이에요. 런던을 가로지르는 템스강은 당시 도시 내 오물이 모여드는 집합지였습니다. 거기에 갑자기 무더위가 닥치자 오물 부패가 심해지면서 전에 없던 악취가 런던 시내를 뒤덮게 되었지요. 이 악취 때문에 당시 영국 의회도 문을 닫을 정도였다고 하니, 그 정도가 얼마나 심했는지 조금은 짐작할 수 있을 듯합니다.

이 사건 때문에 런던 시내 하수도를 완전히 새로 조성하고, 특히 하수관의 끝단을 도심에서 동쪽으로 멀리 떨어진 템스강 하류로 보내는 사업을 본격화했습니다. 더불어 독기 이론에 대한 의구심이 증가했는데요, '대악취' 사건이라고 명명할 만큼 악취가 심각하던 이때 놀랍게도 전염병으로 인한 사망자 수는 거의 변동이 없었어요. 악취가 전염병의 원인이라면 이 정도로 심각한 악취 상태에서는 전염병과 사망자가 대규모로 발생했어야 하는데, 전혀 그렇지 않았던 것입니다.

두 번째 사건은 1866년 런던에서 다시 발생한 콜레라였어요. 1866년 6월 이스트런던에 살던 한 부부가 콜레라에 걸려 죽은 뒤 8월 말까지 4,000명 넘는 사람이 콜레라에 걸려 사망했지요. 이때는 이미 존 스노가 사망한 뒤였지만, 그를 대신해 유명한 공중보건 전문가였던 윌리엄 파(William Farr)가 등장했습니다.

그는 사실 존 스노가 살아 있던 기간에는 독기 이론을 신봉하던 사람이었어요. 그러나 대악취 사건이 발생한 이후 독기 이론에 의심을 품기 시작했고, 1866년에 콜레라가 발생했을 때는 존 스노가 주장한 상수원의 오염이 콜레라 발생 원인일 수 있다는 점을 염두에 두고 조사를 실시했지요. 그리고 콜레라 사망자의 대다수가 이스트런던(East London) 상수 회사의 고객임을 파악했습니다.

이후 역학 전문가 래드클리프와 헨리 화이트헤드 목사가 이 콜레라 사건 조사에 참여했고, 이스트런던 상수 회사의 취수원에 콜레라의 원인이 되는 오염 물질이 투입되고 있었던 사실을 밝혀냈습니다. 결국 존 스노가 사망한 지 10년이 지난 시점에 이르러서야 그의 이론이 주류 과학 이론으로 인정받게 된 것이지요.

현재 런던의 브로드윅가(Broadwick Street) 39번지에는 존 스노의 이름을 딴 맥줏집(Pub)이 있고, 가게 앞에는 존 스노의 발견을 기념해 손잡이 없는 펌프가 조성

존 스노 펍
자료: 한국교원대학교 김영훈 교수

되어 있어요. 더불어 맥줏집 벽면에는 그가 역학의 창시자이며, 1854년 브로드가 펌프와 콜레라 발병의 관계를 조사함으로써 콜레라가 수인성 전염병임을 밝혀낸 인물이라고 알려 주는 기념 안내판 블루 플라크(Blue Plaque)도 있고요.

비록 살아생전에는 그의 이론이 제대로 인정받지 못했지만, 이후 그의 이론이 과학적이라는 사실이 입증되었고 그 업적을 인정받고 있습니다.

펌프(좌), 존 스노 블루 플라크(우) 자료: 한국교원대학교 김영훈 교수

존 스노의 끈질긴 연구와 발견을 통해 영국 런던에서 콜레라를 극복할 수 있었어요. 마찬가지로 현재 우리 삶을 위협하는 각종 전염병 또한 존 스노와 같은 위대한 과학자들의 노력으로 속히 극복해 내리라 믿으며 글을 마칩니다.

참고 문헌 및 자료 출처

논문 및 도서

- Carmen Blacker; Michael Loewe, 1975, *Ancient cosmologies*, George Allen & Unwin LTD.
- Cooper, E. 1854. *Report on an Enquiry and Examination into the State of the Drainage of the Homes Situated in that Part of the Parish of St. James, Westminster.* Metropolitan Commission of Sewers 478/21. London Metropolitan Archives.
- David Woodward(edited), 2007, *The History of Cartograph, The History of Cartography, Volume 3 : Cartography in the European Renaissance,* University of Chicago Press.
- Elizabeth R. J. Wheat, 2013, *Terrestrial Cartography in Ancient Mesopotamia,* PhD Thesis of University of Birmingham.
- Horowitz, W., 1998, *Mesopotamian Cosmic Geography.* Winona Lake, Ind.:Eisenbrauns.
- Hyunhee Park, 2012, *Mapping the Chinese and Islamic Worlds,* Cambridge University Press.
- J. B. Harley and David Woodward(edited), 1987, *The History of Cartograph, The History of Cartography, Volume 2, Book 1 : Cartography in the Traditional Islamic and South Asian Societies,* University of Chicago Press.
- J. B. Harley and David Woodward(edited), 1987, *The History of Cartograph, Volume 1: Cartography in Prehistoric, Ancient, and Medieval Europe and the Mediterranean,* University of Chicago Press.
- J. B. Harley and David Woodward(edited), 1994, *The History of Cartograph, The History of Cartography, Volume 2, Book 2 : Cartography in the Traditional East and Southeast Asian Societies,* University of Chicago Press.
- J. Javier Álvaro, 2019, *The Ages of the Earth: A Journey from Theology to Geology,* Cambridge Scholars Publishing.
- Jerry Broton, 2012, *A History of the World in Twelve Maps,* Penguin Books. (제리 브로턴 저, 이창신 옮김, 2014, 『욕망하는 지도』, 알에이치코리아.)
- Othmar Keel, 1997, *The Symbolism of the Biblical World,* Winona Lake: Eisenbrauns.
- Parish of St. James Inquiry Committee, *Report of the Cholera Outbreak in the Parish of St. James, Westminster, during the Autumn of 1854.* London: J. Churchill.
- Simon Garfield, 2012, *On the Map,* Probile Books. (사이먼 가필드 저, 김명남 옮김, 2015, 『지도 위의 인문학』, 다산초당.)
- Snow, J. 1849, *On the Mode of Communication of Cholera.* London: Churchill.
- Snow, J. 1855, *On the Mode of Transmission of Cholera,* 2nd. ed. London: Churchill.
- Vinten-Johansen, Peter , 2003, *Cholera, chlo-*

roform, and the science of medicine : a life of John Snow, Oxford University Press.
- Vinten-Johansen, Peter, 2020, Investigating Cholera in Broad Street, Broadview Press.
- 강민지, 2021, 『아틀라스 마이오르 세상에서 가장 아름다운 지도책』, 모요사.
- 김종근, 2020, 「미국 해군 장교 펠란이 제작한 조선전도 연구」, 한국고지도연구학회 Vol. 12(2), 133-162.
- 김종근, 2020, 「프랑스 국립도서관 소장 조선전도 연구」, 한국고지도연구학회 Vol. 12(1), 133-162.
- 무함마드 깐수(정수일), 1990, 「신라 아랍-이슬람 제국 관계사 연구」, 단국대학교 박사학위논문.
- 스티븐 존슨 저, 김명남 역, 2020, 『감염도시』, 김영사.
- 오상학, 2015, 『한국 전통 지리학사』, 들녘.
- 오지 도시아키 저, 송태욱 옮김, 2010, 『세계지도의 탄생』, 알마.
- 이기봉, 2011, 『근대를 들어올린 거인 김정호』, 새문사.
- 이명희, 2012, 「12-13세기 중국 고지도에 표현된 한반도」, 한국고지도연구 vol.4(1), pp. 5-19.
- 이희성, 2020, 「고대 근동과 구약의 우주지형도 비교연구」, 구약논집 17집, 32-66.
- 정인철, 2006, 「카시니 지도의 지도학적 특성과 의의」, 대한지리학회지 Vol. 41(4), 375-390.

웹사이트

- 마이올드맵스 myoldmaps.com
- 미국 미시건대 매트릭스 연구소 - 존 스노 아카이브 johnsnow.matrix.msu.edu/index.php
- 월간 산 - 최선웅의 고지도 이야기 san.chosun.com
- 웰컴 컬렉션 wellcomecollection.org
- 위키피디아 wikipedia.org
- 프랑스 국립지리원 www.geoportail.gouv.fr

영상

- Behind the Curve, 2018.

이미지 자료 출처

1장

- 우주에서 본 한국과 일본: shutterstock
- 지구평면론자들이 생각하는 지구: shutterstock
- 올란도 퍼거슨이 제작한 편평하고 움직이지 않는 지구 지도: 미국 의회도서관
- 이집트의 우주관을 드러내는 그린필드 파피루스 내 네스타네베티셰루의 사자의 서: 영국 국립박물관
- 이집트 웨레쉬네퍼의 석관 표면에 새겨진 우주도: 미국 뉴욕메트로폴리탄박물관
- 메소포타미아의 우주관 모식도: J. Javeir Alvaro, 2019, *The Ages of the Earth,* p.16.
- 천지도: 서울역사박물관
- 농토 지도: Elizabeth R. J. Wheat, 2013, *Terrestrial Cartography in Ancient Mesopotamia*, PhD Thesis of University of Birmingham.
- 운하 지도: Elizabeth R. J. Wheat, 2013, *Terrestrial Cartography in Ancient Mesopotamia*, PhD Thesis of University of Birmingham.
- 도시 지도: Elizabeth R. J. Wheat, 2013, *Terrestrial Cartography in Ancient Mesopotamia*, PhD Thesis of University of Birmingham.
- 지역 지도: Elizabeth R. J. Wheat, 2013, *Terrestrial Cartography in Ancient Mesopotamia*, PhD Thesis of University of Birmingham.
- 점토판에 새겨진 니푸르 도시 지도와 이를 디지털로 다시 그린 지도: Paul Sinclair, Irmgard Hein, 2010, "Cities and Urban Landscapes in the Ancient Near East and Egypt with Special Focus on the City of Babylon" in The Urban Mind.
- 호르무즈 라삼: 위키피디아
- 바빌로니아 세계지도: 영국 국립박물관
- 바빌로니아 세계지도에 새겨진 지명들: 영국 국립박물관

2장

- 탈레스: 위키피디아
- 고대 그리스: 위키피디아
- 고대 그리스의 식민지: 위키피디아
- 아낙시만드로스가 생각한 원통형 지구: 위키미디어
- 헤카타이오스의 세계지도: 위키피디아
- 헤로도토스의 생각을 재현한 지도: 위키미디어
- 알렉산드로스 대왕 시기의 마케도니아 제국: 위키피디아
- 디카이아르코스가 생각한 세계지도를 재현한 지도: 스탠퍼드대학교 데이비드 럼지 맵 컬렉션
- 에라토스테네스가 설명한 지구를 재현한 지도: 위키피디아
- 크라테스의 지구 모형: 위키피디아
- 프톨레마이오스의 제1도법에 따른 세계지도: 위키피디아

- 프톨레마이오스의 제2도법에 따른 세계지도: 위키피디아

3장

- 이시도르의 『어원학』에 기재된 지도: 위키피디아
- 베아투스의 『요한묵시록』에 기재된 지도: 위키피디아
- 마크로비우스의 『스키피오의 꿈』에 기재된 지도: 프랑스 국립도서관
- 엡슈토르프 지도: 위키피디아
- 시편 지도: 위키피디아
- 헤리퍼드 마파문디: 위키피디아
- 헤리퍼드 마파문디와 수태고지가 그려진 제단화: 게티이미지코리아

4장

- 알 이드리시의 세계지도 속 신라섬과 중국: 미국 의회도서관
- 아바스 칼리프국의 영토 범위: 위키피디아(Gabagool)
- 이븐 하우깔의 세계지도: 위키피디아
- 이븐 하우깔의 카스피해 일대 지도: 위키완드
- 알 이드리시의 세계지도: 게티이미지코리아
- 알 이드리시의 세부 지역도 중 동아시아 지역: 영국 옥스퍼드대학교 도서관
- 프랑스 국립도서관 소장본 내 신라: 프랑스 국립도서관
- 콘라드 밀러가 제작한 로마자 음역 지도 내 신라: 미국 의회도서관
- 영국 옥스퍼드대학교 소장본 내 신라: 영국 옥스퍼드대학교 도서관
- 정수일 교수 소장 사진 내 신라: 정수일

5장

- 장사국남부지도: 위키피디아
- 화이도 모사본: 미국 의회도서관
- 우적도 모사본 : 미국 의회도서관
- 우적도가 새겨진 비석: Hilde de Weertdt, 2009, *Maps and Memory: Readings of Cartography in Twelfth- and Thirteenth-Century Song China,* Imago Mundi Vol.61(2), pp. 145-167.
- 『역대지리지장도』 내 고금화이구역총요도: 중국 국가도서관
- 혼일강리역대국도지도: 서울대학교 규장각 한국학연구원
- 대명혼일도: 위키피디아
- 『광여도』에 그려진 조선 지도: 미국의회도서관
- 배수가 그린 우공지역도의 형태를 짐작할 수 있는 우공구주산천지도: 위키완드
- 고하법: J. B. Harley and David Woodward(edited), 1994, *The History of Cartograph, The History of Cartography, Volume 2, Book 2 : Cartography in the Traditional East and Southeast Asian Societies,* University of Chicago Press.
- 방사법: J. B. Harley and David Woodward(edited), 1994, *The History of Cartograph, The History of Cartography, Volume 2, Book 3 : Cartography in the Traditional East and*

Southeast Asian Societies, University of Chicago Press.
- 우직법: J. B. Harley and David Woodward(edited), 1994, *The History of Cartograph, The History of Cartography, Volume 2, Book 4 : Cartography in the Traditional East and Southeast Asian Societies,* University of Chicago Press.
- 신경준의 『동국여지도』 계통 필사본 지도에 그려진 울릉도와 우산도: 국립중앙도서관(소장처: 영국 국립도서관)
- 김정호의 『청구도』 계통 지도집 『동여도』에 그려진 팔도분표: 고려대학교 민족문화연구원 해외한국학자료센터 (소장처: 일본 동양문고)
- 평환법 도식: 국립중앙도서관
- 백리척: 미국 스미소니언박물관

6장

- 하늘을 짊어진 아틀라스: shutterstock
- 현재 베네룩스 3국과 주요 도시: 구글맵스
- 루벤스가 그린 오르텔리우스 초상: 위키피디아
- 오르텔리우스의 『세계의 무대』 권두 삽화: 미국 의회도서관
- 『세계의 무대』에 실린 세계지도: 위키피디아
- 메르카토르의 초상: 위키피디아
- 메르카토르 도법이 적용된 세계지도: 위키피디아
- 지도집 『아틀라스』의 권두삽화: 위키피디아
- 『아틀라스』 내 세계지도: 위키피디아
- 『메르카토르-혼디우스 아틀라스』에 수록된 메르카토르와 혼디우스의 초상: 위키피디아
- 『소아틀라스』에 실린 최초의 종교 주제도: Courtesy, The Barry Lawrence Ruderman Collection, David Rumsey Map Center, Stanford Libraries. (http://purl.stanford.edu/sm807ws4118)
- 빌럼 얀스존 블라우 초상: 위키피디아
- 요안 빌럼스 블라우 초상: 위키피디아
- 『대아틀라스』: 네덜란드 위트레흐트대학교 도서관
- 특별 제작된 보관함과 『대아틀라스』: 세계지도학회
- 『대아틀라스』에 실린 중국 지도: 서울역사박물관
- 『대아틀라스』에 실린 일본 지도: 국립해양박물관

7장

- 카시니 지도: 프랑스 국립지리원
- 카시니 지도 중 파리와 베르사유 궁전 일대: 프랑스 국립지리원
- 헤라르트 테르 보르흐가 그린 베스트팔렌 조약 비준 광경: 위키피디아
- 루이 14세 치하 프랑스의 영토 확장: 위키피디아(FlyingPC)
- 콜베르 초상화: 위키피디아
- 루이 14세 초상화: 위키피디아
- 파리 주변 특수 지도 전도: 프랑스 국립도서관
- 개정판 프랑스 지도: 프랑스 국립도서관
- 카시니 1세: 위키피디아
- 카시니 2세: 위키피디아

- 카시니 3세: 위키피디아
- 카시니 4세: 위키피디아
- 프랑스 새 지도: 프랑스 국립도서관

8장

- 혼일강리역대국도지도: 서울대학교 규장각한국학연구원
- 천상열차분야지도 원본: 국립고궁박물관
- 숙종 때 작성된 천상열차분야지도 목판본: 서울대학교 규장각한국학연구원
- 대명혼일도: 위키피디아
- 이슬람 지도 내 나일강 발원지: 게티이미지코리아

9장

- 솔뫼성지 내 김대건 신부 동상: 김종근
- 김대건 신부가 제작한 조선전도: 프랑스 국립도서관
- 조선전도와 팔도전도 비교: 김종근
- 조선전도 사본: 프랑스 국립도서관
- 그라비에 함장 초상화: 위키피디아
- 몽티니 총영사: LSF(Le Souvenir Français), Délégation de Chine, No: 24, Novembre 2008.
- 라틴어로 작성된 조선전도: 프랑스 국립도서관
- 펠란이 제작한 조선전도: 미국 국립문서기록관리청
- 청구도: 서울대학교 규장각한국학연구원
- 동여도: 서울대학교 규장각한국학연구원
- 분첩절첩식 『대동여지도』: 국립중앙박물관
- 『대동여지도』: 서울대학교 규장각한국학연구원

10장

- 존 스노 : 위키피디아
- 선덜랜드에서 콜레라로 죽은 환자: 웰컴 컬렉션
- 콜레라에 걸리기 전후 양상 비교: 웰컴 컬렉션
- 에드먼드 쿠퍼의 콜레라 지도: Cooper, E. ,1854, *Report on an enquiry and examination into the state of the drainage of the homes situated in that part of the Parish of St. James, Westminster.* Metropolitan Commission of Sewers 478/21. London Metropolitan Archives.
- 존 스노의 콜레라 지도: 웰컴 컬렉션(Snow, J. 1855, *On the Mode of Transmission of Cholera,* 2nd. ed. London: Churchill.)
- 브로드가의 펌프와 주변의 콜레라 사망자 분포도: 웰컴 컬렉션(Snow, J. 1855, *On the Mode of Transmission of Cholera,* 2nd. ed. London: Churchill.)
- 브로드가의 펌프 구역선이 포함된 존 스노의 콜레라 지도: 웰컴 컬렉션(Parish of St. James Inquiry Committee, *Report of the Cholera Outbreak in the Parish of St. James, Westminster*, during the Autumn of 1854. London: J. Churchill.)
- 브로드가의 펌프 아래 우물과 40번지 집 지하 오물 구덩이 모식도: 웰컴 컬렉션(Parish of St. James Inquiry Committee, *Report of the Cholera Outbreak in the Parish of St. James, Westminster, during the Autumn of 1855.* London: J. Churchill.)

- 존 스노 펍: 김영훈(한국교원대학교)
- 펌프, 존 스노 블루 플라크: 김영훈(한국교원대학교)

*모든 문헌과 이미지 자료의 사용을 허락해 주신 저작권자와 소장처, 출판사에 감사드립니다. EBS BOOKS는 모든 자료의 사용 허락을 받기 위해 노력하였으나 연락이 닿지 않거나 저작권자를 알 수 없는 등의 이유로 사전 허락을 받지 못한 경우에 대해 양해를 바라며, 사후에라도 연락이 닿는 대로 허락을 받아 사무를 처리하겠습니다.

EBS 클래스 ⓔ 시리즈 31

한 장으로 압축된 인류의 역사
지도 위의 세계사

1판 1쇄 발행 2022년 8월 15일
1판 2쇄 발행 2022년 12월 31일

지은이 김종근

펴낸이 김유열 | **지식콘텐츠센터장** 이주희 | **지식출판부장** 박혜숙
지식출판부·기획 장효순, 최재진 | **마케팅** 최은영, 이정호
북매니저 윤정아, 이민애, 정지현
방송 김현우, 서경민, 정명, 신미림, 조성애

책임편집 윤정아 | **디자인** 이지선 | **인쇄** 우진코니티

펴낸곳 한국교육방송공사(EBS)
출판신고 2001년 1월 8일 제2017-000193호
주소 경기도 고양시 일산동구 한류월드로 281
대표전화 1588-1580
홈페이지 www.ebs.co.kr | **이메일** ebs_books@ebs.co.kr

ISBN 978-89-547-9998-0 04300
978-89-547-5388-3 (세트)